Böhlau

Fritz Povacz

Menschsein
Ein geistiges Abenteuer

Erlebtes, Tagebuchnotizen und Gedanken
eines Unfallchirurgen

Böhlau Verlag Wien · Köln · Weimar

Umschlagfoto: © Barbara Ziegelböck

Bibliografische Information der Deutschen Bibliothek.
Die Deutsche Bibliothek verzeichnet diese Publikation in der
Deutschen Nationalbibliografie; detaillierte bibliografische Daten sind
im Internet über http://dnb.ddb.de abrufbar.

ISBN 978-3-205-77601-7

http://www.boehlau.at
http://www.boehlau.de

Gedruckt auf umweltfreundlichem, chlor- und säurefreiem Papier.

Printed in Europe – druckmanagement – Mikulov

Vorwort

Der einzelne Mensch ist Teil der großen Menschheitsfamilie. Das gilt für all die Menschen in der etwa zwei Millionen Jahre dauernden Evolution und für die jetzt lebenden sechs Milliarden. Alle diese Menschen sind miteinander vernetzt, es kann keiner diese Welt betreten und sozusagen aus dem Nichts sein Leben beginnen, sondern er kann nur auf dem aufbauen, was die Menschheit vor ihm erlebt und gedacht hat und was die Menschen seiner Umgebung davon bewahrt haben und weitertragen.

Der Einzelne wurde von der Evolution mit jenen Fähigkeiten ausgestattet, die für das Zusammenleben notwendig sind. Dazu gehört die Fähigkeit zu denken, die Unterscheidung zwischen Gut und Böse (das Gewissen oder der kategorische Imperativ) und der freie Wille. Freier Wille bedeutet dabei nicht, dass jeder tun kann, was er will, sondern dass der Einzelne in seinem Handeln nicht irgendwelchen äußeren oder inneren Zwängen ausgeliefert ist, dass er vielmehr das als richtig Erkannte auch ausführen kann. Daneben ist im Rahmen der Evolution auch das Bewusstsein von der gleichen Würde aller Menschen entstanden, was zur Festschreibung der allgemeinen Menschenrechte geführt hat. Die Evolution hat uns aber auch gelehrt, dass der menschliche Verstand beschränkt ist und uns lediglich hilft, uns in dieser Welt zurechtzufinden, die Frage nach dem, was jenseits dieser Welt für uns von Bedeutung ist, die Frage nach Gott, kann mit dem Verstand nicht eindeutig beantwortet werden. Das Bindeglied zu dieser jenseitigen Welt bildet das Gewissen. Die Entscheidung für oder gegen Gott fällt also nicht durch den Verstand, sondern hier handelt es sich um eine Willensentscheidung.

Die rasante Entwicklung der letzten Jahrhunderte und die Entwicklung der modernen Massengesellschaft erschweren es dem Einzelnen, sich in den vielfältigen neuen Beziehungen zurechtzufinden. Der Mensch hat aber den natürlichen Drang, sich zurechtzufinden oder, anders ausgedrückt, seinem Leben einen Sinn zu geben.

Diese Biographie ist der Versuch, dieses Bemühen eines Lebens darzustellen. Es zeigt sich dabei, dass neben dem Denken dem Erleben und dem Tun eine große Bedeutung zukommt. Die mit dem Verstand nicht beantwortbare Frage nach dem Sinn des Leidens, zum Beispiel, findet eine gültige Antwort im Erleben eines Menschen, der durch sein Leiden eine Stufe der Menschlichkeit erreicht hat, die weit über das Übliche hinausgeht und für einen Gesunden kaum erreichbar ist. Der tätige Einsatz als

Unfallchirurg gewährt Einsicht in die Bedeutung des Tuns für die Entwicklung der Persönlichkeit. Entsprechend der Vielfalt der Beziehungen ist auch das Feld der Betrachtungen weit gespannt. Das einigende Band ist der Einzelne in seinem Bemühen, sich in einer immer unübersichtlicher werdenden Welt zurechtzufinden.

I. Kapitel

Kindheit und Jugend

Das Jahr 1930, mein Geburtsjahr, war der Höhepunkt der Weltwirtschaftskrise im Gefolge des Ersten Weltkrieges. Die ungeheuren Kosten dieser Auseinandersetzung hatten alle teilnehmenden Staaten gezwungen, bei ihren Bürgern Anleihen aufzunehmen. Die Rückzahlung am Ende des Krieges wäre bei einer Bindung der Schulden an die Goldreserven unmöglich gewesen. Es wurde deswegen schon 1914 die Goldeinlöseverpflichtung auf Banknoten in den meisten europäischen Ländern aufgehoben. Nach dem Krieg wurde Papiergeld gedruckt, dessen Wert mit dem Anhalten der Krise immer weniger wurde. Am Höhepunkt des Prozesses waren die Preise in Österreich um das Vierzehntausendfache gestiegen, in Russland um das vier Milliardenfache und in Deutschland, dem hauptsächlichen Verlierer, noch höher. Von der Not waren die meisten betroffen. Hatte ein Bankguthaben von 60.000 Mark im Jahre 1913 noch einen behaglichen Ruhestand gesichert, so reichte diese Summe um 1923 gerade zum Kauf einer Zeitung. Am 24. Oktober 1929 brach die New Yorker Börse zusammen, der bisher größte Crash der Geschichte, 1931 musste die österreichische Kreditanstalt ihre Zahlungsunfähigkeit eingestehen. Der einfache Arbeiter bekam dies insofern zu spüren, als er all seine Ersparnisse verlor und quasi vor dem Nichts stand. Ich kenne ein Arbeiterehepaar, das vor dem Krieg ein halbes Leben gespart hatte, um sich ein Haus zu bauen, sie konnten nach 1931 von vorne anfangen. Dieser Neuanfang war zusätzlich erschwert, weil durch den Mangel an Kapital die Industrie nicht in Gang kam. Es kam auch nicht mehr das notwendige Geld für einen Hausbau zusammen und sie verbrachten den Rest ihres Lebens in einer Zweizimmerwohnung. Die Arbeitslosenraten betrugen 25 Prozent in den USA und 40 Prozent in Deutschland.

In diese Situation wurde der Jahrgang 1930 hineingeboren. Meine Eltern waren Hilfsarbeiter. Ihre Woche hatte sechs Arbeitstage, der Arbeitstag dauerte zwölf Stunden, dazu kam noch der Weg zur Arbeitsstelle, gelegentlich früh und abends noch eine Stunde zusätzlich. Die ganze Plackerei hat gerade gereicht, um zu überleben, an irgendwelche Anschaffungen oder Vergnügungen war nicht zu denken. Ich habe dies in den Jahren vor dem Zweiten Weltkrieg noch miterlebt und es wurde mir zu einer drängenden Frage, warum ein großer Teil der Menschen sein Leben unter derart schweren Bedingungen verbringen muss. Diese ungerechte Gesellschaftsordnung ist auch heute, nach 70 Jahren, immer noch die Frage, die mich nicht in Ruhe lässt.

Meine ersten Erinnerungen reichen in das Alter von drei bis vier Jahren zurück. Ich weiß das deswegen, weil unsere Familie in meinem fünften Lebensjahr eine neue Wohnung bezog. Ich kann mich an viele Begebenheiten in unserer ersten Wohnung erinnern. Der Verdienst von Vater reichte für den Unterhalt nicht aus und Mutter war tagsüber als Hausgehilfin tätig. Vater hatte keinen fixen Arbeitsplatz, sondern war meist nur wochen- oder monatsweise am Bau und Straßenbau beschäftigt. In Zeiten der Arbeitslosigkeit verdingte er sich als so genannter „Tagwerker" bei Bauern. Mein zwei Jahre älterer Bruder und ich waren tagsüber entweder alleine oder im Kindergarten. Dieses Alleinsein hat mich nie gestört. An den Tagen ohne Kindergarten wurden wir eingesperrt, damit wir keinen Unfug anstellen konnten oder damit uns nichts zustoßen konnte. Das war allerdings nur ein frommer Wunsch der Eltern, denn tagsüber kletterten wir zum Fenster hinaus und am Abend kamen wir rechtzeitig vor den Eltern zurück. Wie weit sie mit unseren Ausflügen rechneten, ist mir nicht bekannt. Jedenfalls waren wir nicht alleine, sondern wir trafen uns mit den Nachbarbuben, mein älterer Bruder und ich getrennt. Mein Bruder war zwei Jahre älter als ich; ich ging noch zwei Jahre in den Kindergarten, als er bereits die Schule besuchte. Es ergab sich daraus ein anderer Freundeskreis, außerdem hatte ich mit ihm in diesem Alter ein schweres Zerwürfnis, das uns getrennte Wege gehen ließ. Ich genoss die Tage mit verschiedenen Spielen und am liebsten mit Fischwildern am Bach. Von diesem Fischwildern durften die Eltern nichts wissen, darum haben wir den jeweiligen Fang sofort am Feuer gebraten und verzehrt. Ich kann mich nicht erinnern, das ich unter Einsamkeit oder so genannter „Vernachlässigung", von der heute so viel die Rede ist, gelitten hätte. Zu unserer Zeit war es die Regel, dass beide Eltern tagsüber arbeiten mussten. Wir haben das offenbar irgendwie eingesehen und ihnen daraus nie einen Vorwurf gemacht, denn wir haben auch gesehen, wie schwer sie arbeiteten und dies alles auf sich nahmen, um für die Familie zu sorgen. Das ist vielleicht der entscheidende Unterschied gegenüber Kindern, die sich heute in einer ähnlichen Situation befinden. Wenn Mütter ohne finanzielle Notwendigkeit arbeiten gehen, nur um sich einen höheren Lebensstandard und gewisse Luxusgüter leisten zu können oder aus Gründen der „Selbstverwirklichung", so tauchen Fragen auf, die sich in Notzeiten nicht stellen. Kinder haben ein sehr feines Gespür für die Beweggründe der Erwachsenen. Ich habe das sehr früh mit meinem ältesten Sohn erlebt. Als er dreieinhalb Jahre alt war, setzte ich ihn auf einen Schlitten und fuhr mit ihm durch den Wald. Auf einer leicht abschüssigen Stelle fuhr der Schlitten auf meine Ferse auf und er fiel nach vorne und verletzte sich gering an der Oberlippe. Ich versuchte ihn zu trösten und schlug unter anderem auf den Schlittenteil, auf den er gefallen war, ein und sagte dazu „böser Schlitten". Er sagte nur, „der Schlitten ist nicht bös, du musst besser aufpassen", und hat mir so gezeigt, dass er die Situation sehr wohl richtig einzuschätzen wusste. Solche für mich blamablen Erfahrungen musste ich immer wieder machen. Wenn ich mich heute frage, warum ich als Kind trotz echter Armut ziemlich glücklich war, so ist ein Hauptgrund dafür das Erleben der Obsorge meiner Eltern, besonders meiner Mutter. Obwohl ich mich nicht erinnern kann, dass sie mich einmal so richtig umarmt und liebkost hätten, fühlte ich genau, dass meine Eltern es gut mit mir meinten. Dies hat sich auch auf die Beziehungen zur Umgebung ausgewirkt. Soweit ich mich zurückerinnere, hatte ich immer das Gefühl, die Menschen sind grundsätzlich gut zu mir. Das hat mich zu einem fröhlichen Kind gemacht, ich wurde als freundlicher Bub bezeichnet, der immer lacht. Einen weiteren Grund für meine glückliche Kindheit sehe ich in meiner ausgeprägten Liebe zur Natur. Mein Heimatort liegt im oberösterreichischen Hausruckviertel, einem Hügelland mit Erhebungen bis zu 800 m. Von zahlreichen Hügeln aus sieht man im Süden die Kette der nördlichen Kalkalpen mit deren höchstem Berg, dem vergletscherten Dachstein, ein immer wieder beeindruckender Anblick. Ich streifte auch stundenlang einen Bach entlang und beobachtete die Forellen.

Das Liegen in einer Frühlingswiese und der Gesang der Lerchen, der Blick über das Alpenvorland auf die schneebedeckten Berge, die herbstlich verfärbten Bäume, ein Gang durch den vom Reif verzauberten Wald, das alles machte mir schon als Kind eine große Freude. Solche Naturgenüsse haben mich tief und anhaltend beglückt, aber ich wurde deswegen auch als Einzelgänger bezeichnet. Wenn ich von dieser schönen Jugendzeit spreche, äußern meine Kinder gelegentlich Zweifel und sie meinen, in der Erinnerung sei alles geschönt. Ich glaube das nicht. Dieses Erleben der Natur ist für mich ein unverdientes Geschenk, ähnlich wie für einen anderen die Freude an der Musik, an der Mathematik oder an irgend einer anderen Kunst. Ich bin in meinem Leben immer wieder Menschen begegnet, die ähnlich empfanden und dabei auch glücklich waren oder sind. Eine ältere Frau, die in Wels in unserer Nähe wohnte, ist ein Beispiel dafür. Sie hatte ihr Äußeres vernachlässigt, wohnte in einem alten, baufälligen Haus zusammen mit ihrem Tierpark, bestehend aus Katzen, Ziegen Hühnern und Enten. Wer sie nicht kannte, hatte bei oberflächlicher Betrachtung leicht den Eindruck, man müsse der Armen helfen. Eines Tages erschien bei ihr auch eine Abordnung der Gemeinde und machte ihr den Vorschlag, sie in einem Altenheim unterzubringen. Sie lehnte das entrüstet ab und erklärte, sie brauche keine Hilfe, denn sie sei in ihrem Reich mit den Tieren glücklich. Ich traf sie oft auf meinem Fußmarsch in das Krankenhaus. An einem Wintermorgen, als ich zur Arbeit ging, war sie schon auf dem Heimweg vom Supermarkt. Es waren in der Nacht etwa 20 cm Schnee gefallen und sie transportierte mit dem Schlitten Abfallholz aus dem Supermarkt, um ihren Ofen zu heizen. Als sie mich sah, blieb sie stehen und rief aus: „Herr Doktor, ist das nicht wunderbar, dieser frische Schnee und jetzt kommt die Sonne, etwas Schöneres kann es nicht geben!" Sie strahlte über das ganze Gesicht. Unsere gelegentlichen Gespräche erwiesen sie stets als eine kluge und glückliche Frau.

Eine Erfahrung musste ich sehr früh machen. Es kam immer wieder vor, dass meine Mutter nach einem anstrengenden Arbeitstag nicht bezahlt, sondern dass die Bezahlung um eine Woche oder mehr verschoben wurde. Für sie war das eine Katastrophe, denn meist hätten wir das Geld für einen dringenden Einkauf gebraucht. Sie war dann sehr traurig und ich konnte nicht verstehen, wie jemand, der hat, einem anderen, der nicht hat, das Geschuldete nicht sofort übergab. Das machte mich richtiggehend wütend, und dies umso mehr, als ich nichts dagegen machen konnte. Ich verabscheute solche Menschen und hielt dieses Verhalten für unakzeptabel. Nun passierte etwas Ähnliches im Kindergarten. An einem wunderschönen, sonnigen Tag gingen mein Bruder und ich nur ungern hin. Mutter hatte uns einen saftigen, süßen Kirschenkuchen gebacken, auf den wir uns beide freuten. In der Früh stellte ich den Mädchen ein Bein und eine fiel so unglücklich hin, dass sie eine Beule hatte und fürchterlich schrie. Zur Strafe wurde ich von der „Kindergartentante", einer geistlichen Schwester, den ganzen Tag eingesperrt – und zwar ohne Essen. Ich konnte die Härte der Strafe nicht verstehen, ein Trost war die Vorfreude auf den Kuchen am Abend. Und dann die Enttäuschung, mein Bruder hatte die Gelegenheit benützt und auch meinen Kuchen aufgegessen. Meine Enttäuschung und mein Zorn waren im wörtlichen Sinne grenzenlos, denn unser Verhältnis war von diesem Tag an zeitlebens gestört. Ich habe viel darüber nachgedacht, weil ich mir diesen anhaltenden Zorn nicht erklären konnte. Ich hatte, wie schon erwähnt, grundsätzlich eine positive Meinung von den Menschen, daran hat sich auch durch die säumigen Zahler nichts geändert, das waren für mich Ausnahmen. Doch dass es innerhalb der Familie passieren konnte, dass einer die Not des anderen ausnützte, um sich selbst einen Genuss zu schaffen, das scheint mich irgendwie zutiefst in meiner Seele getroffen zu haben.

Mit sechs Jahren ging ich zur Schule. Es begann damit eine neue Phase der Kindheit, die von verschiedenen Pflichten gekennzeichnet war. Zum einen meldete ich mich zum Ministrantendienst. Das bedeutete frühes Aufstehen, denn zu der Zeit hatten die Pfarrer noch einen Kaplan und es wurden täglich zwei Messen gelesen. Die erste davon um Viertel vor sieben, der Tag begann daher also kurz nach sechs Uhr. Der frühe Beginn hatte seinen Grund darin, dass auch die Ministranten der zweiten Messe noch rechtzeitig zum Unterricht erscheinen mussten. Die Messen wurden noch in lateinischer Sprache zelebriert und auch wir Ministranten mussten die Gebete lateinisch sprechen. Der Pfarrer hat alle Gebete ins Deutsche übersetzt und wir bekamen den ganzen Messkanon zweisprachig ausgehändigt. Es war dies die erste Begegnung mit einer völlig neuen Kultur, die mich faszinierte. Latein wurde im Gymnasium zu meinem Lieblingsfach. Schon in der zweiten Klasse der Volksschule erwachte in mir der Wunsch, einmal zu studieren. Das Ministrieren hatte noch einen weiteren Vorteil. Bei Begräbnissen, Hochzeiten und Taufen durften wir für uns eine Spende sammeln und nachdem die Leute bei diesen Anlässen spendierfreudig waren, hatte ich von da ab ein gutes Taschengeld. Gelegentlich wurden wir auch zum Festmahl geladen, in der damaligen Notzeit jedes Mal ein besonderes Ereignis. Ich erinnere mich noch genau an das erste Hochzeitsmahl, zu dem ich geladen war. Es war eine Bauernhochzeit, bei der es hoch herging. Es gab ein dreigängiges Menü mit Suppe, einem herrlichen Kalbsbraten und zum Abschluss Torte, dazu Limonade nach Belieben. Ich mampfte in mich hinein, bis mir übel wurde und ich alles wieder erbrach. Die damalige Braut, die heute 80 Jahre alt und Witwe ist, besuche ich mindestens einmal jedes Jahr. Zu den beiden Pflichten Schule und Ministieren kamen noch zwei weitere. Wir Kinder mussten teilweise das für den Winter benötigte Brennholz sammeln. Abwechselnd jeden zweiten Tag musste einer von uns mit einem kleinen Leiterwagen in den Wald fahren, das dauerte vom Frühjahr bis in den Herbst und das Sammelholz reichte wieder für einen Winter. Einen Teil der benötigten Kohle kauften die Eltern, den größeren Teil holten wir beiden Buben von der Abraumhalde eines fünf Kilometer entfernten Braunkohlenbergwerkes. Das war bereits eine ziemlich anstrengende Arbeit und ich kam dabei mit meinem Bruder oft ins Streiten, weil ich den Eindruck hatte, dass er sich immer wieder drücke. Eine vierte Arbeit beschränkte sich auf die Erntezeit. Nach dem Abernten der Felder war es erlaubt, liegen gebliebene Ähren einzusammeln. Wir brachten sie nach Hause und haben sie selber ausgedroschen. Mit dem Getreide ging ich dann zu einem uns bekannten Müller, um es gegen Mehl einzutauschen. Da zeigte sich wieder, dass mir die Leute gut gesinnt waren. Ich erhielt nämlich für mein Getreide das gesamte Gewicht in Mehl zurück und oft mehr, üblicherweise wurde hingegen für die anfallende Kleie und die Mahlarbeit etwas abgezogen.

Das Jahr 1938 mit der Besetzung Österreichs hatte für uns gravierende Folgen. Mein Vater wurde noch im gleichen Jahr zum Straßenbau auf den Berghof Hitlers am Obersalzberg zwangsverpflichtet und kehrte erst 1945 wieder endgültig zurück. Ich wuchs also vom achten bis zum fünfzehnten Lebensjahr sozusagen vaterlos auf. Vater konnte uns zwar alle vier Wochen an einem Wochenende besuchen, er kam Freitag spät abends an und fuhr Sonntagmittag wieder zurück. Am Samstag hat er gelegentlich irgendwo bei einem Bauern gearbeitet und am Sonntagvormittag war er im Gasthaus, um seine alten Freunde zu treffen. Diese Zwangsverpflichtung hatte einen besonderen Vorteil, Vater war dadurch vom Militärdienst befreit, das Bangen um sein Leben als Frontsoldat blieb uns erspart.

In der Schule machte mir das Lernen Freude, allerdings freuten mich die Herbstjagden noch mehr, dieses Geschehen war für mich sozusagen ein erweitertes Naturerlebnis. Die Jagden fanden Samstags statt und ich konnte es von Woche zu Woche kaum erwarten. An diesen Tagen schwänzte ich regelmäßig die Schule, meiner Muter blieb nichts anderes übrig, als mir immer wieder eine Entschuldigung zu schreiben, ihre ganzen Ermahnungen halfen nichts. Sie ersuchte schließlich den Kaplan, er solle mich zur Vernunft bringen. Dessen Methode bestand darin, mir nach dem Unterricht mit einer biegsamen Gerte den Hintern fürchterlich zu verdreschen. Ich war völlig überrascht, weil ich bisher nie in meinem Leben so grausam misshandelt worden war, ich weinte auch nicht, sondern hatte nur einen gewaltigen Zorn. Meine Jagdleidenschaft konnte mir auf diese Weise nicht ausgetrieben werden, ich blieb weiter jeden Jagdtag der Schule fern und man hatte es offenbar aufgegeben, mich umzuerziehen, denn ich kann mich nicht erinnern, deswegen noch einmal bestraft worden zu sein. Diese sonnigen Herbsttage, die buntverfärbten Wälder, die Jagdgesellschaft mit den Hunden, das erlegte Wild, alles ist mir heute noch in lebhafter Erinnerung.

Im Jahre 1940 wurde meine Schwester geboren. Die Geburt erfolgte zu Hause und wegen der beschränkten Räumlichkeiten (insgesamt zwei Räume) musste ich für eine Woche ausziehen. Ich kam zu einer benachbarten Bäckerfamilie. Dort arbeitete ich in der Bäckerei mit, die ganze Familie war sehr sangesfreudig und während der Arbeit wurde immer gesungen, was mir sehr gefiel. Ich übernahm auch das Austragen der Frühstückssemmeln im ganzen Ort, das vor Schulbeginn erfolgen musste. So kam ich in der letzten Volksschulklasse zu einer weiteren täglichen Arbeit. Der Lohn waren zwei frische Semmeln und ein kleines Entgelt.

Wie ich annehme, war durch das Latein in mir der Wunsch erwacht, mehr von der großen weiten Welt kennen zu lernen, als es mit dem Volksschulwissen möglich war. Ich wusste allerdings nicht recht, wie ich das anstellen sollte. Ich erreichte zunächst, dass ich nach vier Klassen Volksschule im 15 km entfernten Lambach in die Hauptschule gehen durfte. Wir lernten dort Englisch, aber der Unterricht war sehr mangelhaft und hat mich völlig enttäuscht. Es eröffnete sich nun eine ganz neue Möglichkeit. In den Schulen wurde bekannt gegeben, dass begabte Kinder sich um die Aufnahme in eine so genannte NAPOLA – National-Politische-Erziehungsanstalt – bewerben könnten. Ich bewarb mich und wurde zu einem einwöchigen Ausleseverfahren in das Schloss Kammer am Attersee einberufen. Dort wurden unser Wissen und unsere sportlichen Fähigkeiten von Gymnasialprofessoren überprüft. Ich hatte das Gefühl, dass ich alle Prüfungen gut hinter mich gebracht hatte, doch am Ende hieß es, dass ich nicht geeignet sei. Ich war sehr enttäuscht, denn als Begründung wurden meine mangelnden sportlichen Fähigkeiten angeführt, dabei war ich sicher einer der besten Sportler des Kurses und ich war auch als Elfjähriger mehrmals ohne Begleitung von Kammer nach Seewalchen über den See geschwommen. Ein Mitbewerber, der Sohn eines Industriellen, war ebenfalls abgelehnt worden, er sagte mir, ihm mache es nichts aus, er gehe eben in Wels in das Gymnasium. Dies war für mich das Stichwort, ich entschloss mich, ebenfalls dieses Gymnasium zu besuchen. Die finanzielle Situation hatte sich mit dem Anschluss Österreichs an Deutschland im Jahre 1938 geändert. Durch die Zwangsverpflichtung meines Vaters zum Straßenbau hatten wir nun ein gesichertes Einkommen und nachdem ich ein guter Schüler war, bot sich mir die Möglichkeit, das Gymnasium zu besuchen. Trotz finanzieller Schwierigkeiten konnte ich auch nach dem Krieg mein Studium weiterführen, weil es meine Eltern auf sich nahmen, bis zur Matura für mich zu sorgen.

Nachdem mir zu Hause niemand sagen konnte, auch nicht der Lehrer, wie man es anstellte, ein Gymnasium zu besuchen, setzte ich mich kurz vor dem Ende der Ferien in den Zug und fuhr erstmals alleine nach Wels. Zunächst ging ich mit dem Strom der Reisenden stadteinwärts, weil ich mir vorstellte, das Gymnasium werde irgendwo in der Stadt sein. Nach einer Weile erkundigte ich mich nach dem Weg und landete schließlich im ersten Stock vor einer Tür, auf der „Direktionskanzlei" stand. Ich klopfte an und wurde von einer weiblichen Stimme zum Eintreten aufgefordert. Auf die Frage der Sekretärin, was ich wolle, antwortete ich: „Ins Gymnasium möchte ich gehen". Sie lachte und rief einen Professor, der mich noch einmal dasselbe fragte, ich fügte aber hinzu, „ich möchte nicht in die erste, sondern gleich in die zweite Klasse gehen, weil ich schon ein Jahr Hauptschule hinter mir habe und bereits zwölf Jahre alt bin". Jetzt lachte auch der Professor und sagte, „es ist gut, aber da musst du eine Prüfung in Englisch machen". Ich erhielt auch gleich einen Termin und fiel prompt durch. Ich begann also im Herbst 1942 in der ersten Klasse. Wels liegt 30 km von Gaspoltshofen entfernt und ich wurde für acht Jahre zum Fahrschüler. Bei Schulbeginn hatte der Zug leichte Verspätung und ich war der letzte, der die Klasse betrat, aber noch rechtzeitig vor Unterrichtsbeginn. Auf der Suche nach einem Sitzplatz gab es Schwierigkeiten. Es saßen meist Gruppen von Bekannten beisammen und, wenn ich mich auf einen freien Platz setzen wollte, hieß es meist „verschwinde" oder „schleich dich". So landete ich schließlich in der letzten Bank, wo ich auch das ganze Jahr blieb, obwohl ich mir sehr bald den ersten Rang in der Klasse erkämpft hatte. Diese „Rangordnungskämpfe" sind unter Buben unvermeidlich, aber schon nach einigen Kämpfen wusste die Klasse, wer hier der bei weitem Stärkste war. Und das ist auch so geblieben bis zur achten Klasse, obwohl einige Sitzenbleiber später versucht haben, mir diesen Rang streitig zu machen. Es genügte ein einmaliges Kräftemessen, um die alte Ordnung wieder herzustellen. In der dritten Klasse wurde ich von der Schule, ohne dass ich gefragt worden wäre, für den Übertritt in die so genannte „Adolf-Hitler-Schule" vorgeschlagen. Dazu gab es am Gymnasium eine eintägige Eignungsprüfung. Bei dieser Prüfung war wiederum Sport ein wichtiger Teil und diesmal stand Boxen auf dem Programm. Ich musste zunächst nacheinander gegen zwei gleichaltrige Gegner antreten. Nachdem diese ihre Prügel eingesteckt hatten, weigerte sich der Dritte gegen mich anzutreten. Ich wurde von der Kommission wieder abgelehnt und wieder hieß es in der Begründung: „mangelnde sportliche Fähigkeiten". Erst viel später erfuhr ich, dass bei dieser Auswahl pro Reichsgau nur ein (Ausnahme Berlin und München je zwei) Vorgeschlagener genommen wurde und dass bei der Auswahl die nationalsozialistische Gesinnung des familiären Umfelds eine entscheidende Rolle spielte.

Im November 1944 wurde die Schule wegen der häufigen Fliegerangriffe der Alliierten geschlossen. Wels wurde mehrfach bombardiert, es fielen auch Bomben auf Wohnhäuser und das Krankenhaus, einer meiner Mitschüler verlor bei einem Tieffliegerangriff den rechten Arm. Es ergab sich die Frage, was ein kräftiger Vierzehnjähriger tun sollte. Es fehlte in dieser Zeit überall an Arbeitskräften, denn die arbeitsfähigen Männer waren zum Großteil im Fronteinsatz. Es war also nichts näher liegend, als mich zur Arbeit heranzuziehen. Ich kam als Knecht zu einem Bauern. Es war ein relativ kleiner Hof mit etwa 14 Joch (7 Hektar) Grund, daher war der Bauer im Nebenerwerb Milchfuhrmann. Er musste täglich mit dem Pferdefuhrwerk in einem Gebiet von 18 km Umfang den Rahm abholen und zur Molkerei bringen. Dies wurde nun meine Vormittagsbeschäftigung. Ich stand um halb fünf Uhr früh auf, um fünf Uhr spannte ich die Pferde ein und fuhr los, zu Mittag kam ich wieder nach Hause. Nach dem Essen wartete die Feldarbeit, die bis zum Abend dauerte, dann mussten noch die Pferde versorgt werden und um etwa halb acht abends war der Arbeitstag zu Ende. Die Woche hatte sechs volle Arbeitstage, am Sonntag musste ich zwar mit dem Milchfuhrwerk ausfahren, aber nachmittags hatte ich frei. Das Abholen des Rahms auch am Sonntag war notwendig, weil Lebensmittel knapp waren und es Kühlschränke damals noch nicht gab. Ich hatte also als Vierzehnjähriger eine 97-Stunden-Woche – etwas, das später als Arzt über Jahre die Regel werden sollte. Es gab damals nur ein Paar Autos und so wurde ich neben dem Milchfuhrmann auch zum Boten für die Bäuerinnen. Ich kaufte das Gewünschte im

Ort ein und brachte es am nächsten Tag den Bäuerinnen und hatte so ein kleines Nebeneinkommen. Der reguläre Lohn betrug 18 Schillinge pro Monat, dazu gab es gelegentlich ein Stück Butter oder Fleisch.

Bedenkt man, dass ich als Fünfzehnjähriger einen Arbeitstag von 15 Stunden hatte, dann heißt das, dass sich die Arbeitsbedingungen, wie sie seit dem Beginn der Industrialisierung in der ersten Hälfte des 19. Jahrhunderts herrschten, zumindest in der Landwirtschaft des 20. Jahrhunderts nicht wesentlich verbessert haben. Marx beschreibt in seinem „Kapital", dass der Arbeitstag der Vierzehn- bis Achtzehnjährigen damals von gleicher Dauer war. Zusätzlich wurden auch die Elf- bis Dreizehnjährigen in den Fabriken eingesetzt, jedoch mit etwas kürzerer Arbeitszeit. Die Erwachsenen hatten Arbeitstage von bis zu 16 Stunden Dauer. Das alles wurde von den Herrschenden gefordert und man berief sich dabei auf die Bibel. Dort steht zu lesen: „Arbeite solange es Tag ist, denn es kommt die Nacht, in der niemand wirken kann." Die durchschnittliche Tageslänge über das Jahr hin beträgt 12 Stunden und im Sommer sind die Tage bis zu 16 Stunden lang. Der Arbeiter hatte auf dem Markt außer seiner Arbeitskraft nichts anzubieten. Die Arbeitsleistung, bestehend aus Arbeit mal Zeit, die der Fabriksherr forderte, richtete sich anfangs nach den genannten „biblischen Prinzipien" und es bedurfte eines langen Kampfes, um die Zeit auf ein erträgliches Maß zu reduzieren. Ein weiteres Moment in den Verhandlungen zwischen Arbeitgebern und Arbeitern war die Dauer des Arbeitsvertrages. Sie konnte nach Tagen, Wochen oder Monaten ausgehandelt werden. In der Landwirtschaft wurden die Verträge im 19. Jahrhundert für ein Jahr abgeschlossen. Hier zeigt sich das enorme Beharrungsvermögen solcher Übereinkünfte. Noch bis zum Zweiten Weltkrieg war es in der Landwirtschaft üblich, dass die Dienstboten ihren Arbeitsplatz frühestens nach einem Jahr wechselten. Das geschah im Februar zur Zeit der so genannten „Lichtmesswochen", der Zeit, wo die Tage wieder länger werden und die Feldarbeit für das neue Jahr beginnt.

Auch für die Jugendarbeit gab es „biblische" Begründungen. Die Geschichte vom zwölfjährigen Jesus im Tempel zeigt, dass ein junger Mann in diesem Alter in den Kreis der Erwachsenen aufgenommen wurde, was damals nicht nur die Übernahme von Rechten, sondern auch von den entsprechenden Pflichten bedeutete. Zur Rede gestellt, warum er den Eltern das angetan habe, dass er sich von der Reisegesellschaft trennte, antwortete er: „Wisst ihr nicht, dass ich dort sein muss, wo auch mein Vater ist." Mit anderen Worten, er war sich seiner Lebensaufgabe bewusst und wollte mit dem Eintritt in das Erwachsenenalter dieser Aufgabe nachkommen. Er gehorchte aber dem elterlichen Gebot und nahm seine Arbeit im elterlichen Betrieb auf. Diese Erzählung war auf zweierlei Weise Vorbild für das Eltern-Kind-Verhältnis im christlichen Kulturkreis.

Noch zur Zeit meiner Eltern war die Schulpflicht mit zwölf Jahren zu Ende und die Kinder mussten bei einem Bauern in den Dienst treten, mit gleichen Arbeitszeiten wie die Erwachsenen. Das zweite, was sich aus der Erzählung für die Eltern ergab, war, dass die Eltern den Kindern ihren Arbeitsplatz zuwiesen und dabei wenig Rücksicht auf eventuelle Begabungen oder Wünsche der Kinder nahmen, sondern es wurde nur darauf geachtet, dass das Kind mit seiner Arbeit zum Familienunterhalt beitragen konnte. Es war zu Beginn der Industrialisierung durchaus üblich, dass Eltern ihre Kinder regelrecht an Fabrikanten verkauften. Es herrschte zu der Zeit kein Unrechtsbewusstsein, weder bei den Fabrikanten noch bei den Eltern. Erst durch die Arbeitsinspektoren, die diese Missstände aufdeckten, erwachte allmählich so etwas wie ein Bewusstsein von Rechten der Kinder. Marx zitierte in diesem Zusammenhang den Bericht des Arbeitsinspektors N. W. Senior aus dem Jahr 1842 an das Parlament:

> *„Das furchtbarste Gemälde von Habsucht, Selbstsucht und Grausamkeit der Kapitalisten und Eltern, von Elend und Erniedrigung der Kinder und Jugendlichen, das jemals das Auge der Welt erblickte – man wähnt vielleicht der Bericht beschreibe die Greuel eines vergangenen Zeitalters, aber – diese Greuel dauern fort, intensiver als jemals."*

Marx fügte hinzu, dass sich in den folgenden 20 Jahren nichts geändert habe und dass man es zuließ, dass diese Kinder, die herangewachsen waren ohne die entfernteste Vorstellung von dem, was wir Moral nennen, und weder Wissen, noch Religion noch natürliche Empfindungen hatten, die Eltern der jetzigen Generation wurden. Dieser Exkurs in die Sozialgeschichte zeigt, dass mich die zehn Monate harter Arbeit tief geprägt haben.

Die Frage nach der ungleichen Lastenverteilung unter den Menschen ist immer aktuell, besonders jetzt in der so genannten „neo-liberalen Marktwirtschaft". Die so genannte „freie Marktwirtschaft" ist von Anfang an ein Gedankenkonstrukt, das an der Wirklichkeit vorbeigeht. Es gab nie einen freien Markt, ob es sich nun um Einzelpersonen oder ganze Völker handelt. Der Reiche ist immer dem Armen überlegen und er bestimmt den Lauf der Dinge. Das habe ich hautnah als Angehöriger einer Arbeiterfamilie in der Kindheit erlebt und ein Blick auf die derzeitigen Zustände in der Welt mit ihrer Spaltung in arm und reich enthüllt das auf brutalste Weise.

Nach dem Krieg kehrte der frühere Knecht zurück und ich wurde entlassen. Die praktischen Kenntnisse in der Landwirtschaft, die ich mir angeeignet hatte, nützten mir in den folgenden Studienjahren, um durch Ferialarbeit ein kleines Einkommen zu verdienen.

Während der zehn Monate der Schulsperre hatte ich mich mit Hilfe eines Linzer Gymnasialprofessors, der nach dem Krieg vorübergehend in Gaspoltshofen wohnte, auf eine Prüfung vorbereitet, um die ausgefallene dritte Klasse nicht wiederholen zu müssen. Die Bekanntschaft mit dem Professor kam über meine Mutter zustande. Die junge Frau des Professors hatte bei Kriegsende ihr erstes Kind geboren und die kleine Familie wohnte in einer Notunterkunft im Nachbarhaus. Für meine Mutter, die langjährige Erfahrung in der Aufzucht von Pflegekindern hatte, war es eine Selbstverständlichkeit der jungen und unerfahrenen Mutter (sie hatte gerade maturiert) bei der Betreuung des Säuglings, wenn immer nötig, beizustehen. Sie tat das mit viel Hingabe und Freude und so entstand eine sehr gute Beziehung zwischen den gesellschaftlich so verschiedenen Familien. Die Prüfung legte ich erfolgreich ab und ich brachte es in der Oberstufe in den Zeugnissen zum Primus, was mir nicht nur in der Klasse, sondern auch bei den Professoren ein gewisses Ansehen verschaffte; dieses stieg, als bekannt wurde, dass ich neben der Schule in der Freizeit viel arbeitete. Bekannt wurde dies durch ein besonderes Ereignis. Unser Klassenvorstand hatte die Gewohnheit, während des Vortrags zwischen den Bankreihen auf und ab zu gehen. Sein Vortrag war etwas eintönig und eines Tages schlief ich ein und fiel ihm direkt vor die Füße. Er war natürlich sehr wütend und hat auch entsprechend mit mir geschrien. Nach der Stunde suchte ich ihn auf und entschuldigte mich. Als Entschuldigungsgrund brachte ich vor, dass ich übermüdet sei. Es war gerade eine Woche, in der wir Nachmittagsunterricht hatten. Ich war die ganze Woche um halb sechs Uhr in der Früh aufgestanden und hatte bis gegen Mittag am Bau als Hilfsarbeiter gearbeitet, die Aufgaben erledigen und Lernen konnte ich nur in der Nacht, als Fahrschüler kam ich abends erst spät nach Hause. Er wunderte sich und fragte mich, ob ich öfter arbeite. Nun erzählte ich ihm, dass ich so etwas wie Ferien nicht kannte. Bei Ferienbeginn Samstagmittag trat ich bei einem der Gaspoltshofener Bauern meine Arbeit als Knecht an und blieb dort in der Regel bis eine Woche vor Schulbeginn. Im Rahmen des Wechselunterrichts (eine Woche Vormittag, die andere Nachmittag) habe ich immer, wenn es eine Arbeit gab, am Vormittag gearbeitet, am Nachmittag war das nicht möglich, weil ich mit dem Zug erst am späteren Nachmittag nach Hause kam. Der Professor war sehr erstaunt und von da ab besonders nett zu mir. Er muss die Geschichte auch weitererzählt haben, denn auch bei anderen Professoren stellte ich eine Verhaltensänderung fest in dem Sinne, dass sie noch freundlicher mir gegenüber waren und mich quasi wie einen Erwachsenen behandelten. Diese Sonderstellung zeigte sich auch anlässlich eines weiteren unerwarteten Zwischenfalles. Wir hatten in der Oberstufe alle einen Block mit einem standardisierten Text für etwaige Entschuldigungen. In dem Vordruck war gegebenenfalls der Grund einzutragen und der Vater musste unterschreiben. Als ich einmal mit einer Entschuldigung im Verzug war, machte mich der Klassenvorstand während des Unterrichts darauf aufmerksam. Ich antwortete, dass ich dies sofort in Ordnung bringen würde, zog meinen Block heraus, setzte den Grund ein und überreichte ihm den Zettel. Darauf hin kontrollierte er meinen Block und sah, dass alle Entschuldigungen bereits vorunterschrieben waren. Ich musste mit meinem Block zum Direktor. Dieser befragte mich und ich antwortete ihm, dass mir mein Vater soweit vertraue, dass er keine Bedenken habe, den ganzen Block bei Schulbeginn zu unterschreiben. Meine wenigen Fehltage während eines Jahres waren eine Bestätigung meiner Aussage. Ich musste noch eine Bestätigung von meinem Vater bringen, dass dies der Wahrheit entsprach. Nachdem dies geschehen war, hatte ich bis zur Matura keine weiteren Schwierigkeiten mehr.

Ich war die ganze Zeit Klassensprecher und zwar nicht nur auf dem Papier, sondern meine Funktion wurde auch von den Lehrern gefordert. In der Oberstufe schlichen sich Verhaltensweisen ein, die untragbar waren. Es gab Gruppen in der Klasse, die den Unterricht für manche Lehrer zur Qual machten. Manche Lehrer wurden in ihrer Verzweiflung zum Weinen gebracht, andere weigerten sich, den Unterricht fortzusetzen. Der Musiklehrer, dem ich sehr viel für mein Musikverständnis verdanke, setzte sich zum Beispiel in solchen Situationen ans Klavier und versuchte einfach für sich zu spielen, aber sofort flogen Groschenstücke in das offene Klavier und er musste selbst dies aufgeben. In dieser Situation wandte sich der Klassenvorstand an mich und forderte mich auf, diese Übelstände zu beenden. Ich war zwar selbst gegen diese Störung des Unterrichts und beteiligte mich nicht daran, aber ich meinte, dass dies ja Sache der Lehrer sei. Er antwortete mir, „Du siehst ja, dass das bis jetzt nicht gelungen ist und wenn hier einer eingreifen kann, bist Du es." Ich ließ mich überreden und rief eine Klassenbesprechung zusammen auf der ich erklärte, dass ich mit diesen Störaktionen nicht einverstanden sei und forderte diejenigen auf sich zu melden, die für die Aktionen waren. Es meldeten sich einige, worauf ich klar machte, dass ab nun Ruhe herrschen müsse und dass der, der den Unterricht weiter störe, es mit mir zu tun bekommen würde. Von da an herrschte Ruhe. Diese gelungene Aktion verschaffte mir zusätzliches Ansehen bei den Lehrern und ich wurde in den Fächern Englisch, Latein, und Geographie bis zur Matura mit sehr gut benotet, ohne je geprüft zu werden. Der Physikprofessor hat überhaupt nie geprüft, er beurteilte die Schüler nach den Antworten, die sie auf seine gezielten Zwischenfragen gaben, bei ihm hatte ich die Note „gut".

Nach der sechsten Klasse arbeitete ich in den Ferien bei einem Bauern besonderer Art. Der Mann war überzeugter Christ und hatte von sich aus beschlossen, jede Woche einen Feiertag zu halten. Diese Tage wechselten, je nachdem auf welchen Wochentag gerade das Namensfest eines von ihm besonders verehrten Heiligen fiel. Er nannte diese Tage „laßliche" (kleine) Feiertage. Auf diese Weise hatte er schon eine echte Fünftagewoche auf seinem Hof eingeführt, lange bevor dies per Gesetz geschah. Erst in meinem späteren Leben habe ich erfahren, dass dies ein Rückgriff auf mittelalterliche Verhältnisse war. Im Mittelalter gab es in katholischen Ländern im Jahr zu den Sonntagen etwa 80 bis 90 kirchliche Feste, die als Feiertage galten. Unsere Meinung über die Arbeitsfron des Mittelalters müssen wir demnach revidieren.

An diesen Feiertagen gingen wir alle zur Frühmesse. Tagsüber mussten wir die Tiere versorgen, die übrige Arbeit ruhte und das auch zur Erntezeit, wo sich die Bauern kaum einen freien Tag erlauben. Der Bauer ging an diesem Tag über seine Felder. Ich nutzte die freie Zeit, um Italienisch zu lernen, denn für die letzten Gymnasialferien war eine Italienreise geplant, die dann auch per Rad durchgeführt wurde. Wir fuhren die Strecke Salzkammergut – Salzburg – Tirol – Brenner – Gardasee – Lombardei – Mailand – Genua – La Spezia – Pisa – Venedig – Tarvis – Graz – Burgenland – Niederösterreich und dann nach Hause. Wir schliefen im Zelt, als Grundnahrung hatten wir ein Jahr lang Schokolade angespart und zusätzlich hatten wir einige Kilo Speck im Gepäck. Gekauft haben wir lediglich Brot und Wein, mit Obst konnten wir uns durchgehend leicht versorgen. Meine Italienischkenntnisse ermöglichten uns Kontakt mit den Italienern und waren wiederholt sehr von Nutzen.

Während des Krieges war ich, so wie 90 Prozent der Jungen unseres Dorfes, Mitglied der Hitlerjugend (JH) gewesen. Nach dem Krieg gab es verschiedene politische Jugendorganisationen und die „Katholische Jugend“ als kirchliche Organisation. Ich trat der Katholischen Jugend bei und nahm an ihren Veranstaltungen teil. Der Grund für meinen Beitritt war ein zunehmendes Interesse an religiösen Fragen. Ich hoffte, so mein Wissen zu vertiefen und suchte die Gemeinschaft Gleichgesinnter in dem Bemühen nach einem christlichen Leben.

Die ehemaligen Mitglieder nationalsozialistischer Organisationen waren nach dem Krieg von einer politischen Betätigung ausgeschlossen, ich war 1945 von der amerikanischen Besatzungsmacht offiziell „entnazifiziert“ worden und hatte als „Unbelasteter“ einen „Identitätsausweis“ erhalten. Dieser Ausweis war notwendig, um die Zonengrenzen – Österreich war in vier Besatzungszonen geteilt – zu überschreiten. Man wäre noch 1950, als ich mein Studium in Wien begann, an der Enns ohne Ausweis am Betreten der russischen Zone gehindert worden. Der Zug hielt in Enns und es gingen drei russische Besatzungssoldaten durch und kontrollierten die Ausweise, mehrmals wurden Leute aus dem Zug geholt und sie konnten die Reise nicht fortsetzen.

Im Jahre 1948 wurde den ehemaligen Nationalsozialisten die politische Betätigung in dem nunmehr demokratischen Österreich erlaubt. Sie gründeten den so genannten „Wahlverband der Unabhängigen“, der nun neben den Sozialisten, der Volkspartei und den Kommunisten zur Wahl zugelassen wurde. Aus dem Wahlverband ist die freiheitliche Partei Österreichs (FPÖ) hervorgegangen. Im Gefolge dieser Neuorganisation des freiheitlichen Lagers wurde auch der Österreichische Turnerbund, eine Nachfolgeorganisation des ehemaligen Deutschen Turnerbundes, neu gegründet. Gaspoltshofen war vor dem Krieg eine Hochburg der turnerischen Bewegung, es gab den christlichen Turnerbund, der sich „Reichsbund" nannte, und den „Deutschen Turnerbund". Beide hatten eine eigene Turnhalle und zahlreiche ihrer Mitglieder traten in Wettkämpfen gegeneinander an. Nach dem Krieg war die Turnhalle des Turnerbundes enteignet und zu einem Wohnhaus umgebaut worden. Die Nachfolgeorganisation des „Reichsbundes" wurde die „Österreichische Turn-Union", es gab aber in unserem Ort keine Zweigorganisation. Es war zu fürchten, dass der Turnerbund reaktiviert werden würde. Der Ortsführer der katholischen Jugend und ich gründeten daher einen Zweigverein der Österreichischen Turnunion, damals „Diözesan-Sportverband", und luden auch die Freiheitlichen ein, zu uns zu kommen. Das ergab sich schon daraus, dass wir allein eine Turnhalle und die notwendigen Geräte hatten. Ich machte zwei Vorturnerkurse und noch 1948 begann der Turnbetrieb. Wir begannen mit einer Männer- und einer Frauenriege, bald darauf leitete ich am Samstagnachmittag ein Turnen für Knaben und meine spätere Frau am Sonntagnachmittag ein Turnen für Mädchen. Der Verein existiert seither und hat in acht verschiedenen Sparten mehr als 200 Mitglieder. Die Gründung eines Zweigvereins des österreichischen Turnerbundes ist unterblieben. Dies war meine erste politische Betätigung auf lokaler Ebene. Als ich 1950 zum Studium nach Wien übersiedelte, hatte ich einen Nachfolger als Vorturner ausgebildet und die Organisation war so gefestigt, dass der Betrieb klaglos weiterlief.

Nach der Matura im Jahre 1950 war die Frage, welchen Beruf ich ergreifen solle, für mich völlig ungelöst, dazu kamen Sorgen wegen der mir nicht bekannten Kosten eines Studiums und dessen Finanzierung.

II. Kapitel

Berufswahl und Studium

Für das Gelingen des Lebens haben meiner Meinung nach zwei Entscheidungen maßgebliche Bedeutung, zum einen die Standeswahl, zum anderen die Berufswahl. Zu meiner Jugendzeit stand die Berufswahl vor der Standeswahl, denn es herrschte noch die Ansicht vor, erst müsse man einen Beruf erlernen, der es ermöglicht, eine Familie zu gründen, dann erst könne man ernstlich an die Partnerwahl denken. Für einen Teil der Menschen ergibt sich die Berufswahl aus der Lebenssituation, sie müssen einen Betrieb übernehmen oder eine Kanzlei, andere steigen schon mit 15 Jahren nach der Grundschule in einen Lehrberuf ein oder sie müssen in der väterlichen Landwirtschaft mitarbeiten. In all diesen Fällen ist die Berufswahl gar keine Frage. Anders war meine Situation. Mit dem Nahen der Matura wurde die Frage akut. Das Gegebene in meiner Lage, von der finanziellen Situation her, wäre der Eintritt in den Staatsdienst, also eine Beamtenlaufbahn gewesen. Ich wollte jedoch weiter studieren. Über die Finanzierung eines Hochschulstudiums hatte ich keine Vorstellung. In den Jahren vorher hatte meine Mutter, die eine sehr fromme Frau war, des öfteren von einem Theologiestudium gesprochen, das auch ohne eigene Finanzmittel möglich gewesen wäre. Ich selbst hatte mich in der katholischen Jugendbewegung engagiert und dachte ebenfalls daran, Priester zu werden, allerdings zweifelte ich, ob ich den in diesem Fall notwendigen Zölibat auf mich nehmen könnte. Ich schob die Frage beiseite und konzentrierte mich zunächst auf die Matura, in der Hoffnung dann meine Wahl treffen zu können. So stand ich nach der Matura immer noch unentschlossen vor der nun drängenden Entscheidung. Mein Entschluss zu studieren stand fest, auch wenn ich nicht wusste, was ich studieren und wie ich das Studium finanzieren sollte, denn meine Eltern konnte und wollte ich nicht weiter belasten.

Mein Ringen bezüglich meines weiteren Lebensweges war davon geprägt, dass ich es als unzweifelhaft ansah, dass jeder Mensch im Leben eine Aufgabe hat, die darin besteht, dass er in seinem „Leben“ die bewährten Regeln des Zusammenlebens nicht verletzt und durch sein „Tun“ das Leben seiner Mitmenschen fördert. Ich wollte in der mir zur Verfügung stehenden Lebenszeit etwas Sinnvolles leisten. Das Gerede von der so genannten „Selbstverwirklichung" war mit fremd, verwirklichen, so glaubte ich damals schon, kann man sich nur im Umgang mit den anderen. Wie weit hier das Beispiel meiner Mutter, meine sonstigen Erfahrungen, das Studium und die religiöse Bildung prägend waren, kann ich selbst nicht auseinander halten.

Mein Wunsch in diesem Sinn war ein Beruf, in dem ich mit Menschen zu tun haben würde. Neben der Theologie bezog ich die Medizin und den Lehrberuf in meine Überlegungen ein. Sprachen und Geschichte hatten schon immer einen besonderen Reiz für mich und ich konnte mir vorstellen, junge Menschen dafür zu begeistern. Die Theologie beziehungsweise der Priesterberuf erschienen mir weiter als sehr sinnvoll, besonders weil um diese Zeit bereits Priestermangel herrschte. Ich konnte mich aber letztendlich nicht entschließen, den damit verbundenen Verzicht auf die Sexualität auf mich zu nehmen.

So entschloss ich mich zur Medizin, die mir noch am erstrebenswertesten schien, obwohl hier ein Überangebot herrschte und es fraglich war, ob man nach dem Studium überhaupt eine Anstellung finden werde.

Der Entschluss stürzte mich in eine jahrelange Krise. Bei allen drei genannten Berufen war ich der Meinung, man könne sie nicht nach Belieben wählen, sondern es gehöre auch etwas dazu, was man gewöhnlich „Berufung" nennt. Wie schrecklich eine falsche Berufswahl für den Betreffenden sein konnte, hatte ich während meiner Gymnasialzeit erfahren. Wir hatten einige Professoren, die offenbar eine falsche Wahl getroffen hatten. Die jungen Leute spüren das und diese Bedauernswerten waren bis zur Unerträglichkeit unserem Spott und unseren üblen Streichen ausgesetzt. Woher sollte ich nun wissen, ob ich zum Arzt berufen war? Die Krise spitzte sich auf die Frage Priester oder Arzt zu. Meine Wahl der Medizin sah ich nicht als eine positive Hinwendung zum Arztberuf, sondern eher als ein Ausweichen vor dem Opfer, welches der Priesterberuf erfordert – nicht gerade das Kennzeichen einer Berufung. Ich wandte mich an einen bekannten Priester um Rat. Der sagte mir nach einem zwanzigminütigem Gespräch dezidiert, dass ich zum Priester berufen sei. Diese Aussage hat es mir eher erleichtert, nicht Priester zu werden, denn es schien mir sonderbar, dass ein Mensch nach so kurzer Zeit eine so wichtige Frage mit solcher Gewissheit beantwortete. So ging ich nach Wien zum Studium, ohne die Frage befriedigend beantwortet zu haben. Noch zweieinhalb Jahre begleitete mich das Gefühl, ein Versager zu sein, der vor einer schwierigen, aber großen Aufgabe zurückgeschreckt ist. Dieses Gefühl wurde verstärkt, als einer meiner Semesterkollegen, der in ähnlichen Schwierigkeiten steckte, nach zwei Semestern zur Theologie wechselte und in den Orden der Zisterzienser eintrat. Priester zu werden erschien mir nach wie vor als ein hohes Ideal, gleichzeitig wusste ich, dass ich nicht bereit war dafür ein so großes Opfer wie lebenslange Keuschheit zu bringen. Dieser innere

Zwiespalt gefährdete geradezu meine Selbstachtung. Zeitweise ging ich ganze Nachmittage im Wienerwald herum, um mir klar zu werden. In meiner Not machte ich sozusagen Gott ein Angebot. Um meine Opferbereitschaft unter Beweis zu stellen, nahm ich mir vor, wenigstens bis zu meiner Heirat zölibatär zu leben. Diesen Vorsatz hielt ich dann auch entsprechend durch.

Meine innere Auseinandersetzung mit dieser entscheidenden Lebensfrage führte zu einer Suche nach Lösungen, wie sie vielleicht von den geistigen Größen der Menschheitsgeschichte vor mir gefunden worden waren. Ich studierte neben der Medizin die Philosophie von den Griechen bis zu I. Kant (1724–1804) und J. G. Fichte (1762–1814). Das Studium der Kritik der *„reinen und der praktischen Vernunft"* von Kant brachten mich lediglich zu der Erkenntnis, dass unser Verstand nicht geeignet ist, Fragen, die jenseits der Erklärung der uns umgebenden Natur liegen, zu beantworten. Unser Verstand hat sich nur ausgebildet, um die Natur zu verstehen und mit diesem Wissen in Dienst zu nehmen. Zu dem, was jenseits der Natur liegt, der so genannten Metaphysik, hat unser Verstand keinen direkten Zugang. Der Zugang zur übersinnlichen Welt erfolgt über den so genannten „kategorischen Imperativ", gewöhnlich als Gewissen bezeichnet. Jeder Mensch spürt instinktiv, ob sein Verhalten dem allgemeinen Sittengesetz konform ist und damit als allgemein gültig betrachtet werden kann; Kant spricht davon, ob das persönliche Verhalten zu einem allgemeinen Gesetz erhoben werden könnte. Die Frage, ob meine Berufswahl richtig ist, kann ad hoc nicht überprüft werden, sie fällt also außerhalb des Bereichs derjenigen Fragen, die dem menschlichen Verstand im Sinne naturwissenschaftlicher Fragen zugänglich sind. Sie fällt aber auch außerhalb des Bereichs derjenigen Fragen, deren Beantwortung eine ethische Entscheidung erfordern würde, denn ob ich Arzt oder Priester bin, ist ethisch neutral, ethisch relevant ist nur die Art der Ausübung. Meine Frage blieb weiter offen, meine Überlegungen führten lediglich dazu, dass ich zu der Überzeugung kam, ich könne nicht wissen, ob ich einen guten Arzt abgeben würde, es könne dieses Wissen aber auch niemand von mir verlangen. Bei der Lektüre von Fichtes *„Die Bestimmung des Menschen"* kam plötzlich die Wende. Fichte setzt sich in dem Buch mit der Philosophie Kants auseinander. Er kommt zu der Einsicht, dass wir als geistige Wesen wohl frei sind von der kausalen Gebundenheit der Natur, denn was hätte es für einen Sinn, eine Wahl zu treffen, wenn irgendwelche inneren oder äußeren Zwänge unser Handeln bestimmen würden. Diese Freiheit spürte ich gerade in der so brennenden Frage der Berufswahl, hier hatte nur ich und sonst niemand die Wahl zu treffen. Gleichzeitig fehlten mir die Kriterien, um meine Wahl verstandesmäßig begründen zu können. Und gerade dieses Wissen um die eigene „Lebensbestimmung" war die Frage, mit der ich mich nun so lange abquälte.

Das dritte Buch der „*Bestimmung des Menschen*", „*Glaube*", setzt an diesem Punkt ein: Nach einem langen Hin und Her theoretischer Überlegungen kommt plötzlich der Gedanke – „*Nicht bloßes Wissen, sondern Tun ist deine Bestimmung: Nicht zum müßigen Beschauen und Betrachten deiner selbst, nein zum Handeln bist du da; dein Handeln und allein dein Handeln bestimmt deinen Wert.*"

Diese Sätze trafen mich wie ein Blitz, ich spürte ein ungeheures Glücksgefühl, wie ich es nie wieder in meinem Leben empfunden habe, ein Glück, das mich tiefer erfasste als ein Liebesglück, weil ich spürte, dass mich hier irgendwie eine geistige Wirklichkeit berührte, die mir in dieser Form bisher nie in meinem Leben begegnet war. Es war mir mit einem Schlag klar, dass es in dieser Frage keine Sicherheit in dem Sinn geben konnte, mit meiner Antwort das Richtige getroffen zu haben. Das ist aber auch nicht notwendig. Im Leben stehen immer wieder Fragen an, deren Beantwortung nicht ewig aufgeschoben werden kann. Der Mensch ist ein Wesen, das immer wieder Antwort auf die Fragen geben muss, die das Leben stellt. Man muss eine Entscheidung treffen, aber wenn man sie nach reiflicher Überlegung getroffen hat, dann muss man zu ihr stehen und alles daransetzen, dieser Entscheidung gerecht zu werden – eine Einsicht, die sich in meinem späteren Leben immer wieder bestätigt hat. Die missliche materielle Lage, in der ich mich in dieser Zeit befand, hatte daneben keine Bedeutung. Wenn ich versuche, das Erleben für mich zu erklären, so ist es die wiedergewonnene Übereinstimmung meines konkreten Lebensweges mit dem, was ich als Voraussetzung für ein gelingendes Leben empfand. Ich hatte jahrelang gegrübelt ohne einen Ausweg zu finden, der mein Handeln, in diesem Fall die Berufswahl, auf ein tragfähiges Fundament gestellt hätte. Nun war mir klar, dass neben dem Denken dem Handeln die gleiche Bedeutung zukommt. Damit war für mich alle Grübelei zu Ende, ich brauchte keine gedankliche Gewissheit darüber zu erlangen, ob ich zum Arzt berufen bin. Aber sobald ich mich für diesen Beruf entschieden habe, ist es meine Pflicht, alles zu tun, was in meiner Macht liegt, um die Voraussetzungen für eine bestmögliche Ausbildung zu schaffen.

Dieses Glücksgefühl hielt einige Wochen intensiv an, um dann allmählich abzuklingen. Geblieben ist ein Vertrauen in den Wert des Tuns und die daraus resultierende Erfahrung, die ich vorher nicht gekannt hatte. Denken und Tun waren nun gleichwertige Seinsweisen, die mich durch das ganze weitere Leben und mein Arztsein getragen haben.

Dass dies keine bloße Einbildung ist, hat mir ein Erlebnis 50 Jahre später bestätigt. Auf einem unfallchirurgischen Kongress im Jahre 2000 trat ein Schweizer Kollege an mich heran, begrüßte mich und stellte sich vor. Ich war überrascht, weil ich mich nicht an ihn erinnern konnte. Er berichtete nun, er habe im Unfallkrankenhaus Linz bei

Professor J. Böhler (1917–2005) einen Studienaufenthalt absolviert und mich dabei kennen gelernt und er habe in seinem weiteren Leben nie wieder einen Arzt getroffen, der seinen Beruf mit solcher Begeisterung und Hingabe ausübte, wie er es an mir erlebt habe.

Nach diesem Erlebnis im fünften Semester studierte ich mit großer Begeisterung und bin nie wieder ins Grübeln gekommen. Die Prüfungen schaffte ich immer rechtzeitig und ich hatte im Gegensatz zu den meisten Kollegen immer ein zweischneidiges Gefühl nach der Prüfung. Auf der einen Seite freute ich mich, dass ich wieder einen Schritt weiter gekommen war, auf der anderen Seite tat es mir leid, dass ich ein Gebiet, das mich gerade zu interessieren begann, wieder abbrechen musste.

Zur Finanzierung des Studiums hatte ich in den ersten zwei Jahren in den Sommerferien zehn Wochen und während des Jahres noch zweimal vier Wochen am Bau gearbeitet. Bei sparsamer Lebensweise kam ich mit dem Verdienten das ganze Jahr durch. Im dritten Jahr ergab sich eine neue interessante Finanzierungsmöglichkeit. Ich nahm regelmäßig am Geräteturnen der Universitätsturnanstalt teil, eines Tages zeigte mir der Direktor der Anstalt einen Brief des Hotels Panhans am Semmering mit dem Angebot, für einen Studenten über die Sommermonate im Schwimmbad des Hotels als Bademeister und Schwimmlehrer tätig zu sein. Er hielt mich für diese Tätigkeit als sehr geeignet und forderte mich auf, mich zu bewerben. Ich tat es und erhielt die Stelle. Nun gab es statt zehn Wochen Bau zehn Wochen Bad. Der Betrieb begann um neun Uhr und endete um sechs Uhr abends. Vor der morgendlichen Öffnung und nach Betriebsschluss blieb reichlich Zeit, um Bergwanderungen durchzuführen. Für die Sauberhaltung waren mir zwei Frauen zugeteilt, meine Aufgabe war lediglich, dafür zu sorgen, dass die manchmal etwas wilden jungen Leute die anderen Gäste bei ihrem Vergnügen nicht störten. Das machte keine Schwierigkeiten. Wir hatten vereinbart, dass sie bei flauem Betrieb nach Belieben herumtollen konnten, dafür mussten sie bei vollem Betrieb selbst darauf achten, andere Gäste nicht zu stören, das funktionierte problemlos. Ich nützte die jungen Leute sogar, um für Ordnung zu sorgen. Es war für Frauen verboten, ohne Badehaube zu schwimmen. Manche Dame wollte ihre Frisur durch eine Badehaube aber nicht durcheinander bringen und missachtete das Verbot. Ich machte die Betreffenden auf das Verbot aufmerksam, was bei einigen der Damen keinerlei Wirkung zeigte. In solchen Fällen rief ich die jungen Leute zusammen und bat sie, eine Wasserschlacht durchzuführen und dabei die Betreffende in die Mitte zu nehmen. Wenn sie sich dann bei mir beschwerte, wies ich sie nur darauf hin, dass sich dies hätte vermeiden lassen, wenn sie, wie vorgeschrieben, eine Badehaube getragen hätte. Ich konnte also meiner Tätigkeit als Schwimmlehrer ungestört nachgehen, die Honorarforderungen waren meinem Ermessen anheim gestellt. Der Unterricht funktionierte gut. Ich bemerkte sehr bald, dass Kleinkinder vor dem Schulbesuch zu verspielt waren, um dem Unterricht zu folgen. Kinder nach der ersten Volksschulklasse dagegen waren an eine gewisse Disziplin gewöhnt und es dauerte nur fünf bis sechs Tage, bis sie das Schwimmen erlernten. Ich übernahm daraufhin nur mehr Kinder dieses Alters und verbürgte mich bei den Eltern, ihrem Kind das Schwimmen in der angegebenen Zeit beizubringen. Die Abschlussprüfung bestand in der Überquerung des tiefen Beckens. Das Kind, die Eltern und ich freuten uns – und solche Erlebnisse gab es fast jeden Tag.

Für eine Schwimmstunde verlangte ich 20 Schillinge. Daneben eröffnete sich eine weitere sehr gute Einnahmequelle mehr durch Zufall. Eines Tages kamen ein paar Rabbiner am Bad vorbei und sprachen mich an, ob sie nicht am Morgen vor Badebeginn zum Schwimmen kommen könnten. Das Bad war sehr modern und das Wasser wurde ständig umgewälzt und gereinigt, sodass es am Morgen wie frisches, reines Wasser aussah. Nach Rückfrage bei der Hotelleitung wurde vereinbart, dass sie um sieben Uhr früh eine Stunde lang schwimmen konnten. Meine Aufgabe bestand lediglich darin, um sieben Uhr aufzusperren und um acht Uhr wieder abzuschließen. Auf die Frage, was ich dafür verlange, lautete meine Antwort zehn Schillinge. Beim ersten Termin kamen 14 Rabbiner anmarschiert und zu meiner Überraschung erhielt ich nicht einmal zehn Schillinge, sondern ich erhielt den Betrag von jedem ausgehändigt. 140 Schilling waren zu der damaligen Zeit ein Betrag, von dem ich in Wien zwei Wochen gut leben konnte.

Vom Hotel erhielt ich ein Gehalt, hatte ein eigenes Zimmer und das Essen, der Nebenerwerb blieb ganz mir überlassen. Nachdem ich im Studentenheim schon im ersten Jahr zum Bibliothekar ernannt wurde, hatte ich dort ein Einzelzimmer, für das ich nichts zu bezahlen hatte. Diese Ernennung war vom Leiter des Heimes, einem Gymnasialprofessor erfolgt, weil er gesehen hatte, dass ich regelmäßig philosophische und historische Bücher auslieh. Ich hatte nun finanziell ausgesorgt und konnte mich das Jahr über ganz dem Studium widmen. Es blieb mir sogar noch Geld, um meinen Eltern für die Semesterferien, die ich zu Hause verbrachte, zumindest teilweise Unterhaltskosten zu zahlen. Nachdem ich die fünf Prüfungen des zweiten Rigorosums in Rekordzeit und alle mit Auszeichnung abgelegt hatte, erhielt ich, der ich nie um ein Stipendium angesucht hatte, vom Dekan ein so genanntes „Begabtenstipendium". Da ich das Geld nicht unbedingt brauchte, gab ich es an meine jüngere Schwester, die zu der Zeit nach Wien gekommen war, weiter.

Von den 270 Studienanfängern des Jahres 1950 gehörte ich zu den ersten zehn, die den erfolgreichen Abschluss schafften, obwohl ich die ganze Zeit nebenbei arbeiten musste. Das hängt damit zusammen, dass nach Überwindung meiner anfänglichen Krise die

Medizin und die Naturwissenschaft zu einem Wissensdurst führten, von dem ich wusste, dass er nie ganz zu stillen sein wird, aber so viel Kenntnisse als möglich wollte ich mir aneignen. Das ist auch während meiner ganzen Berufstätigkeit so geblieben. Neben neuen Einsichten in das Naturgeschehen brachten neue Kenntnisse auch neue Möglichkeiten, diese Kenntnisse zum Nutzen der Patienten einzusetzen. Der Beruf hat mich so in Anspruch genommen und auch ausgefüllt, dass für Zweifel in meinem späteren Leben kein Platz mehr blieb.

III. Kapitel

Der Eintritt ins Berufsleben

Mein ursprünglicher Wunsch war es, Landarzt zu werden. Ich war auf dem Land aufgewachsen, hatte bei Kriegsende zehn Monate als Bauernknecht gearbeitet und mir gefiel das bäuerliche Leben und die Leute. Zudem hatte ich von Kindheit an eine große Liebe zur Natur. Ich machte stundenlange einsame Spaziergänge, konnte mich über eine blühende Frühlingswiese, die wogenden Getreidefelder, die früchteschweren Bäume oder einen frisch verschneiten Wald in gleicher Weise zutiefst freuen, sodass ich nach solchen Ausflügen ganz beglückt war. Der Landarzt erschien mir als die ideale Kombination von Beruf und Naturerlebnis.

Vor dem Antritt einer eigenen Praxis steht in Österreich eine dreijährige Ausbildung im Krankenhaus mit den Fächern Innere Medizin (zwölf Monate), Chirurgie (neun Monate), Geburtshilfe (sechs Monate), Kinderheilkunde (sechs Monate), Hautkrankheiten und einem Wahlfach (je drei Monate), die Ausbildung wird deshalb Turnus genannt. In meinem Promotionsjahr 1956 waren die Ausbildungsplätze im Krankenhaus rar. Viele waren von Kriegsteilnehmern besetzt, die nach der Entlassung oder nach mehrjähriger Kriegsgefangenschaft ihr Studium abschlossen und dann zu Recht bevorzugt in Ausbildung genommen wurden. Eine Chance bot sich noch am ehesten in dem Bundesland, in dem man wohnte. Ich machte mich in meinem Heimatland Oberösterreich auf den Weg und klapperte mit dem Fahrrad die Spitäler der Reihe nach ab. Bis zu einem ärztlichen oder Verwaltungsdirektor drang ich nie vor. Es wurde mir immer in der Verwaltungskanzlei von einem untergeordneten Beamten mitgeteilt, dass eine Bewerberliste bestehe, an der ich hinten angereiht würde und dass ich verständigt werden würde, sobald ich an der Reihe wäre. Die lustigste Begegnung in dieser Hinsicht hatte ich mit dem Portier eines Linzer Krankenhauses. Als ich von meinem Rad stieg und mich seiner Portierloge näherte, fragte er mich, was ich wolle, auf meine Antwort, dass ich auf Stellensuche sei und in der Verwaltungskanzlei vorsprechen wollte, meinte er nur kurz, „wir brauchen keinen Portier, es sind alle Stellen besetzt“. So landete ich ziemlich enttäuscht am Samstag gegen Mittag im Linzer Unfallkrankenhaus. Ich meldete mich bei der Sekretärin von Primarius Jörg Böhler und trat kurz darauf dem Chef gegenüber. Er fragte mich zunächst, wieso ich ausgerechnet am Samstagmittag käme. Ich erzählte ihm von meiner frustrierenden Odyssee und teilte ihm auch mit, dass ich nur drei Monate bleiben wollte, weil ich die Ausbildung zum praktischen Arzt und nicht zum Unfallchirurgen geplant hatte – drei Monate Unfallchirurgie wurden für den Turnus angerechnet. Er befragte mich insgesamt noch rund eine Stunde und teilte mir dann mit, dass ich am kommenden Montag meinen Dienst antreten könne.

Im Linzer Unfallkrankenhaus herrschte damals das Ausbildungssystem von Lorenz Böhler. Man wurde jeweils für sechs Monate einem bestimmten Arbeitsbereich zugeteilt. Diese Arbeitsbereiche waren die Wundversorgung, das Gipszimmer, die Station, der Aufnahmearzt, der Operationssaal und die Nachbehandlung. Ich kam in die Wundversorgung. Das bedeutete, dass meine Tätigkeit in diesen drei Monaten darin bestand, von acht Uhr früh bis Dienstschluss Wunden auszuschneiden und zu nähen. An den Tagen, an denen ich Nachtdienst hatte, blieb ich bis zehn Uhr nachts an meinem Platz. Im Nachtdienst konnte ich bei größeren Operationen assistieren.

Man könnte nun den Eindruck haben, dies sei eine ziemlich eintönige Arbeit gewesen. Dem ist nicht so. Ein Großteil der Wunden betrifft die Hand und es ergab sich so ständig die Gelegenheit, die Anatomie der Hand unter verschiedenen Gesichtspunkten zu studieren. Die Wundausschneidungen wurden in örtlicher Betäubung ausgeführt, sodass man diese Technik ständig einüben konnte und es war jedes Mal eine Freude, wenn der Eingriff für den Verletzten völlig schmerzfrei verlief. Ich hatte in der Zeit das Buch von Lorenz Böhler gelesen, in dem auf die Wichtigkeit einer schmerzfreien Behandlung immer wieder hingewiesen wird, als Voraussetzung, um das Vertrauen des Patienten zu gewinnen. Die Gespräche mit den Patienten beginnen damit, dass man sich nach dem Unfallhergang erkundigt. Man erfährt so manches Interessante über den Beruf des Verletzten, über seine Ausbildung und eventuell über die Lohnverhältnisse. Eine Erkundigung nach dem Wohnort und den Familien- und Wohnverhältnissen schließt sich an, weil das für die Planung der Nachbehandlung unter Umständen von Bedeutung ist. In kurzer Zeit ist man über die persönlichen Verhältnisse des Verletzten relativ umfassend informiert, wobei ich meist spürte, dass die Verletzten es schätzten, dass hier jemand war, der sich für sie und ihre Lebensverhältnisse interessierte. Besonders die Zuneigung der Kinder während einer schmerzfreien Behandlung bereitet viel Freude.

In diesen drei Monaten machte ich mich erfolgreich auf die Suche nach einem Ausbildungsplatz für den Turnus. Ich teilte dies meinem Chef Jörg Böhler mit. Er führte daraufhin mit mir ein Gespräch, in dem er mir mitteilte, er sei zu der Überzeugung gekommen, dass ich der geborene Unfallchirurg sei und dass ich bleiben sollte, er würde mir sofort eine Ausbildungsstelle geben. Ich beharrte auf meinem Plan, weil mir der

„Landarzt" immer noch erstrebenswert erschien und weil ich mit dieser Zusatzausbildung mehr Unabhängigkeit erreichen würde, indem ich so die Möglichkeit erlangte, im Falle von Schwierigkeiten im Spital in die freie Praxis auszuweichen. Er sah das ein, wir schieden in gutem Einvernehmen und er machte mir noch das Angebot, dass ich, wenn sich meine Meinung ändern sollte, jederzeit bei ihm eine Ausbildung antreten könnte.

Meine Ausbildung zum Arzt für Allgemeinmedizin begann ich in einem Krankenhaus der Standardversorgung und zwar mit Absicht, denn hier hoffte ich die Patienten behandeln zu können, denen ich später in der Praxis begegnen würde. Zur damaligen Zeit musste man als Turnusarzt im Nachtdienst noch die Patienten der Interne, der Chirurgie, der Unfallchirurgie und der Geburtshilfe versorgen, dazu kam sehr häufig das Zähneziehen und das Entfernen eines Fremdkörpers aus dem Auge. Das Labor war in der Nacht nicht besetzt, denn das Haus hatte bei 120 Betten eine einzige ausgebildete Laborantin. Auch die Harn-, Blut- und Liquoruntersuchung war zur Nachtzeit Aufgabe des Turnusarztes. Wenn man das Pech hatte, dass am Abend ein Coma Diabetikum zur Aufnahme kam, so war man die ganze Nacht mit dessen Behandlung beschäftigt. Der Primarius gab seine Anweisungen und dann hieß es in Stundenabständen Blutzucker bestimmen und Insulin verabreichen. Es war aber auch ein entsprechendes Erfolgserlebnis, wenn man in der Früh dem Chef die Normalisierung des Blutzuckerwertes melden konnte. Durch meine dreimonatige Tätigkeit im Unfallkrankenhaus hatte ich gegenüber den anderen Turnusärzten eine gewisse Sonderstellung, nicht nur insofern, als mir die meisten Unfälle zur Behandlung überlassen wurden, sondern ich brachte bereits einige Neuerungen mit, die übernommen wurden. Ein Beispiel dafür ist die Behandlung eitriger Wunden. In den fünfziger Jahren war es üblich, solchen Patienten am Vormittag im septischen Verbandraum täglich den Verband abzunehmen, die Wunden mit einer antiseptischen Lösung zu spülen und dann frisch zu verbinden. Damit waren ein Arzt und eine Schwester ein bis eineinhalb Stunden beschäftigt. Die Prozedur war für den Patienten meist mit Schmerzen verbunden. Vom Unfallkrankenhaus und aus dem Buch von Böhler wusste ich, dass dies nicht nur überflüssig, sondern unter Umständen auch schädlich ist. Der Böhler'sche Behandlungsgrundsatz lautet für diese Fälle: Einen Abszess eröffnen, verbinden und den Gliedabschnitt ruhig stellen. Falls keine Schmerzen und kein Fieber bestehen, genügt es, nach einer Woche den Verband zu wechseln. Es war leicht, diese Methode einzuführen, denn es wurden damit Zeit und Verbandmaterial eingespart. Auch in der Gipstechnik und in der operativen Unfallbehandlung konnte ich einige Verbesserungen einführen. Das Ausbildungsprogramm der Turnusärzte umfasst in der Allgemeinchirurgie die Entfernung kleinerer Hauttumoren, von Ganglien, kleinere Hautplastiken und die Appendektomie. Mir wurde auch, nach entsprechender Einschulung, die Operation von Leistenbrüchen gestattet und ich konnte insgesamt 60 solcher Brüche erfolgreich operieren. Interessant war in dieser Zeit die Behandlung der Eileiterschwangerschaft. Die Frauen hatten gelegentlich sehr viel Blut in den Bauch verloren. Blutkonserven mussten aus der 60 km entfernten Blutzentrale bestellt werden und es wäre in manchen Fällen auch zu spät eingetroffen. Es war daher üblich, nach dem Eröffnen der Bauchhöhle das vorliegende Blut mit einem gewöhnlichen Schöpflöffel auszuschöpfen und in ein unten offenes reagenzglasartiges Infusionsbesteck einzufüllen. Dieses Infusionsglas hatte am Grund eine vielfache Lage feinmaschiger Gaze und einen Abflussschlauch, durch den das Blut durchsickern musste. Es floss über eine liegende Injektionsnadel wieder in den Körper der Frau zurück, vor Schluss der Bauchwunde wurde noch der letzte Rest ausgeschöpft. Diese Methode ist mit der Gefahr behaftet, dass sich kleine Blutgerinnsel bilden und kleinere Gefäße verstopfen können. Offenbar wird durch die dicke Lage der Gaze das Fibrin, der Gerinnungsstoff des Blutes, herausgefiltert, denn Komplikationen dieser Art habe ich nie gesehen.

Der Umgang mit den Vorgängen um die Entstehung des Lebens hat einmal zu einem unvergesslichen Erlebnis geführt. Die Fehlgeburt gehört in einem derartigen Krankenhaus zu den Ereignissen, die immer wieder stattfinden. Das besondere an einer solchen Fehlgeburt war einmal der Abgang der gesamten Fruchtblase mit dem Mutterkuchen. Der ca. 10–12cm lange Embryo lag in der durchsichtigen Fruchtblase, man sah das Herz schlagen und das Blut durch die Gefäße strömen. Das Ganze hat nur kurze Zeit gedauert, aber wir alle standen gebannt herum und bestaunten dieses Wunder. Ich bedauerte, keinen Filmapparat zur Hand zu haben und es war der Anlass, mir einen Fotoapparat zu kaufen, und von da an bis zu meiner Pensionierung habe ich alle bemerkenswerten Situationen im Bild festgehalten.

Im Rahmen meiner Ausbildung verbrachte ich auch sechs Monate im Linzer Kinderkrankenhaus. Dort waren wir nicht nur medizinisch tätig. sondern mussten auch Kinder wickeln, Babynahrung zubereiten und füttern. Der Chef verlangte dies im Hinblick darauf, dass es junge Mütter gibt, die damit nicht auf Anhieb umgehen können und vom Arzt unterwiesen werden sollten. Die Notwendigkeit hat sich in den sechs Monaten wiederholt erwiesen.

In diesen Monaten hatte ich auch meinen ersten arbeitsrechtlichen Streit. 1956 herrschte in Oberösterreich die letzte größere Kinderlähmungsepidemie, mit zahlreichen Erkrankungsfällen. Das hatte zur Folge, dass die Mütter ihre Kinder bei geringstem Fieber in das Kinderkrankenhaus zur Untersuchung brachten. An einem Samstag war lediglich ein Turnusarzt in der Ambulanz im Dienst, es ergaben sich so bei der

Untersuchung lange Wartezeiten. Dies wurde in der Presse kritisiert und der Chef verlangte daraufhin, dass an einem Samstag ein zusätzlicher Arzt Dienst machen müsse. Dafür gab es weder einen Zeitausgleich noch eine Entlohnung. Das allgemeine Arbeitszeitgesetz wurde auf die Spitalsärzte nicht angewendet und es gab überhaupt keine gesetzliche Regelung. Ich fragte den Chef, ob er es für richtiger finde, wenn ein junger Arzt und Familienvater, der ohnehin keine 40-Stunden-Woche kennt, einen zusätzlichen Dienst mache, oder ob die Mütter zwei Stunden länger warten müssten. Nachdem er diesen zusätzlichen Dienst ohne Zeitausgleich verlangte, erklärte ich ihm, dass ich ihn nicht machen würde. Dabei blieb es auch und ich war der einzige, der diesen Dienst verweigerte. Die einzige Konsequenz war, dass er sich von da an sehr reserviert zu mir verhielt.

Ähnliches erlebte ich nochmals an der Wiener Hautklinik. Drei Monate Ausbildung in Hautkrankheiten waren für den Turnus vorgeschrieben, in Oberösterreich war kein Platz zu bekommen, so ging ich auf eigene Kosten als unbezahlter Gastarzt an die Klinik. Es genügt die Unterschrift des Professors zur Anerkennung der Ausbildung. Dort wurde ich einem Arzt zugeteilt, der von mir verlangte, dass ich alte Krankengeschichten, aus Zeiten weit vor meinem Aufenthalt, an Hand der Fiebertabellen schreiben, besser gesagt konstruieren sollte. Ich weigerte mich selbstverständlich und wurde von da an von dem Kollegen, der mein Ausbilder sein sollte, nicht mehr beachtet. Das war aber kein Schaden, denn die beiden Ambulatorii, die täglich das große Krankengut der Klinik zu sehen bekamen, hatten dies mitbekommen und sich von da an meiner besonders angenommen, ich wurde geradezu mit Demonstrationen verwöhnt.

Ein weiterer Vorteil des Klinikaufenthaltes war, dass ich die Abendvorlesung des Logotherapeuten Prof. Viktor Frankl, die er für die amerikanischen Studenten an der Wiener Universität hielt, regelmäßig besuchen konnte. Einige seiner Bücher zur Logotherapie hatte ich gelesen und es war dies eine lebendige Ergänzung und Vertiefung meines angelesenen Wissens, die mich faszinierte. Das muss auch Frankl bemerkt haben, denn nach etwa zwei Monaten zeigte er nach Ende der Vorlesung auf mich, der ich links hinten, wie ich meinte, völlig unauffällig, saß. Er bat mich zu ihm hinunter zu kommen. Als erstes entschuldigte ich mich, dass ich ein Schwarzhörer war, aber ich hatte mir den Bürokratismus der Inskription ersparen wollen. Er ging darauf nicht ein, sondern fragte mich, was ich beruflich machen würde und woher mein Interesse an der Logotherapie käme. Es entspann sich ein längeres Gespräch und am Ende verabschiedete er mich mit seinen besten Wünschen.

So hatte ich meinen „Turnus" erfolgreich hinter mich gebracht, ich war vom Arbeitermilieu in das Akademikermilieu gewechselt, hatte viel Schönes mit Patienten und auch Chefs erlebt, ich hatte aber auch die Erfahrung gemacht, dass im „Akademikerbereich" manches noch im Argen liegt, indem scheinbare oder wirkliche Abhängigkeitsverhältnisse missbraucht werden. Es drängte sich hier neben der medizinischen Tätigkeit ein zukünftiger sozialpolitischer Kampfplatz auf. Um dafür gewappnet zu sein, absolvierte ich den zweijährigen sozialpolitischen Fernkurs der katholischen Sozialakademie in Wien.

Am Ende meiner Turnusausbildung erhielt ich von Böhler einen Anruf, in dem er mich fragte, wofür ich mich, nachdem ich nun verschiedene Spezialgebiete der Medizin kennen gelernt hatte, entschieden hätte. Meine Antwort war: für die Unfallchirurgie. Damit trat sein Angebot in Kraft und ich begann meine Fachausbildung im Linzer Unfallkrankenhaus.

IV. Kapitel

Der Alltag im Unfallkrankenhaus

Eine der Besonderheiten der Unfallchirurgie ist der Umstand, dass eine durchgehende Arbeitsplanung fast nie möglich ist, häufig wird das Programm durch die dringende Versorgung Frischverletzter durcheinander gebracht. Das war besonders arg in den fünfziger und sechziger Jahren des 20. Jahrhunderts. Es war die Zeit der zunehmenden Motorisierung. Die Zahl der Unfälle nahm rasch zu, die Krankenhäuser waren darauf nicht entsprechend vorbereitet, es gab personelle, räumliche und apparativ-instrumentelle Engpässe. Die Dienstmannschaft, bestehend aus vier Ärzten, war praktisch rund um die Uhr gefordert. Es gab in dieser Zeit noch keine Intensivstationen und es kam vor, dass der jüngste der Mannschaft die ganze Nacht bei einem frischen Schädeltrauma viertelstündlich Blutdruck, Puls und Bewusstseinslage zu überprüfen hatte. Die übrige Arbeit mussten dann die verbleibenden drei Ärzte erledigen – und das war mitunter sehr viel. Als Beispiel ein Dienst vom August 1964. An diesem Tag waren akut zu versorgen zwei schwere, je eine Hand betreffende Kreissägenverletzungen, eine Schädeltrepanation, eine Leberruptur, 44 Wundausschneidungen, 18 Gipse und zwei septische Patienten, bei insgesamt 117 ambulanten und 18 stationären Frischverletzten.

Es mussten pro Arzt zehn bis zwölf Dienste im Monat geleistet werden. Bei elf Nachtdiensten im Monat, darunter zwei Sonntagsdiensten, verblieben vier arbeitsfreie Tage bei einer Wochenarbeitszeit von 96 Stunden. Ein Dienstrecht mit festgelegter Arbeitszeit gab es nicht. Ich habe insgesamt acht Jahre unter diesen Bedingungen gearbeitet. Die chronische Überlastung führte dazu, dass alle gereizt waren und das Arbeitsklima selbst zur Belastung wurde. Um das überhaupt auszuhalten, brauchte man neben der grundsätzlichen Bereitschaft, einen Platz einzunehmen, der täglich die Gelegenheit bot, sich für andere zu engagieren, eine außerordentliche Konstitution und eine ebensolche Gesundheit. Beides spielt, wie ich später als Primarius festgestellt habe, bewusst oder unbewusst bei der Wahl des Faches eine große Rolle. Während meiner Tätigkeit als Primarius habe ich die mir zugeteilten jüngeren Ärzte genau beobachtet und geschickte und engagierte Mitarbeiter auf die Möglichkeit der Fachausbildung aufmerksam gemacht. Meist wurde mein Angebot mit der Begründung ausgeschlagen, die

Unfallchirurgie sei viel zu anstrengend und man wolle zwar gerne arbeiten, aber auch etwas vom Leben haben.

Wir Ärzte im Unfallkrankenhaus entschlossen uns, ein Dienstrecht zu erkämpfen. Ich trat der Gewerkschaft bei, wurde zum Betriebsrat gewählt und hatte so ein offizielles Mandat mit der Generaldirektion zu verhandeln. Am 1. August 1967 wurde dieses Dienstrecht eingeführt mit einer Fünftagewoche und einer wöchentlichen Arbeitszeit von 46 Stunden, davon sechs Stunden als regelmäßige Überstunden, die gesondert honoriert wurden. Die Konsequenz dieser gesetzlichen Regelung war eine Vermehrung der Ärzteplanstellen von 14 auf 31, die Hälfte davon Fachärzte. Die Frage der Arbeitszeit war damit befriedigend gelöst. Der Arbeitsablauf wurde schon fünf Jahre vorher einer besseren Lösung zugeführt. Mit der oben erwähnten Einteilung, bei der die Ärzte im Sechsmonate-Turnus in den verschiedenen Arbeitsbereichen tätig waren, war es unmöglich, eine der wichtigen Forderungen von Lorenz Böhler zu erfüllen, nämlich dass der Erstbehandler den Patienten durchgehend betreut. Diesen Mangel spürte man als Arzt deutlich. Ich habe mich oft gewundert, warum diese Regelung seit 1925 beibehalten wurde, obwohl man doch bemerkt haben musste, dass damit eine durchgehende Behandlung durch einen Arzt nicht erfüllt werden konnte. Wahrscheinlich spielte die Autorität von Lorenz Böhler dabei eine große Rolle. Warum er dies selbst nicht bemerkt hat, bleibt mir ein Rätsel. In Zusammenarbeit mit J. Böhler wurde, um diese unbefriedigende Situation zu ändern, 1962 im Linzer Unfallkrankenhaus ein Teamsystem eingeführt. Die im Krankenhaus tätigen Ärzte wurden zunächst, vor der Erkämpfung des Dienstrechts auf drei, später auf vier Teams aufgeteilt. Jedes Team hatte einen Oberarzt als Teamchef mit vier bis fünf nachgeordneten Ärzten. Aus einem solchen Team wurde abwechselnd erst jeden dritten, dann jeden vierten Tag die vier bis fünf Mann starke Dienstmannschaft zusammengestellt. Eine solche Mannschaft hatte im Dienst 24 Stunden lang alle Frischverletzten zu versorgen. Der folgende Tag war anstehenden Operationen gewidmet, am dritten Tag war die Nachkontrolle in der Ambulanz fällig. Der vierte Tag stand zur freien Verfügung für eine gemeinsame Visite, Fortbildung oder Nachuntersuchungen für wissenschaftliche Arbeiten oder er fiel auf einen freien Samstag oder Sonntag. Dieses System bringt für Patienten und Ärzte gleichermaßen Vorteile. Der Patient bleibt während der ganzen Zeit der Behandlung in der Hand seines Erstbehandlers und er weiß auch in einem großen Krankenhaus mit 35.000 und mehr Verletzten pro Jahr, wer für ihn zuständig ist und an wen er sich notfalls wenden kann. Dadurch entsteht ein besonderes Vertrauensverhältnis zwischen Arzt und Patient. Der Vorteil für den Arzt ist, dass er Krankheitsverläufe besser kennen lernt und auftretende Störungen rascher erkennt. Im Team ist der zuständige Oberarzt für jüngere Kollegen beim Auftreten von Schwierigkeiten jederzeit greifbar, was sich auf den Lernprozess positiv auswirkt und grobe Behandlungsfehler eher ausschließt. Der erfahrene Arzt hat zudem ein eigenes Interesse, seine Kenntnisse weiter zu geben, weil er durch gut ausgebildete Mitarbeiter entlastet wird. Dies alles fördert die Zusammenarbeit, was wiederum allen zugute kommt. Die vielen ausländischen Mitarbeiter, die im Laufe der Jahre für einige Monate im Unfallkrankenhaus arbeiteten, haben uns immer um dieses System beneidet. Man sollte meinen, Vorteile genug für eine allgemeine Anwendung, aber bis jetzt wird es nur in einigen Krankenhäusern praktiziert, offenbar haben wir es hier mit jenem sonderbaren Phänomen zu tun, dass nachgeordnete Ärzte sich nicht trauen, eine als gut erkannte Arbeitsweise gegenüber ihrem Chef durchzusetzen. Dafür spricht ein Erlebnis, das ich während eines einwöchigen Aufenthaltes an einer deutschen Universitätsklinik hatte. Bei der Morgenbesprechung wurde dort unter anderem das Röntgenbild eines Unterschenkelbruches gezeigt. Der Bruch war, wie ein erfahrener Arzt sofort sah, noch nicht geheilt. Der zuständige Arzt berichtete, dass er den Patienten ohne weitere Fixation entlassen habe. In der anschließenden Diskussion erklärte ich, dass ein derartiger Fehler bei einem Teamsystem kaum passieren könnte, denn Patient und Röntgen müssten vor der Entlassung dem erfahrenen Oberarzt vorgestellt werden. Ich erklärte das System und erfuhr einige Monate später, dass es in der betreffenden Klinik daraufhin vom Ordinarius eingeführt worden war. Verschiedene Abteilungsleiter, die ich fragte, warum sie nicht nach dem Teamsystem arbeiten, haben das damit begründet, dass mit der Einführung der gesetzlich geregelten Arbeitszeit so viele freie Tage anfallen würden, dass ein Team nie vollständig im Krankenhaus anwesend sei, auch ein Teamchef hat ein bis zwei freie Tage pro Woche. Das ist meiner Meinung nach kein Grund, man braucht nur in jedem Team einen stellvertretenden Leiter, damit hat man immer ein funktionsfähiges Team. Ich selbst war ab 1962 Teamchef im Unfallkrankenhaus und habe als Chef im Welser Krankenhaus das System mit vier Teams weiter geführt, es hat sich über die insgesamt 30 Jahre bestens bewährt. Im Unfallkrankenhaus konnte ich Therapie und Arbeitsablauf weitgehend selbstständig gestalten, ich musste nur Böhler laufend berichten, Meinungsverschiedenheiten wurden in einer Besprechung ausgeräumt.

So war es möglich, sich auf seine Weise ganz persönlich in den oft dramatischen und alles fordernden Alltag einzubringen. Daraus erwuchs dann auch jene innere Befriedigung, die mit einem sachgerechten Tun verbunden ist.

Als J. Böhler am 1. Januar 1970 die Leitung des neu erbauten Lorenz-Böhler-Krankenhauses in Wien übernahm, fiel mir die Ehre zu, ihn beim Abschied in Linz zu würdigen. Ich versuchte das so gut ich konnte:

„Sehr geehrter Herr Professor!

Beim Nachdenken darüber, was ich Ihnen heute zum Abschied sagen möchte, sind in mir jene eigenartigen Empfindungen erwacht, die immer dann auftreten, wenn eine zwischenmenschliche Beziehung, von der man getragen ist und die einem deshalb nicht ständig voll bewusst ist, plötzlich abgebrochen wird. Die Analyse dieser Empfindungen mündet in die Frage: ‚was bedeutet mir eigentlich der Chef?'
Die Frage ist nicht so gemeint wie sie einer stellt, der ein oder zwei Jahre hier verbringt, sondern von einem, der medizinisch sozusagen hier ‚aufgewachsen' ist, dem der Chef Lehrer und einiges andere war.
Aus der Studienzeit war mir eine vage Erinnerung verblieben, schon im Eid des Hippokrates seien diese Beziehungen erwähnt.
Unter Punkt 1 heißt es dort:
‚Ich werde den, der mich diese Kunst gelehrt hat, gleich meinen Eltern achten. – Seine Nachkommen gleich meinen Brüdern halten und sie diese Kunst lehren, wenn sie sie zu lernen verlangen, ohne Entgelt und Vertrag. Und ich werde an Vorlesungen, Vorschriften und aller übrigen Unterweisung meine Söhne, die meines Lehrers und die vertraglich verpflichteten und nach ärztlicher Sitte vereidigten Studenten teilnehmen lassen, sonst aber niemanden'.
Dies ist wohl eine der ältesten Antworten auf die gestellte Frage.
Einiges hat auch heute noch volle Gültigkeit, was die besondere Bedeutung des ärztlichen Dienstes an den Menschen anlangt. Aus dem Text geht aber auch hervor, dass die Mediziner jener Zeit eine verschworene Gemeinschaft darstellten. Es werden diejenigen aufgezählt, die dazu gehören und es ist ausdrücklich zu schwören, sonst niemanden einzulassen. Der Lehrer war eine Autorität, die väterliche Ehren genoss. Dieses Gedankengut wirkt heute noch in die Beziehungen der Ärzte untereinander nach, obwohl sich die wichtigsten, im genannten Zitat enthaltenen medizinischen als auch allgemein gesellschaftlichen Voraussetzungen grundlegend geändert haben.
Im Speziellen ist zu sagen, dass uns bei Hippokrates die Ärzte – wie schon erwähnt – als eine geschlossene Gruppe mit einer Art ‚Clangeist' gegenüber tritt, der sich auch in einem anderen griechischen Wort: ‚Denn der Arzt ist ein Mensch, der viele andere aufwiegt' (Homer) ausdrückt.
Heute ist die Medizin grundsätzlich für jeden offen.
Ein zweites ist die Stellung des Lehrers in dieser Gruppe. Bücher waren damals rar. Das Wissen und Können des Lehrers war vielfach alleinige Quelle des Wissens der Ärzte. Heute hat ein Arzt vielfältige Möglichkeiten, sich fundierte Kenntnisse anzueignen.

Ein drittes ist die ungeheure Erweiterung des Wissensgutes. Ein Einzelner kann sich nur noch einen Ausschnitt aneignen.

Von den allgemeinen gesellschaftlichen Veränderungen möchte ich den Übergang von der patriarchalischen zur partnerschaftlichen Ordnung erwähnen, der Demokratisierungsprozess macht auch vor der Medizin nicht halt.

Das Ungenügen der derzeitigen Formen wird allenthalben spürbar. Ich erinnere an die Rede des Präsidenten der Internationalen Chirurgengesellschaft in Wien. Er hat in dieser Rede gemeint, dass der lange Verbleib eines hochqualifizierten Facharztes in einer unselbständigen Stellung das Ehrgefühl tötet. Und hat als Ausgleich eine besondere Wertschätzung des Chirurgen durch die Gesellschaft verlangt. Ein Politiker wird ihm wahrscheinlich antworten, das sollen sich die Ärzte unter sich ausmachen.

In Holland ist die Medizin partnerschaftlich organisiert. In Deutschland läuft derzeit ein ähnliches Projekt mit großem Erfolg. Im Fernsehen wurde das Problem auf breiter Basis diskutiert. In diesem Monat hat der Salzburger Landesrat für das Gesundheitswesen seine Absicht bekannt gegeben, das Spitalswesen zu demokratisieren. Diese Entwicklung hat auch ihre Nachteile. Immer mehr greifen berufsfremde Instanzen in den medizinischen Betrieb ein. Die an sich notwendigen Rechte der unselbständigen Ärzte können gegen den Chef missbraucht werden.

Wir sollten über diese Probleme viel ernster nachdenken, als es bisher geschah, und eine Lösung suchen.

Es ist heute entschieden schwerer, Chef zu sein. Bei dem Schwund an Autorität kann sich das Ansehen eines Vorgesetzten nur auf fachliches Können und menschlichen Einsatz stützen. Dieser Einsatz ist zum Teil gegen die Trägheit einiger Mitarbeiter notwendig, aber auch das umgekehrte Problem, entsprechend qualifizierten Mitarbeitern mehr eigenverantwortliche Aufgaben zu übertragen, muss gelöst werden.

Hier in Linz haben Sie mit der Einführung der Teamarbeit einen Schritt in diese Richtung getan. Wenn es sich auch noch um keine volle Partnerschaft handelt, so ist doch eine Richtung angegeben. Viele ausländische Kollegen haben uns um diese Arbeitsweise beneidet.

Ich hoffe, es ist mir gelungen, das Problem von seiner allgemeinen Seite her aufzuzeigen, die Lösung steht noch aus. In der Zwischenzeit ist es ein Glück, wenn man einen Chef hat, von dem man weiß, es würde sich an dem Verhältnis zu ihm nichts ändern, auch wenn alle äußere Ordnung wegfiele.

Wenn Sie in die Runde blicken, so glaube ich sagen zu können, dass der Großteil der Anwesenden nicht zufällig hier arbeitet, sondern wegen Ihrer Person. Ich habe die Ehre, zwölf Jahre hier zu sein. Dieses Haus ist mir in dieser Zeit weit mehr geworden als ein

Arbeitsplatz im üblichen Sinne. Ich habe hier entscheidende Eindrücke empfangen. Erlauben Sie mir, Ihnen, in meinem Namen und im Namen aller für das Gute zu danken, das wir durch Sie erfahren haben.“

V. Kapitel

Das Leben als Primarius

Primarius zu sein, das heißt leitender Arzt einer eigenen Abteilung zu werden, was lange Zeit als das Endziel einer ärztlichen Laufbahn galt. Im Oberösterreichischen Krankenanstaltengesetz von 1976 §19 heißt es dazu (gekürzt):

„(1) Der Leiter einer Abteilung hat dafür Sorge zu tragen, dass die Patienten seiner Abteilung von ihm und den zugeteilten Ärzten nur nach den Grundsätzen und anerkannten Methoden der medizinischen Wissenschaft behandelt, betreut und gepflegt werden. Er ist für den Betrieb seiner Abteilung dem ärztlichen Leiter und dem Krankenhausträger verantwortlich und an deren Weisungen, ausgenommen medizinische Belange seines Faches, gebunden. In der Entscheidung medizinischer Fragen seines Fachgebietes ist er vollkommen selbständig, wohl aber verpflichtet, den ihm zugeteilten Ärzten und dem Krankenpflegepersonal alle notwendigen Weisungen zu erteilen, die zur ordnungsgemäßen Behandlung, Pflege und Betreuung der Patienten seiner Abteilung erforderlich sind. Auch hat er für die pflegliche Behandlung aller Einrichtungen seiner Abteilung Sorge zu tragen und Aufwände zu vermeiden, die nicht durch die notwendige Krankenbehandlung geboten sind.

(2) Der Leiter einer Abteilung hat dem Krankenhaus im Rahmen seines vollen Beschäftigungsverhältnisses soviel Zeit und Arbeitsleistung zu widmen, als es der geordnete Dienst und die ordentliche Versorgung der Patienten der Abteilung erfordert.

(3) Der Leiter einer Abteilung hat auch für die dem Stande der medizinischen Wissenschaft entsprechende Ausbildung der ihm zugeteilten Ärzte zu sorgen.

(4) Der Leiter einer Abteilung ist für die ordnungsgemäße Führung der Krankengeschichten, Operationsniederschriften, Ambulanzprotokolle und sonstigen Aufzeichnungen über vorgenommene Behandlungen in seinem Bereich, sowie für die ordnungsgemäße, auch den Zutritt Unbefugter ausschließende, Verwahrung derselben verantwortlich.

(5) Die Arbeitseinteilung für das ärztliche Personal seiner Abteilung trifft der Leiter.“

Die selbstständige, alleinige Entscheidung in medizinischen Fragen und Patienten nach erprobten Methoden eigenverantwortlich zu behandeln, ist der vorrangige Reiz, den diese Stellung auf engagierte Chirurgen ausübt. Die Tätigkeit bietet aber auch die Möglichkeit, sich wissenschaftlich mit Fragen seines Faches zu befassen, entsprechend der Aussage des französischen Experimentalchirurgen Lèriche über die Operation als häufigstes Experiment in der Chirurgie.

Die gesetzlichen Rahmenbedingen für die Führung einer Abteilung lassen bereits erkennen, dass das Ziel einer möglichst optimalen medizinischen Versorgung nur im Rahmen eines Teams erreichbar ist. An unserer Abteilung mit 115 Betten waren dies 70 Personen, darunter sechs Fachärzte, zwei Assistenten in Fachausbildung und sechs Ärzte, die im Rahmen ihrer Ausbildung zum praktischen Arzt drei bis sechs Monate auf der Unfallabteilung verbrachten, 14 Schreibkräfte, fünf Heilgymnastinnen und etwa 35 Schwestern.

Wenn es im Punkt 1 heißt, der Leiter ist für die medizinisch einwandfreie Behandlung verantwortlich, so müsste man das Wort „zeitgerecht" hinzufügen, denn bei der operativen Behandlung kann sich eine Verzögerung fatal auswirken. Allgemein bekannt ist dies bei der Wundausschneidung, die innerhalb der ersten sechs Stunden erfolgen muss, will man nicht eine Infektion riskieren. Aber auch bei notwendigen operativen Eingriffen, zum Beispiel eines Knöchelbruches, ist die Schwellung nach einigen Stunden gelegentlich so weit fortgeschritten, dass man eher unter Hochlagerung den Rückgang der Schwellung abwarten muss, was wiederum eine höhere Thrombose- und Infektionsgefahr bedingt. Allgemein gilt: alles, was operiert werden muss, soll sofort operiert werden. Das bedeutet, es muss rund um die Uhr ein entsprechend ausgebildeter Facharzt verfügbar sein. Beim Antritt meines Dienstes als Primarius gab es neben mir nur einen Facharzt. Das hätte bedeutet, dass wir abwechselnd jeden zweiten Tag 24 Stunden hätten verfügbar sein müssen. Nachdem der einzige Oberarzt nicht die Verpflichtung hatte, für eine durchgehende, einwandfreie medizinische Versorgung zur Verfügung zu stehen, blieb nichts anderes übrig, als dass ich an zwei Tagen diese Verpflichtung übernahm und am dritten Tag er. So ergab es sich, dass ich im ersten Jahr 240 Tage plangemäß ständig erreichbar war, ich hatte neben dem Urlaub nur vier freie Wochenenden. Dies war notwendig, um der Forderung, alle notwendigen Operationen sofort durchzuführen, gerecht zu werden. Das hat sich im Lauf der Jahre gebessert, aber es hat immerhin knapp zehn Jahre gedauert, bis der Stand an Fachärzten (sechs) den Vorstellungen entsprach. Die nachwachsenden Fachärzte haben in diesen zehn Jahren beträchtlich mehr geleistet, als den üblichen Einsatz. Es ist gelungen die gesetzten Ziele zu verwirklichen. Konkret heißt dies, dass ein Patient, der mit einer operationsbedürftigen Verletzung eingeliefert wurde, spätestens drei bis vier Stunden nach der Einlieferung operiert wurde und dann definitiv versorgt in seinem Bett lag, unabhängig davon, ob er vorher gegessen hatte. Falls die Anästhesisten aus einem derartigen Grund die Anästhesie ablehnten, führten wir die Operation in Lokal- oder Leitungsanästhesie durch. Auf diese Weise erreichten wir, dass die Patienten nicht angstvoll auf die bevorstehende Operation warten mussten, sondern dass die Operation zeitgerecht und auch schmerzfrei erfolgte und dass auch die üblichen Frakturschmerzen nach der Stabilisation rasch abklangen und mit der Mobilisation am nächsten Tag begonnen werden konnte. Damit gewinnt man nicht nur zufriedene Patienten, sondern es ergibt sich eine Verkürzung des Krankenhausaufenthaltes, die gegenüber dem österreichischen Durchschnitt vier Tage betrug. Bei 4.000 Patienten jährlich machte dies in den achtziger Jahren bei einem Tagessatz von 1.780 Schillingen 28 Millionen Schillinge aus. Der kurze Aufenthalt hat es außerdem ermöglicht, die Bettenzahl von 165 auf 115 zu reduzieren, eine weitere beträchtliche Kosteneinsparung; diese Verringerung der Bettenzahl um ein Drittel erfolgte bereits im ersten Jahr. Nach den Forderungen von Lorenz Böhler aus den fünfziger Jahren sollte die Unfallversorgung in Österreich so ausgebaut werden, dass pro 1.000 Einwohner ein Unfallbett zur Verfügung stand. Unter „Unfallbett" verstand er ein Bett, in dem der darin liegende Patient durchgehend von einem Facharzt für Unfallchirurgie versorgt wird. Für Österreich mit seinen knapp acht Millionen Einwohnern bedeutete dies 8.000 Spitalsbetten für Unfälle, eine Zahl, die nie erreicht wurde. Es hat sich herausgestellt, dass durch die operative Behandlung im Einzugsgebiet unserer Abteilung 25 Jahre nach Böhlers Berechnungen ein Bett pro 1.500 Einwohner ausreichend war. Durch die weitere Entwicklung der operativen Behandlung ist damit zu rechnen, dass letztlich ein Bett pro 2.000 Einwohner genügen wird. Eine weitere Möglichkeit, Betten einzusparen, ist das Vermeiden von Infektionen. Durch eine Knocheninfektion verlängert sich der Spitalsaufenthalt auf die drei- bis vierfache Zeit, dazu kommen relativ hohe Kosten und die Gefahr, dass ein Dauerschaden verbleibt. Das sofortige Operieren hilft, die Infektionsrate niedrig zu halten. Am wichtigsten für die Infektionsverhütung ist jedoch ein strenges antiseptisches Regime. Während meiner Ausbildungszeit hatte ich ein diesbezügliches Erlebnis, das mich für mein weiteres Leben als Chirurg geprägt hat. Ich arbeitete im Rahmen meiner allgemein-chirurgischen Ausbildung in einem Standardkrankenhaus zu Beginn der sechziger Jahre, als gerade die AO-Methoden der Osteosynthese zunehmend Eingang in die Therapie fanden. Als ein Keilausbruch am unteren Schienbeinende zur Behandlung stand, wurde ich beauftragt die Operation durchzuführen. Mit einigen Schwierigkeiten und nach längerer Zeit gelang die anatomische Reposition samt korrekter Verschraubung. Doch leider kam es zur Infektion mit einem

Empyem des oberen Sprunggelenkes und allgemeiner Sepsis mit zweimaliger schwerer Blutung infolge Erschöpfung der Gerinnungsfaktoren. Das Krankheitsbild (Verbrauchskoagulopathie) war zu der Zeit in seiner Pathophysiologie noch nicht ausreichend bekannt. Die schweren Blutungen brachten den jungen Patienten in Lebensgefahr beziehungsweise es war zu überlegen, ob man nicht das Bein amputieren sollte, um sein Leben zu retten. Den Blutverlust ersetzten wir durch Frischbluttransfusionen. Es gab in der 60 km entfernten Landeshauptstadt zwar bereits eine Blutzentrale, doch einfacher war es, frisches Blut zu verabreichen. Dazu gab es im Krankenhaus eine Liste von Spendern aller Blutgruppen, die bei Bedarf gerufen werden konnten. Vor der Transfusion wurde die Verträglichkeit mittels einer Kreuzprobe ermittelt, anschließend wurden etwa 20 ml Frischblut intravenös verabreicht und zehn Minuten gewartet, ob irgend eine Unverträglichkeitsreaktion auftrat. War dies nicht der Fall, so wurden 300 ml Blut transfundiert. Auf diese Weise haben wir, ohne es genau zu wissen, dem Patienten die fehlenden Gerinnungsfaktoren zugeführt und er hat die Sepsis überwunden, auch die Infektion heilte letztendlich ab. In der akuten Phase der Sepsis hatte ich viele schlaflose Nächte. Beim Patienten war dauernd die Blutsperre angelegt, die Schwestern waren angehalten, im Falle einer Blutung die Sperre sofort aufzublasen und mich zu verständigen, ob ich Dienst hatte oder nicht. Wäre das Schlimmste, Amputation oder Tod, eingetreten, ich glaube, ich hätte die Chirurgie aufgegeben und wäre praktischer Arzt geworden. Dieses Erlebnis hatte eine weitere positive Wirkung. Ich war von da an auf eine peinliche Asepsis bedacht, die ich dann als Chef auf alle Mitarbeiter ausgedehnt habe. Es gab dazu eine Reihe von Vorschriften, die streng eingehalten werden mussten. Das ganze Procedere und seine Ergebnisse werden im Abschnitt über die Infektion noch detailliert dargestellt. Dieses von Anfang an eingeschlagene Vorgehen wurde durchgehend beibehalten, was nur durch die Mitarbeit aller Beteiligten möglich war.

Arbeit allein macht noch nicht glücklich, man möchte auch über die Ergebnisse seiner Arbeit Bescheid wissen. Dies ist nur mit Hilfe einer sorgfältigen Dokumentation erreichbar. Nachdem in einem Privatkrankenhaus nicht das nötige Personal zur Verfügung gestellt wird, blieb nichts übrig, als einen Teil der Ärzte zur Mitarbeit zu motivieren. Der größere Teil fiel auf mich und meine Frau, die sich bereit erklärt hatte, an der Dokumentation mitzuarbeiten. In unserem Krankenhaus wurden die Krankengeschichten wegen der verschiedenen Kostenträger dreifach angelegt, für die Dokumentation ließ ich das Erstuntersuchungsblatt extra ausdrucken. Auf diesem Blatt sind die persönlichen Daten des Verletzten, der Unfallhergang, die Diagnose und die primäre Behandlung vermerkt. Diese Blätter nahm ich zu mir nach Hause und abends wurden die Blätter nach Diagnosen geordnet. Von den einzelnen Verletzungen wurden Monat für Monat von meiner Frau Listen angelegt, ausgenommen davon waren einfache Prellungen, Zerrungen und andere Bagatellverletzungen, die nur zahlenmäßig erfasst wurden. Auch die verschiedenen Operationsverfahren und Komplikationen wurden in Listen erfasst. Auf diesen Listen standen Name, persönliche Daten und Krankengeschichtsnummer des betreffenden Patienten. Ein Blick genügte, um am Jahresende die Zahl der Marknagelungen oder einer beliebigen anderen Operation zu erfassen. Bei Bedarf wurde die Liste in der Kanzlei abgegeben und am Tag darauf hatte ich die Krankengeschichten auf meinem Schreibtisch liegen. Osteosynthesen, Sehnen- und Nervennähte, Schädel-Hirn-Traumen, Verbrennungen, Bandoperationen und andere bemerkenswerte Verletzungen wurden nach einem Jahr nachuntersucht. Dazu gab es in der Ambulanz Nachuntersuchungsblätter, um eine einheitliche Beurteilung sicher zu stellen. Neben der schriftlichen Dokumentation wurden zahlreiche Diapositive (in 17 Jahren 12.000) von frischen Verletzungen und Nachuntersuchungen mit Funktionsaufnahmen angefertigt. Dazu lag im Operationsbereich und in der Nachbehandlung immer ein Fotoapparat bereit. Durch diese Unterlagen waren wir über unsere Ergebnisse laufend informiert. Etwa im März wurden jedes Jahr die Ergebnisse des Vorjahres in einem Jahresbericht der gesamten Abteilung und auch der Verwaltung des Hauses präsentiert. Auf diese Präsentation folgte ein gemütliches Beisammensein mit festlichem Buffet. Diese Veranstaltungen waren immer sehr gut besucht, es ergab sich hier die Möglichkeit für die Stationsschwestern, den ursprünglichen Zustand der Verletzungen zu sehen und die Operationsschwestern, die die Verletzten nur im Operationssaal gesehen hatten, sahen das Ergebnis. Die Dokumentation hat sich insgesamt als ein wesentlicher Faktor in der Motivation der verschiedensten Mitarbeiter erwiesen.

Auch meine Frau, die neben der Betreuung einer neunköpfigen Familie diese Zusatzarbeit übernommen hatte, war letztendlich froh darüber, denn sie gewann nicht nur einen Einblick und ein Verständnis für meine Tätigkeit, sondern als die Kinder größer wurden und zum Studium ausgezogen waren, konnte sie die Wartezeiten, wenn ich verspätet aus dem Krankenhaus nach Hause kam, mit der Arbeit an der Dokumentation überbrücken.

Wir waren auch in der Lage, bei den verschiedensten Kongressen und in zahlreichen Publikationen unsere Arbeit fundiert darzustellen.

Eine weitere Bedeutung der Dokumentation hat Prof. H. J. Bochnik vom psychiatrischen Zentrum in Frankfurt/Main in seiner Festrede auf dem Van-Swieten-Kongress in Wien am 2. Oktober 1979 betont:

„Die Dokumentation des Arztes kann vertrauensbildend sein, weil sie im Einzelfall eine Rekonstruktion seiner Entscheidung erlaubt, damit Verantwortlichkeiten und eventuelle Haftungsansprüche des Patienten klargestellt werden können.“

Dieser Gesichtspunkt erweist sich allmählich als immer wichtiger, nicht nur wegen Haftungsansprüchen von Patienten, sondern auch wegen verunglimpfender Presseberichte, die an Hand einer exakten Dokumentation widerlegt werden können.

Punkt 3 des Paragraphen 26 legt dem Primarius die Pflicht zur Ausbildung seiner Ärzte auf.

Diese Ausbildung der angehenden Unfallchirurgen erfolgte an der Abteilung theoretisch gemeinsam, praktisch hauptsächlich im Team. Es gab eine Liste von Standardoperationen, auf die jeder Ausbildungsassistent ein Recht hatte, er musste sich aber auch selber darum kümmern, die Operationen durchführen zu können. Hier bewährte sich das Teamsystem. Mehrmals während und am Ende der Ausbildung musste mir die Liste vorgelegt werden. Bei den Standardoperationen musste der Auszubildende zunächst dreimal assistieren, hierauf dreimal unter Assistenz eines Erfahrenen selbst operieren, dann erst konnte er einen Eingriff selbstständig durchführen. Das Kernstück der theoretischen Ausbildung bildete die tägliche etwa einstündige Morgenbesprechung, bei der neben den Behandlungsfragen der am Vortag aufgenommenen Patienten alle Röntgenbilder des Vortages, auch die aus der Ambulanz, gemeinsam besprochen wurden. Einmal die Woche gab es eine Fortbildung, in der Einzelprobleme wie Wundausschneidung, Gipstechnik, die verschiedenen Osteosynthesen, Schock, Verbrennung usw. besprochen wurden.

Für die Turnusärzte gab es ein eigenes theoretisches Programm, das auf die Bedürfnisse der späteren praktischen Ärzte zugeschnitten war. Dieses Programm wurde alle drei Monate wiederholt, es war unter den Ärzten soweit bekannt, dass manche Interessierte daran teilnahmen, wenn sie wussten, dass sie demnächst in der Abteilung Dienst haben würden.

Die Operationsschwestern wurden zu einem korrekten antiseptischen Arbeiten trainiert. Dieses Training wurde im ersten Jahr von mir selbst durchgeführt, die Schule war sehr streng und manche Schwester hatte Angst, wenn sie bei mir zum Instrumentieren zugeteilt war, doch die Mühe hat sich gelohnt. Ab dem zweiten Jahr haben die eingeschulten Schwestern jede neu Hinzukommende selbst in die Schule genommen, das funktionierte so gut, dass ich mich voll darauf verlassen konnte. Die Verlässlichkeit der Schwestern hat sich auch in anderen Bereichen gezeigt. Anfangs hatte ich zwei Assistenten damit betraut, eine monatliche Operationsliste für die Dokumentation anzulegen, was bald mit ständigen, ärgerlichen Verzögerungen verbunden war. Nachdem ich probeweise die Operationsschwestern damit beauftragte, funktionierte es prompt und klaglos.

In einer Abteilung mit 70 Mitarbeitern gibt es natürlich auch Schwierigkeiten bei der Zusammenarbeit. Zur Frage des Verhältnisses zwischen Vorgesetztem und Untergebenem hat sich der katholische Theologe Karl Rahner folgend geäußert:

„Wenn beide einer gemeinsamen Sache dienen, so haben beide diese zu fördern. Einen sachgerechten Auftrag hat der Untergebene zu befolgen. Vorgesetzter und Untergebener unterstehen beide der gemeinsamen Sache und haben in deren Dienst nur eine verschiedene Funktion."

Dies ist eine wichtige Aussage, denn wenn ein Untergebener spürt, dass es dem Chef nicht um die Durchsetzung seines Willens geht, sondern um den Patienten, ist er leichter zur Mitarbeit zu motivieren.

Einen weiteren wichtigen Gesichtspunkt in Bezug auf die ärztliche Tätigkeit erläuterte Prof. Hammelmann aus Kiel als Präsident des Deutschen Chirurgenkongresses im Jahr 1989:

„Trotz der Erfolge der Schulmedizin breitet sich eine Welle des Misstrauens, der Unzufriedenheit und des Unbehagens aus. Die Menschheit setzt sich ernsthafter mit der Frage auseinander, ob der technische Fortschritt Segen oder Fluch bedeutet. Diese Skepsis trifft den kranken Menschen in viel stärkerem Maße, besonders, wenn sich mit dem Gefühl des Ausgeliefertseins und der Hilflosigkeit die Angst verbindet, dass ihm als Mensch nicht genügend Beachtung entgegen gebracht wird. Die Freude eines Arztes über die gelungene Entfernung eines Organs mit perfekter Rekonstruktion wird nicht von jedem Patienten geteilt. Wir erleben statt dessen häufig den Zustand tiefer Verzweiflung. Den Patienten quälen Fragen und Ängste wie z.B. ob er länger leben oder länger sterben wird. Das entscheidende Fundament ärztlichen Handelns ist nicht die Philosophie oder die Naturwissenschaft, sondern die Nächstenliebe.
Wir müssen dem Patienten auch darlegen, dass trotz aller Fortschritte nicht alles machbar ist.
Die Medizin handelt nicht im Auftrag der Wissenschaft, sondern im Auftrag des Menschen mit den Mitteln der Wissenschaft".

Karl Jaspers schreibt in seinem Buch: *„Der Arzt im technischen Zeitalter"*:

„Die Kliniken sind durch die technischen Möglichkeiten ihrer Leistung zum Mittelpunkt des Arztwesens in Praxis und Lehrüberlieferung geworden. In ihnen ist für den Heilvorgang entscheidend der Geist des Hauses. Dieser ist in seiner sachlichen Struktur an technischem Können, an baulichen Gestaltungen, an Ordnung und Disziplin ein allgemeiner, in der ganzen Welt gleicher. Aber dieser Geist selber ist lebendig durch etwas nicht identisch Wiederholbares, das nur in geschichtlicher Nachfolge sich erhält: als das im Chef persönlich gewordene, in der freien Gemeinschaft aller sich verwirklichende, vorbildliche ärztliche Leben, in das die Jüngeren über alles Lehrbare hinaus, hineinwachsen durch die Weise des täglichen Umgangs miteinander, mit den Kranken, mit dem Pflegepersonal. Den technischen Mechanismus beseelt dieser ärztliche Geist des Hauses als das Ethos, über das nicht geredet, das getan wird."

Im Sinne des letzten Satzes soll darüber auch nicht geschrieben werden, ich möchte lediglich einen meiner Ärzte zitieren, der zwei Jahre in der Abteilung war und dann eine Praxis in einem Gebirgsort übernommen hat. Als er aus der Zeitung erfuhr, dass ich in Pension gehe, rief er mich an, ob er mich besuchen dürfe. Wir trafen uns bei mir zu Hause zu einem Gespräch bei einem Glas Wein. Er überreichte mir ein Buch eines seiner Patienten, der als Musiker plötzlich ertaubt war und sich dann der Fotografie zuwandte, ein Buch voll poetischer Naturstimmungen. Er meinte, dass er sich damit bei mir bedanken wolle. Ich war der Meinung, dies sei für die unfallchirurgische Ausbildung, die ihm nun in dem Wintersportort von Nutzen sei. Er lachte und sagte mir, er behandle keine Unfälle, die schicke er gleich ins Spital, er wolle sich für das Klima bedanken, das an der Abteilung geherrscht habe, er habe dort erlebt, was Arztsein bedeutet.

VI. Kapitel

Zum Berufsbild des Unfallchirurgen

Der bekannte Orthopäde und Unfallchirurg Maurice Müller aus Bern hat als Präsident des Deutsch-Österreichisch-Schweizerischen Unfallkongresses in Bern (1972) in seiner Eröffnungsansprache ein Bild des Unfallchirurgen gezeichnet. Er tat dies im Hinblick darauf, dass schon in den siebziger Jahren immer mehr Kritik und sozialpolitische Forderungen an den Chirurgen herangetragen wurden, wobei der Forderungskatalog mitunter schon im Ansatz falsch ist. Er zitierte dazu die Satzungen der Weltgesundheitsorganisation, in denen von dem Recht auf Gesundheit die Rede ist. Körperliche und geistige Gesundheit bleiben ein Geschenk Gottes, das jeder zeitlebens zu hüten hat und für das er täglich selbst etwas tun soll, ein Recht darauf gibt es nicht. Es gibt lediglich ein Recht auf sachgemäße optimale Behandlung im Falle einer von außen bedingten Gesundheitsstörung.

Dazu M. Müller:

> *„Damit dies im Falle eines Unfalls möglich ist, braucht es einen einsatzbereiten, zuverlässigen Chirurgen, der sein Handwerk während zehn und mehr Jahren erlernt hat. Einer, der die Gesamtsituation abschätzen kann, einer, der seine Therapie nicht nur konzipiert, sondern sie auch selbst mit seinen Händen ausführt. Hier ist nämlich nicht so sehr endlose Diskussion als Handlung am Platze.*
>
> *Vom Chirurgen werden neben technischem Können und Wissen einige Eigenschaften als ganz selbstverständlich vorausgesetzt: Selbstdisziplin und Selbstkritik, Zuverlässigkeit, Entscheidungskraft, Kaltblütigkeit im entscheidenden Moment, Einsatzbereitschaft, Optimismus und Menschlichkeit.*
>
> *Von einem Chef werden zudem noch Organisations- und didaktisches Talent, genügend Enthusiasmus, um die Mitarbeiter zu begeistern, sowie Wissenschaftlichkeit gefordert."*

Zu ergänzen in dieser Liste sind eine gute Konstitution und Gesundheit, beides Geschenke des Lebens, die man nicht erwerben kann, wohl aber bewahren muss. Ähnliches gilt für die Entscheidungskraft und Kaltblütigkeit, die man in erster Linie auch als ein

Geschenk mitbekommen haben muss. Das habe ich während meiner Tätigkeit wiederholt erlebt.

Zur Forderung nach raschem Erkennen der Situation, nach Entschlussfreudigkeit und Kaltblütigkeit zwei Beispiele aus meiner Ausbildungszeit:

Im dritten Jahr meiner Ausbildung absolvierte ich das Fach Chirurgie in einem Krankenhaus der Standardversorgung. Ich war zu einem Wochenenddienst eingeteilt und war allein für die Chirurgie und die Geburtshilfe zuständig. Der Chef war am Vormittag unterwegs und konnte bei Bedarf frühestens innerhalb einer Stunde einsatzbereit sein. Um etwa zehn Uhr brachte ein Bauer seine zwölfjährige Tochter, die er kurz vorher mit dem Traktor überfahren hatte. Er trug sie auf den Armen, sie hing leblos herab, war blass, cyanotisch und bewusstlos. Der Vater berichtete, das Hinterrad des Traktors sei über den Brustkorb gerollt. Als er mich jungen Arzt sah, fragte er sofort, wo der Chef sei. Als ich ihm berichtete, dieser könnte frühestens in einer Stunde vor Ort sein, meinte er, dann wäre es wohl besser, mit der Tochter in das 20 km entfernte Schwerpunktkrankenhaus zu fahren. Ich antwortete ihm, dass die einzige Chance für seine Tochter in einer sofortigen Behandlung bestehe. Das sah er offenbar ein, er legte sie auf den Tisch und ging hinaus. Meine Vermutung war, dass es sich hier um einen Pneumothorax handelte. Die Untersuchung ergab keinerlei Hinweis auf eine Rippenfraktur, es fehlte beiderseits das Atemgeräusch und die Perkussion ergab ein helles Klopfgeräusch, womit meine Blickdiagnose bestätigt war. Ich legte, ohne ein Thoraxröntgen anzufertigen, sofort beiderseits eine Thoraxdrainage an und begann mit der manuellen Beatmung. (Die Intubation war zu dieser Zeit in kleineren Krankenhäusern noch nicht üblich.) Es setzte bald die Spontanatmung ein, die Gesichtsfarbe normalisierte sich und das Bewusstsein kehrte zurück. Der hereingeholte Vater sagte zunächst nichts, sprach dann kurz mit der Tochter und ging. Im nachgeholten Röntgen war kein Rippenbruch zu erkennen, die Lunge hatte sich entfaltet. Der weitere Verlauf war unauffällig, das Mädchen wurde nach zwölf Tagen entlassen und ich habe es nicht mehr gesehen.

Zwei Jahre vor meiner Facharztanerkennung wurde ich im Unfallkrankenhaus zur Urlaubszeit bereits gelegentlich zu einem Dienst als Teamchef eingeteilt. In diesen Diensten musste mir jeder Patient, der stationär aufgenommen wurde, vor der Aufnahme vorgestellt werden. An einem Abend wurde ein zehnjähriger, bewusstloser Bub eingeliefert. Es war etwa zehn Uhr abends, die Zeit, in der der Chef seinen abendlichen Rundgang durch die Behandlungsräume machte. Das Kind wurde ihm gezeigt und er gab den Auftrag, es auf die Wachstation zur Dauerbeobachtung zu legen. Pflichtgemäß wurde auch ich noch verständigt und hatte bei der Untersuchung den Eindruck, dass hier eine Blutung mit beginnender Einklemmung vorliegt. Ohne weitere Untersuchungen entschloss ich mich zur Trepanation. Es fand sich ein epidurales Hämatom mit beginnender Einklemmung des Hirnstammes, das Gehirn dehnte sich nach Ausräumung des Hämatoms nicht aus. Der gerufene Chef gab die Anweisung, den Tisch so zu kippen, dass der Kopf tief zu liegen kam und in dieser Position wurde der Kopf leicht hin und her bewegt, um die Einklemmung zu lösen. Der erwartete Effekt trat ein, das Gehirn dehnte sich auf das normale Niveau aus. Das Kind war am nächsten Tag normal ansprechbar und der Verlauf zunächst unauffällig. Am 11. Tag trat völlig unvermutet der Tod ein, die Todesursache konnte bei der Obduktion nicht geklärt werden. In diesem Fall hätte man den Hirnstamm histologisch genau untersuchen müssen, was leider unterblieben ist.

Solche außerordentliche Situationen sind zwar nicht alltäglich, sie ereignen sich aber doch immer wieder. Ihre positive Bewältigung kennzeichnet den Unfallchirurgen, wie er von M. Müller geschildert wurde. Jedes derartige Erlebnis ist – so es erfolgreich verläuft – Anlass zu einer tiefen Freude und eine Art Belohnung in dem oft mühseligen Alltag.

Das geschilderte Vorgehen ist im Prinzip für jeden Chirurgen, ja in besonderen Situationen für jeden Arzt zu fordern. Das Besondere am Unfallchirurgen ist, dass diese Eigenschaften fast täglich in einer Intensität von ihm gefordert werden, die andere Sparten der Medizin nicht kennen. Ein beredtes Beispiel dafür ist eine Aussage meines Zahnarztes. Als ich nach einem anstrengenden Nachtdienst bei ihm in Behandlung war, erzählte er mir freudestrahlend, er sei vergangene Nacht von einem Patienten wegen starker Zahnschmerzen aus dem Bett geholt worden. Es war dies für ihn ein besonderes beglückendes Erlebnis gewesen, weil er nur sehr selten zu solcher dringender Hilfeleistung gerufen werde. Der Zahnarzt und der Unfallchirurg sind hier sozusagen die Extreme beruflicher Tätigkeit. Die meisten Ärzte üben ihren Beruf gerne und mit Engagement aus. Aber, wie mir schon junge Kollegen eindeutig gesagt haben, in einem festgelegten zeitlichen Rahmen. Für viele ist eine ungestörte Nacht- und Wochenendruhe nicht ohne Bedeutung. Das ist auch der Grund, warum im Spitalsbereich für die angestellten Ärzte eine Dienstzeitregelung getroffen wurde, um einen zeitlichen Freiraum zu schaffen. Im Dienst selbst, 60 bis 90 Stunden pro Woche, ist die meiste Zeit voller Einsatz gefordert. Für den Primarius gibt es in diesem Sinn kein Dienstrecht, er hat laut Vertrag bei Bedarf Tag und Nacht jederzeit zur Verfügung zu stehen. Dies ist das Eigentliche am Unfallchirurgen und es ist keineswegs so, wie manche meinen, dass sich das Berufsbild erst im Zuge der Behandlung der Schwerverletzten herausgebildet habe. Das Paradebeispiel für diese Berufsauffassung ist der „Vater der Unfallchirurgie", Lorenz Böhler. Er gibt an, sein Leben ganz den Unfallpatienten gewidmet zu haben, für ihn gab es nebenbei kein Hobby und noch im Alter musste er auch bei Nacht zu jeder außergewöhnlichen Verletzung geholt werden.

So gesehen ist die Unfallchirurgie ein permanenter, lebenslänglicher Dienst am leidenden Menschen, der einen vollen Einsatz fordert. Ich habe das Glück, eine Reihe von Unfallchirurgen zu kennen, die bereit waren, diesen Dienst zu leisten.

VII. Kapitel

Unfallchirurgische Praxis und Wissenschaft

Wenn M. Müller auf dem internationalen Kongress in Bern gefordert hatte, ein Leitender Chirurg müsse sich auch wissenschaftlich engagieren und an der Forschung beteiligen, so muss man sich fragen, was das bedeutet. Die Medizin ist ein Teilgebiet der naturwissenschaftlichen Forschung, sie ist angewandte, biologische Naturwissenschaft. Was ist das Ziel der Naturwissenschaft? Ihr Ziel ist, die Erscheinungen und Vorgänge in der Natur und deren Gesetzmäßigkeiten mittels Beobachtung und geeigneten Experimenten zu ergründen und zu erklären, sowie die Erkenntnisse den Menschen nutzbar zu machen. Das Forschungsobjekt sind die Krankheiten beziehungsweise der kranke Mensch. Unter dieser Voraussetzung ist die Forschung am Krankenbett ein wesentlicher Teil der medizinischen Forschung, was schon der Chirurg Joseph Lister (1827–1912), Entdecker der Antisepsis, in seiner Antrittsvorlesung in Edinburgh am 8. November 1869 klargestellt hat:

„Die Wichtigkeit der Forschung am Krankenbett darf nicht unterschätzt werden, denn diese ist der Schlussstein, ohne welchen das ganze vorbereitende Lernen ganz nutzlos sein würde. Sie ist für die Medizin und Chirurgie das, was für die Anatomie das Zergliedern bedeutet, sie verschafft die vertraute Bekanntschaft mit dem Wesen und der Natur der Krankheit."

Für die Chirurgie im Speziellen hat das der französische Experimentalchirurg Réné Lériche nochmals verdeutlicht:

„Die Operation ist das häufigste Experiment und es bedarf nur eines Chirurgen mit Verstand, um daraus die richtigen Schlüsse zu ziehen."

Für die Unfallchirurgie könnte man dies noch weiter präzisieren, indem man sagt:

„Der Unfall ist das häufigste Experiment."

Lorenz Böhler hat sein Leben lang nach diesen Grundsätzen gehandelt und drückt diese Einsicht in etwas anderer Weise aus, wenn er schreibt:

> *„Ich bin stolz darauf, dass ich keiner einzigen Maus ein Haar krümmen musste, um zu meinen Erkenntnissen zu kommen."*

Er will damit nicht das geplante Experiment diskreditieren, sondern lediglich darauf hinweisen, dass die tägliche aufmerksame Beschäftigung mit der Unfallchirurgie eine Fülle von Möglichkeiten bietet, neue Erkenntnisse zu gewinnen. Und er war immerhin der führende Unfallchirurg seiner Zeit und hat die Unfallchirurgie auf eine anhaltende Erfolgsstraße geführt.

Die Geschichte der Wundausschneidung ist ein überzeugender Beweis für die Richtigkeit dieser Aussage. Nach der Entdeckung der Bakterien im 17. Jahrhundert hat es bis in das 19. Jahrhundert gedauert, bis die Bedeutung der Bakterien für die Wundinfektion klar war. Um Infektionen von Operationswunden zu verhindern, wurde zunächst die Antisepsis (Waschen der Haut mit bakterientötenden Lösungen) und später die Asepsis (Dampfsterilisation von Instrumenten und Implantaten, Verwendung steriler Handschuhe) eingesetzt. Es blieb die Frage, was mit den Bakterien geschieht, die durch eine Gelegenheitswunde in den Körper eingedrungen waren. Um dies zu klären, wurden Experimente an renommierten Instituten durchgeführt, bei denen an der Schwanzspitze von Mäusen und Ratten Wunden gesetzt wurden, in die dann frischer Eiter oder Bakterienkulturen eingebracht wurden. Selbst wenn man den Schwanz weit oberhalb der Wunde innerhalb einer Stunde abschnitt, gingen die Tiere alle zugrunde. Es bildete sich die Meinung, dass es nicht möglich sei durch eine Wundausschneidung eine Infektion zu verhindern. Der Leipziger Chirurg Paul Leopold Friedrich (1864–1916) ging in seinen Überlegungen von den alltäglichen Beobachtungen aus: So kann man sehen, dass manche Wunden ohne Störung heilen, andere führen zu einer Entzündung, die auf die Wunde beschränkt bleibt, und schließlich gibt es Wundinfektionen, die sich auf den ganzen Körper ausbreiten und zum Tod führen. Es kann also an den Experimenten irgend etwas nicht stimmen. Seine Überlegungen führten ihn dazu, dass er den Fehler darin erkannte, dass eine Gelegenheitswunde ja nie mit einer Bakterienkultur oder frischem Eiter in Kontakt komme, sondern mit gewöhnlichem Schmutz. Er wiederholte nun die Versuche mit gewöhnlichem Schmutz, wie er überall vorkommt. Der Schmutz wurde dann in verschiedenen Zeitabständen chirurgisch entfernt. Es zeigte sich, dass Wunden, die innerhalb sechs bis acht Stunden nach Verletzung ausgeschnitten wurden, störungsfrei heilten. Diese klinischen Versuche hat er 1898 veröffentlicht und seither hat sich diese Beobachtung in Millionen von Wunden bis heute bestätigt.

In Böhlers Lehre von den Knochenbrüchen findet sich eine Kurzdarstellung seiner Erkenntnisse über die Knochenbruchbehandlung in Frageform:

Frage eins:	„Wer heilt die Knochenbrüche?“
Antwort:	„Die Natur.“
Frage zwei:	„Was braucht sie dazu?“
Antwort:	„Zeit und Ruhe.“
Frage drei:	„Was hat der Arzt zu tun?“
Antwort:	„1. Er hat die Bruchstücke einzurichten; 2. die gute Stellung bis zur Heilung ununterbrochen festzuhalten; 3. gleichzeitig die betroffene Extremität und den ganzen Körpers zu üben.“

Die letzten drei Antworten gelten für jede Behandlung, ob operativ oder konservativ.

Böhler gilt zwar vielfach als Begründer der konservativen Behandlung, doch das sagen nur diejenigen, die sein Werk nur ungenügend kennen. Sein Ziel war es immer, die schonendste, optimale Behandlung einzusetzen, unabhängig davon, ob operativ oder konservativ. Das zeigte sich, als ihm H. Willenegger das AO-Manual der Osteosynthese überreichte. Er war sehr beeindruckt, nur meinte er, dass die Platte am Unterschenkel und Oberarm weg müsse, weil dadurch Weichteile und Knochen zu sehr geschädigt würden. Er hat recht behalten, heute wird vielfach die Platte durch den Nagel ersetzt beziehungsweise es wurden neue Platten entwickelt, die mit geringerer Weichteilschädigung eingebracht werden können.

Die folgende mehr persönliche Darstellung, aus Studium und praktischer Arbeit gewonnen, soll einen Einblick in die Beziehungen zwischen Wissenschaft und praktischer chirurgischer Tätigkeit geben, wie sie sich mir während meiner gut 40-jährigen Auseinandersetzung mit diesen Fragen dargestellt haben.

Die zweite Hälfte des 20. Jahrhunderts war geprägt von einem rasanten Fortschritt auf verschiedensten theoretischen und praktischen Gebieten der Unfallchirurgie. Es sollen hier nur drei Arbeitsbereiche erwähnt werden, die an unserer Abteilung entsprechend bearbeitet wurden und die für den praktisch tätigen Chirurgen von besonderer Bedeutung sind.

1. Die operative Knochenbruchbehandlung
2. Die Gelenkschirurgie
3. Die lokale Verbrennungsbehandlung an den Extremitäten

Die Entwicklung der operativen Knochenbruchbehandlung

Der Knochenbruch ist ein spezifisches Betätigungsfeld des Unfallchirurgen, der Stützapparat ist für die Fortbewegung der Landtiere von ausschlaggebender Bedeutung. Es ist leicht einzusehen, dass ein Hase mit einem Beinbruch keine Chance hat, einem angreifenden Fuchs zu entkommen; umgekehrt hat ein Fuchs mit einem frischen Beinbruch keine Chance, einen Hasen zu erjagen. Das Beispiel zeigt, dass Bewegung beim Tier lebensnotwendig ist. Beim Menschen ist zwar Bewegungsunfähigkeit nicht unbedingt tödlich, es bedeutet aber eine wesentliche Einschränkung seiner Aktivitäten und ein Angewiesen-Sein auf die Hilfe anderer. Das führen uns Querschnittgelähmte täglich vor Augen. Wie sehr Bewegung mit dem Leben verbunden ist, drückt der bekannte Satz aus:

„Leben ist Bewegung, Bewegung ist Leben."

Schon die frühen Menschen mussten Knochenbrüche behandeln. Ob sie eine Vorstellung von den Vorgängen bei der Knochenbruchheilung hatten, wissen wir nicht, es ist eher anzunehmen, dass dies nicht der Fall war.

Aus archäologischen Funden wissen wir, dass schon die Menschen der Frühzeit sich bemüht haben, den durch einen Knochenbruch entstandenen Schaden zu minimieren. Sie richteten die Brüche ein und schienten sie mit gepolsterten Ästen oder Holzstangen. Es ist anzunehmen, dass die Verletzten auch eine gewisse Zeit Bettruhe (Lagerung im Zelt oder einer Höhle auf weicher Unterlage) einhielten. Das Verfahren ist mühsam und für den Verletzten schmerzhaft, weil die Ruhigstellung ungenügend ist, es immer wieder zur Verschiebung kommt und die Verbände daher anfangs fast täglich erneuert werden mussten. Diese Art der Behandlung dürfte über Jahrtausende die einzige gewesen sein, die den Menschen zur Verfügung stand.

Erst bei den Griechen finden wir ein aktiveres Vorgehen. Sie fixierten bei Kieferbrüchen nach Einrichtung die Knochenbruchstücke mittels Golddrahtschlingen, die sie um die Zähne wickelten. Diese Praxis wird heute noch ausgeübt. Für die Unterschenkelbrüche entwickelten sie eine Art *Fixateur externe*, der in abgeänderter Form heute wieder in Verwendung ist.

Die für die Fortbewegung wichtigen langen Röhrenknochen waren bei einem geschlossenen Bruch einem operativen Eingriff nicht zugänglich, weil man wusste, dass bei einer Eröffnung des Bruches eine tödliche Infektion drohte. Dies ist zu lesen im ersten chirurgischen Lehrbuch der Welt, dem Papyrus Smith, der vor ca. 5.000 Jahren geschrieben wurde. Dort steht unter dem Kapitel Wunden und offener Knochenbruch:

> *„Eine Wunde am Unterschenkel kannst du behandeln. Bei einer Wunde am Unterschenkel, die mit einer Fraktur in Verbindung steht, wird die Behandlung abgelehnt, weil sie nicht nur sinnlos ist, sondern den behandelnden Arzt und die Chirurgie ganz allgemein in Verruf bringt."*

Wenn schon die geschlossenen Brüche Tabu für einen operativen Eingriff waren, so war es in der weiteren Entwicklung naheliegend, bei einem offenen Bruch, wo die Bruchstücke ohnehin in der Wunde frei lagen, diese nach der Einrichtung irgendwie aneinander zu fixieren. Die Araber waren die ersten, die dies mit Sehnen und Faszienstreifen taten. In Südamerika benützten die Indianerärzte stark geharzte Äste, die sie als eine Art Marknagel in den Markraum einlegten. Im Falle eines tödlichen Ausgangs dieser Behandlung konnte man sich zu recht damit trösten, dass nicht die Operation, sondern die Verletzung Ursache der Infektion war. Derartige Eingriffe blieben bis zur Entdeckung der Bakterien und Entwicklung der Asepsis Einzelfälle. Nach der Entwicklung der Asepsis brachte man die Osteosynthese zunehmend zum Einsatz (Osteosynthese bedeutet in diesem Zusammenhang die Wiederherstellung der anatomischen Struktur des gebrochenen Knochens durch einen operativen Eingriff).

1870 veröffentlichte der Franzose Bérenger-Féraud das erste Lehrbuch, das sich ausschließlich der operativen Knochenbruchbehandlung widmete. Die folgenden 100 Jahre waren der Verbesserung und Erweiterung dieser Methode gewidmet. Das Buch von Bérenger-Féraud trug den Titel *„Traité de l'immobilisation directe des fragmentes osseuses dans les fractures"* (Abhandlung über die Operation von Knochenbrüchen). Es verdankte seine Entstehung einem glücklichen Umstand, den man als „Schlüsselerlebnis" bezeichnen könnte.

Der neunzehnjährige Mediziner Bérenger-Féraud (1832–1900) hat als Assistent des Chirurgen Dr. Long in Toulon die Behandlung eines offenen Unterschenkelbruches miterlebt und daraus weitreichende Schlüsse gezogen, ein weiterer Beweis dafür, dass die sorgfältige Beobachtung eines Naturvorganges und die richtigen Schlüsse aus dieser

Beobachtung unser Verständnis der Natur erweitern und uns befähigen kann, die daraus gewonnenen Erkenntnisse zum Nutzen der Menschen einzusetzen.

1851 wurde ein Arbeiter mit einem offenen Unterschenkeltrümmerbruch eingeliefert. Die Verletzung war so schwer, dass Dr. Long dem Mann die Amputation vorschlug, weil nach allen Erfahrungen mit einer Infektion zu rechnen war. Die Infektion führe in der Hälfte der Fälle zum Tod oder mache dann doch die Amputation notwendig. Der Arbeiter lehnte mit der Begründung ab, er wolle lieber sterben, als mit einem Bein weiterzuleben. Die befürchtete Infektion trat ein und breitete sich immer weiter aus. Nach verschiedenen vergeblichen Operationsversuchen entschloss sich Dr. Long, die in der Wunde freiliegenden und beweglichen Bruchstücke mit zwei Bleibändern aneinander zu fixieren. Nun trat eine überraschende Wende ein. Die Infektion beruhigte sich und der Bruch heilte letztlich in anatomischer Stellung. Der Mann wurde normal arbeitsfähig. Dieser Verlauf glich in der damaligen Zeit einem Wunder. Bérenger-Féraud begnügte sich jedoch damit nicht, sondern ging der Sache nach, indem er die Literatur nach ähnlichen Fällen durchsuchte und Experimente anstellte. Seine Bemühungen führten 1870 zu seinem Buch, in dem er die Ansicht vertrat, dass die Operation die Methode der Zukunft sein würde. Diese Ansicht war zu seiner Zeit einmalig und kühn, denn sie bedeutete eine Wende in der allgemein gültigen Auffassung von der Frakturbehandlung, im erkenntnistheoretischen Sinne eine Fulguration.

Von diesem Zeitpunkt an ist die Diskussion um die operative Knochenbruchbehandlung nicht mehr verstummt. Um die Jahrhundertwende präzisierte C. L. Scudder vom Massachusetts General Hospital:

> *„Die allgemein akzeptierten Prinzipien der Frakturbehandlung ergeben in vielen Fällen keine befriedigendes Resultat. Es bedarf eines radikalen Aufbruchs bei der Behandlung der geschlossenen Frakturen.“*

Wir befinden uns im Zeitalter der Asepsis und des Röntgens, doch beides steckt noch, so wie die operative Technik, in den Kinderschuhen. Ein operativer Eingriff war immer noch ein relativ hohes Risiko.

Die Entwicklung der Osteosynthese wurde im 19. Jahrhundert durch die Entdeckung zweier neuer Verfahren in der konservativen Behandlung hinausgezögert. Diese Verfahren sind der Gipsverband, 1851 von Mathysen (1805–1878) und Pirogoff (1810–1881) eingeführt, und um 1900 die direkt am Knochen angreifende Extensionsbehandlung (Steinmann (1872–1932). Mit diesen beiden Verfahren konnten bisher ungeahnte Erfolge erzielt werden und sie werden auch heute noch in vielen Fällen eingesetzt. An unserer Abteilung in Wels standen im Jahre 1984 900 Osteosynthesen 1.100 konservativen Behandlungen gegenüber. Dies bei einer Gesamtzahl von 3.600 Knochenbrüchen, von denen nach Abzug der Schädel-, Nasenbein-, Rippen-, Finger- und Zehenbrüche etwa 2.000 Brüche verbleiben, bei denen die operative oder konservative Behandlung in Erwägung zu ziehen ist. Viele der konservativ behandelten Frakturen betrafen Kinder, bei denen erfahrungsgemäß auch eine mehrmonatige Gipsruhigstellung keinen bleibenden Schaden verursacht.

Bei der konservativen Behandlung war die Bruchheilung gelegentlich verzögert oder blieb überhaupt aus. Es kam auch das Gegenteil vor, denn wenn es im Gipsverband immer wieder zur Verschiebung kommt und mehrfach korrigiert werden muss, so kann es bei gelenknahen Frakturen zu einer überschießenden Kallusbildung mit Versteifung des Nachbargelenkes kommen. Davon wird noch die Rede sein. Die ausbleibende Heilung war der Grund, warum die Osteosynthese zunächst bei den Pseudarthrosen eingesetzt wurde, sozusagen in verzweifelten Fällen.

Die Grundsatzdiskussion um Operation oder konservative Behandlung hatte bis zur Einführung des Schenkelhalsnagels angehalten, von da an ging es darum, welche Frakturen besser operativ oder konservativ behandelt werden sollten. Durch den Ersten Weltkrieg und die nachfolgende Wirtschaftskrise wurden die Bemühungen um die Osteosynthese zunächst gebremst.

In den dreißiger Jahren des 20. Jahrhunderts gelang der Durchbruch ausgerechnet bei jener Fraktur, die im 19. Jahrhundert von vielen noch als unheilbar angesehen wurde, dem Schenkelhalsbruch. Im Jahr 1925 hatte der Amerikaner Smith-Petersen (1886–1953) einen Nagel entwickelt, der im Querschnitt sternförmig war. Er hatte drei Lamellen von sechs Millimeter Breite, die 120° gegeneinander versetzt waren. Dieser Nagel zerstört beim Einschlagen nur wenig Knochen, sichert die Fragmente gegen Rotation und ist stabil genug, um der Körperlast standzuhalten. Smith-Petersen hat 1931 einen Bericht über die ersten 20 nachuntersuchten Operationen vorgelegt, 15 der Frakturen waren knöchern geheilt. Die Methode wurde weltweit aufgegriffen, technisch verfeinert und durch bessere Röntgentechnik weiter vervollkommnet. Lorenz Böhler hat mit seinem Oberarzt Jeschke bereits 1938 die Ergebnisse von 50 frischen und 28 veralteten Schenkelhalbrüchen publiziert. Von den 50 Patienten mit frischen Brüchen sind drei gestorben, bei den 47 Überlebenden sind alle Brüche knöchern geheilt. Die Patienten konnten nach durchschnittlich 26 Tagen entlassen werden. Vor der Nagelung betrug der durchschnittliche Aufenthalt 246 Tage! Ein schlagender Beweis, dass die Operation nicht nur die Heilungschancen verbesserte, sondern auch die Behandlungsdauer enorm verkürzte.

Mit der Erweiterung der Indikation für die Osteosynthese zeigte sich, dass die Heilungsstörungen eher zunahmen. Grund dafür waren mangelndes technisches Können und mangelnde Erfahrung, mangelnde Stabilität der Implantate, aber auch mangelndes Verständnis für die biomechanischen Gegebenheiten. Dazu kam fehlende Einsicht in die biologischen Vorgänge bei der Bruchheilung.

Neben die technischen Fragen trat die nicht minder wichtige biologische Frage, wie ist das denn in der Natur eingerichtet, dass die Brüche heilen? Wenn Böhler die Frage „Wer heilt die Knochenbrüche?" lapidar mit dem Hinweis auf die Natur beantwortet, so taucht sofort die nächste Frage auf: „Wie macht sie das?" Die Frage ist umso berechtigter, weil es bei jeder Behandlung Versager gibt. Es ist zu klären, ob eine bestimmte Behandlung sich grundsätzlich nicht eignet oder ob ein bestimmtes Verfahren sich nur wegen der konkreten biologischen Verhältnisse nicht eignet. Ein Beispiel dafür ist der Bruch des Kahnbeins der Hand. Der kleine Knochen wird von Gefäßen versorgt, die an der Streckseite in den Knochen eintreten, und zwar im mittleren und peripheren Drittel. Bei einem Bruch in diesem Bereich ergeben sich daher keine Probleme bei konservativer Behandlung. Erfolgt der Bruch jedoch so, dass das proximale Fragment von der Durchblutung ausgeschlossen ist, so verfällt es der Nekrose und auch nach monatelanger Ruhigstellung kann die Revakularisation und die Heilung ausbleiben. Schon dieses Beispiel zeigt, dass eine Grundvoraussetzung für die Heilung eine gute Durchblutung der Fragmente ist. Eine weitere Voraussetzung für die Heilung ist Ruhe im Bruchbereich, denn nach einem Bruch entsteht zunächst ein Bluterguss, in den dann kapillare Gefäße und Bindegewebe einwachsen. Dieses so genannte Granulationsgewebe wandelt sich in faseriges Bindegewebe um, dann lagern sich Knorpelzellen ein (Faserknorpel), hierauf kommt es zur Knochenbildung durch Kalkeinlagerung (Faserknochen, Fixationskallus), der dann letztendlich in Lamellenknochen umgebaut wird. Soweit heute bekannt, treten die knochenbildenden Zellen erst in Aktion, wenn an der Bruchstelle weitgehende Ruhe eingetreten ist. Die knochenbildenden Zellen sollen durch die Zerfallsprodukte der abgestorbenen Bruchenden aktiviert werden. Während der Monate, die es dauert, bis der Kallus tragfähig ist, darf die Ruhe an der Bruchstelle nicht unterbrochen werden, denn wie G. Küntscher (1900–1970) in Experimenten nachgewiesen hat, ist der Kallus ein sehr vulnerables Gewebe und er kann maximal um ein Zehntel seiner Länge gedehnt werden. Bei stärkerer Dehnung reißt er ein und mit ihm die neugebildeten Gefäße. Das bedeutet eine Heilungsverzögerung, beziehungsweise bei wiederholter Überbeanspruchung kann die Heilung ausbleiben. Um das zu verhindern, wurde von dem Brüsseler Chirurgen R. Danis (1880–1962) 1938 die so genannte „Kompressionsplatte" entwickelt. Es wird dabei zwischen den Fragmenten und der Platte ein absolut stabiler Block hergestellt und damit absolute Ruhe an der Bruchstelle. In diesem Fall erfolgt die Heilung ohne periostale Kallusbildung direkt über die Kortikalisfragmente; diese kallusfreie Heilung wurde vorübergehend als Ideal einer korrekten operativen Behandlung angesehen. Der Preis dafür ist eine lokale Schädigung der Durchblutung und es kann erst nach dem Durchbau der Fraktur belastet werden. Der fehlende periostale Kallus bedeutet eine Schwächung des betroffenen Knochenabschnitts. Eine weitere Schwächung in diesem Bereich entsteht durch die so genannte „Spongiosierung", d. h. eine Minderung der Knochensubstanz, weil ein Teil der Abstützung durch die liegende Platte übernommen wird, denn die Natur reagiert immer mit An- oder Abbau, je nach den Erfordernissen. Dies führt gelegentlich zur Refraktur nach Plattenentfernung. Bruchheilung ohne Kallus widerspricht auch den natürlichen Gegebenheiten. Bei konservativer Behandlung, wo am Ort der Verletzung nicht eingegriffen wird, bildet sich um die Bruchstelle ein manschettenförmiger, kräftiger Kallus, der die ehemalige Bruchstelle so verstärkt, dass bei einer späteren entsprechenden Verletzung der Knochen hier standhält und entweder oberhalb oder unterhalb bricht. Jeder praktisch tätige Unfallchirurg wird solche Fälle kennen. Bei Beachtung dieser Naturgegebenheit hätte man nie auf die Idee kommen können, die kallusfreie Heilung als das anzustrebende Ideal zu betrachten.

Ein anderer Weg, um die notwendige Ruhe im Bruchbereich bis zur Heilung sicher zu stellen, ist der von G. Küntscher 1939 publizierte gedeckte Marknagel. Hier galt es zunächst das Vorurteil zu überwinden, dass ein so großer Fremdkörper im Markraum den Knochen schädige. Küntscher konnte in Tierversuchen und auch am Menschen zeigen, dass die bei der Einführung des Nagels unvermeidliche Zerstörung der Markgefäße keine Rolle spielt, denn sie bilden sich innerhalb kurzer Zeit neu. Ziel der Marknagelung ist es, ein tragfähiges metallisches Rohr in den Markraum zu platzieren, das die Tragfunktion des Knochens bis zur Heilung übernimmt. Es ist damit möglich, binnen kürzester Zeit nicht nur zu bewegen, sondern auch zu belasten. Durch die so hergestellte Ruhe und durch die Vermeidung einer operativen Schädigung im Bruchbereich können die Reparationsvorgänge ungestört ablaufen. Das zeigt sich darin, dass auch größere Defekte mühelos überbrückt werden. Die allgemeine Ansicht war, dass die Knochenbildung durch Zerfallsprodukte an den Frakturenden angeregt werde und dann bei entsprechender Ruhe bis zur Heilung ablaufe. Diese Fragen waren Gegenstand der chirurgischen Forschung während der Zeit meiner aktiven Tätigkeit und wurden sehr kontrovers abgehandelt. Lorenz Böhler zum Beispiel wird nicht müde, immer wieder darauf hinzuweisen, dass nach einem Knochenbruch eine Verkürzung, eventuell bis zu einem Zentimeter, angestrebt werden müsse, bei jeder Distraktion bestehe die Gefahr, dass die Heilung ausbleibe.

Der Russe G. A. Ilizarow (1921–1996) hat in vierzigjährigen Untersuchungen zeigen können, dass auch andere mechanische Gegebenheiten, wie die dosierte Dehnung lebender Gewebe, zu aktiver Regeneration und Wachstum anregt, was zu ganz neuen Möglichkeiten in der Frakturbehandlung geführt hat.

Um die Mitte des 20. Jahrhunderts waren der Schenkelhalsnagel für die Schenkelhalsfraktur, der Marknagel für die Röhrenknochen und die Drahtschlinge für Abrissbrüche wie die Kniescheibenfraktur und die Fraktur des Ellenhackens etabliert, die Platte hatte in der belgischen Schule (die Brüder Lambotte und Danis) ihren Platz. Die Ergebnisse der Operation waren hingegen vielfach noch unbefriedigend. Die Schweizerische Unfallversicherung zahlte nach Unterschenkelbrüchen noch 37 Prozent Renten, bei Oberschenkelbrüchen waren es 65 Prozent. Zur selben Zeit erreichte Böhler bereits eine rentenfreie Heilung bei den Unterschenkelbrüchen in 90 Prozent und bei den Oberschenkelbrüchen in 93 Prozent der Fälle. Es fehlte an entsprechend ausgebildeten Chirurgen, an einheitlichen erprobten Instrumenten und Implantaten und auch an Kenntnissen der Biologie der Knochenheilung. Eine Gruppe von 14 Schweizern, bestehend aus Chirurgen, Orthopäden und Technikern, gründete deswegen 1958 eine Arbeitsgemeinschaft (AO), um die anstehenden Fragen zur Osteosynthese zu klären. Die Arbeiten dieser Gemeinschaft haben viele dieser Fragen gelöst und die operative Behandlung einen großen Schritt weiter gebracht.

Es galt also für den Unfallchirurgen, sich neben den Fragen der Biologie und der Biomechanik mit Fragen der Operationstechnik auseinander zu setzen.

Eigene Beiträge

Als ich 1956 meine unfallchirurgische Tätigkeit begann, wurden die oben genannten Osteosyntheseverfahren, ausgenommen die Plattenosteosynthese, in der Böhlerschule angewendet. Die Platte war wegen der mit ihrer Anwendung verbundenen breiten Freilegung der Fraktur und der damit verbundenen Schädigung der Durchblutung und der Infektionsgefahr verpönt. Das Standardlehrbuch war Böhlers „Technik der Knochenbruchbehandlung", das ich mehrere Male systematisch durchlas, daneben diente es als Nachschlagewerk, wenn bei einer Behandlung ein konkretes Problem auftrat. Dazu gesellten sich dann spezielle Lehrbücher und aktuelle Zeitschriftenartikel für einzelne Themenbereiche und die Rücksprache mit erfahrenen Kollegen.

Die praktische Tätigkeit bestand, abgesehen von der häufig geübten Wundausschneidung, in der konservativen Frakturbehandlung. Bei dieser Tätigkeit machte ich in den ersten Monaten eine prägende negative Erfahrung. Es wurde mir die Reposition und Gipsfixation einer Epiphysenlösung am oberen Oberarmende bei einem Fünfzehnjährigen übertragen. Das gelang ganz gut, doch bei der Kontrolle nach einer Woche war es wieder zu der ursprünglichen Verschiebung gekommen. Die Verschiebung wurde beseitigt und neuerdings eingegipst. Das Ganze wiederholte sich mehrere Male und am Ende hatte sich ein mächtiger Kallusmantel gebildet, der zu einer völligen Versteifung des Schultergelenkes geführt hatte. Das alles spielte sich nicht im Unfallkrankenhaus, sondern in einem Krankenhaus der Standardversorgung ab. Ich hatte genau nach Vorschrift und auch schonend gehandelt. Es dämmerte mir, dass hier eine Operation ein besseres Resultat ergeben hätte. Als wenige Jahre später der Röntgenbildverstärker eingeführt wurde, war das Problem gelöst. Man konnte nun unter Röntgensicht einrichten und mit zwei Bohrdrähten gedeckt stabilisieren, eine Prozedur, die in 20 Minuten in örtlicher Betäubung spielend definitiv und in einem Schritt zu erledigen war. Es war dies von nun ab für mich die Methode der Wahl bei einer ganzen Gruppe von Verletzungen, nämlich bei allen Epiphysenlösungen der langen Röhrenknochen, bei Mittelhand- und Mittelfußbrüchen. Es sind immer wieder solche beeindruckenden Erlebnisse, die zu einem Überdenken der Behandlungsstrategien führen.

Die konservativen Böhler'schen Behandlungsgrundsätze sind auch heute noch in vielen Fällen zielführend. Aus unserer Welser Statistik von meinem Amtsantritt im Jahre 1975 bis zur Pensionierung 1991 geht hervor, dass es uns bei etwa 55 Prozent der Brüche gelungen ist, auf konservativem Weg das Behandlungsziel zu erreichen. Es ist anzumerken, dass viele dieser Verletzten Kinder waren, bei denen auch eine wochenlange Gipsruhigstellung keinen bleibenden Schaden hinterlässt. Auch beim Erwachsenen hinterlässt eine wochenlange Gipsruhigstellung keinen Schaden, wenn man während der Ruhigstellung die von Böhler geforderten aktiven Übungen durchführt. Ich selbst erlitt im Alter von 66 Jahren ein Polytrauma mit Brüchen an beiden Beinen. Links bestand neben einem Bruch des lateralen Schienbeinkondylen ein Riss des vorderen Kreuzbandes und des lateralen Seitenbandes. Die Verletzung wurde am dritten Tag operiert, anschließend trug ich für sechs Wochen eine Gipshülse. Während dieser Zeit machte ich regelmäßig aktive Beinübungen im Liegen und im Stehen und ging täglich bis zu sechs Kilometer spazieren. Bei Gipsabnahme bestand keinerlei Muskelatrophie, ich konnte sofort nach Gipsabnahme 60° beugen und voll strecken. Nach vier Wochen war das Knie frei beweglich.

Ein weiterer wichtiger Entscheidungsfaktor neben den Kosten ist die Verkürzung der Rehabilitation. Die Frage konservativ oder operativ kann nicht nach rein technischen

Gesichtspunkten, sondern nur unter genauer Beachtung der Lebensumstände des Patienten entschieden werden. Eine Bäuerin, die 30 Kühe und eine sechsköpfige Familie zu versorgen hat, kann nach Verplattung eines Unterschenkelbruches zwar mit Krücken entlastend herumgehen und ihre Beingelenke nach kurzer Zeit bewegen, aber ihre Berufs- und Familienpflichten kann sie nicht erfüllen. Sie bräuchte daher vorübergehend eine äußere Stütze. Mit einem Oberschenkelgips oder einem Unterschenkelbrace kann sie Familie und Tiere voll versorgen, wie wir immer wieder gesehen haben. Ein klassisches Beispiel dafür, dass in der Medizin nicht irgendwelche theoretische Vorstellungen, sondern letztlich der Mensch mit seinen Bedürfnissen zählt.

Meine erste wissenschaftliche Arbeit war eine Spätkontrolle (viereinhalb Jahre) von 27 Früharthrodesen des unteren Sprunggelenkes nach Fersenbeinbrüchen, bei denen die Gelenkflächen des Fersenbeins nicht exakt reponiert werden konnten, wodurch eine schmerzhafte Bewegungseinschränkung des unteren Sprunggelenkes verblieb. Die Operationen waren am Unfallkrankenhaus Linz durchgeführt und noch nie kontrolliert worden. Es zeigte sich, dass die Operation in der Hälfte der Fälle ein sehr befriedigendes Resultat ergeben hatte, außerdem ergaben sich Hinweise für die Ursache der Beschwerden in den restlichen Fällen, die in den darauf folgenden Jahren vermieden werden konnten.

1967 wurden auf dem österreichischen Unfallkongress 1.516 ausgewertete Schenkelhalsnagelungen aus den österreichischen Unfallkrankenhäusern präsentiert. 447 der Verletzungen lagen mehr als drei Jahre zurück, 95,75 Prozent waren knöchern geheilt, es gab also insgesamt nur 19 Versager. Meine Aufgabe im Rahmen der Studie war es, den Ursachen der Pseudarthrosen nachzugehen. Die Misserfolge waren in erster Linie auf Behandlungsfehler zurückzuführen und zwar eine ungenügende Reposition oder eine unstabile Osteosynthese. Welche Bedeutung die stabile Osteosynthese hat, zeigte sich bei 13 der 19 Pseudarthrosen, die allein durch die Fixation des äußeren Nagelendes mit einer kurzen Platte zur Heilung gebracht werden konnten. Die Nägel hatten durch ein zu großes Einschlagloch bei jedem Schritt eine Kippbewegung am Adambogen durchgeführt, diese Bewegung wurde mit der Fixation des Nagels ausgeschaltet. Das Problem der Pseudarthrose war also grundsätzlich lösbar, das hatte schon Böhler mit seinen ersten 50 Fällen aus dem Jahre 1938 bewiesen.

Eine weitere Ursache für ein schlechtes Resultat war die Kopfnekrose, 30 Prozent hatten eine totale oder partielle Kopfnekrose. Diese trat gehäuft auf, wenn die Operation erst nach mehreren Tagen durchgeführt wurde. Der Grund dafür liegt darin, dass die den Kopf ernährenden Blutgefäße an der Kopf-Hals-Grenze in den Knochen eintreten und es im Falle einer Fraktur zur Zerreißung, Knickung oder Anspannung der Gefäße kommen kann. Bei Zerreißung der Gefäße stirbt ein Teil oder der ganze Oberschenkelkopf ab, wenn Knickung oder Anspannung mehr als sechs Stunden bestehen, so kommt es zum Gefäßverschluss infolge von Thrombose mit denselben Folgen.

Es handelt sich hier nicht so sehr um ein technisches, sondern vor allem um ein biologisches Problem. Die Bedeutung des Zeitfaktors für die Entstehung einer Nekrose wurde zu dieser Zeit noch nicht richtig eingeschätzt. Auf Grund des Kongressberichtes sind wir den Ursachen der Nekrosen nachgegangen. Unsere Nachuntersuchungen haben gezeigt, dass durch sofortige Reposition und stabile Fixation ein Teil der Nekrosen vermieden werden kann, eine Erkenntnis, die sich in der Zwischenzeit weitgehend durchgesetzt hat. An unserer Abteilung in Wels wurden auf Grund dieser Beobachtungen Schenkelhalsbrüche letztendlich innerhalb drei Stunden nach der Einlieferung operiert.

Ein weiterer Grund für die schlechte Heilungstendenz des Schenkelhalsbruches ist der Umstand, dass dem im Gelenk liegenden Anteil des Schenkelhalses der periostale Überzug fehlt. Es gibt also hier keinen periostalen Kallus, sondern der Kallus bildet sich innerhalb des Schenkelhalses, was länger dauert und eine gegenüber dem periostalen Kallus verringerte Tragfähigkeit bewirkt. Wenn man sich den periostalen Kallus als einen Schlauch vorstellt, so bedeutet dies, dass mit dem doppelten Durchmesser dieses Schlauches die Tragfähigkeit mit der dritten bis vierten Potenz steigt. Dazu ein Beispiel der Festigkeit (maximales Biegemoment):

Oberarmknochen 1.500 kg
Marknagel von 10 mm Durchmesser 450 kg
Marknagel von 14 mm Durchmesser 2.160 kg

Um die Behinderungen, die durch eine Kopfnekrose entstehen können, zu beseitigen, wurden seit den vierziger Jahren Versuche unternommen, den deformierten Oberschenkelkopf durch eine Prothese zu ersetzen. Noch 1959 zeigte eine amerikanische Studie an 10.000 Patienten mit Prothesen, dass die vorhandenen Modelle keine Lösung brachten, denn 40 Prozent der Verletzten waren ans Bett gefesselt oder konnten sich nur mit zwei Krücken fortbewegen. Der Engländer J. Charnley brachte 1962 eine Prothese aus Metall und Polyäthylen heraus, die sich als geeignet erwies. Diese Prothese wurde ab den siebziger Jahren fixer Bestandteil in der Behandlung der Kopfnekrose und das Problem schien gelöst. An manchen Kliniken wurde von nun ab bei Patienten jenseits des sechzigsten Lebensjahres von vornherein eine Hüftprothese eingesetzt. Mit zunehmender Beobachtungszeit stellte sich jedoch heraus, dass auch die Prothese keine endgültige Dauerlösung ist. Es kommt gelegentlich zu Verkalkungen der Weichteile um die

Hüfte, die mit Bewegungseinschränkung bis zur Versteifung einhergehen können. Bei falscher Positionierung der Pfanne oder bei Verletzung eines Nerven kann es zu wiederholten Verrenkungen kommen. Die Prothese kann sich nach Jahren lockern, was zu einer schmerzhaften Bewegungseinschränkung führen kann, die letztlich zum Prothesenwechsel zwingt. Das bedeutet einen großen Eingriff bei fortgeschrittenem Alter. Bei den nicht einzementierten Prothesen bestehen manchmal monatelang Schmerzen, bevor durch den Knochenumbau die Prothese endgültig festsitzt. Wägt man alle Vor- und Nachteile ab, so ist zu bedenken, dass bei korrekter und sofortiger Operation die Vorteile der Osteosynthese überwiegen. Hier ist wieder einmal der Unfallchirurg gefordert: die Behandlung kann nicht zu einem beliebig gewählten Zeitpunkt durchgeführt werden, sondern sie muss sofort erfolgen.

In neuerer Zeit kommt ein weiterer Gesichtspunkt hinzu, der für die Osteosynthese spricht. J. Manninger und sein Team vom Zentralinstitut für Traumatologie in Budapest haben 2004 nach jahrzehntelangen wissenschaftlichen Untersuchungen die ganze Problematik in ihrem Buch: „Osteosynthese der Schenkelhalsfraktur“ zusammengefasst. Sie waren dazu gezwungen, weil in der kommunistischen Ära Prothesen aus finanziellen Gründen nicht beliebig zur Verfügung standen. Wie H. Tscherne in seinem Vorwort schreibt, kommt allein dieser Fraktur eine enorme wirtschaftliche Bedeutung zu. Im Jahre 1990 gab es weltweit 1,7 Millionen Schenkelhalsbrüche. Diese Zahl wird durch die Überalterung der Bevölkerung bis zum Jahr 2050 auf 6,3 Millionen ansteigen. Allein in Deutschland werden jedes Jahr 90.000 hüftnahe Oberschenkelbrüche gezählt. Schwedische und englische Publikationen aus den neunziger Jahren des vorigen Jahrhunderts ergeben beim Einsetzen einer Prothese vermehrte Kosten gegenüber der Osteosynthese von 1.700 Euro pro Patient. Insgesamt gesehen ergibt sich hier ein milliardenfaches Euro-Einsparungspotenzial, an dem man bei den zunehmenden Finanzierungsschwierigkeiten nicht wird vorübergehen können.

Diese etwas ausführlichere Darstellung der Behandlung einer einzelnen Fraktur soll einen Einblick in die Problematik chirurgischer Behandlung geben. Dabei wurden neben technischen auch biologische Probleme erörtert. Unsere fünfundzwanzigjährige Mitarbeit an der Problemlösung wurde in dem Buch von Manninger gewürdigt.

Im Sinne der Forderung M. Müllers, dass sich ein leitender Unfallchirurg auch für wissenschaftliche Fragen seines Faches interessieren müsse, habe ich später auch meine Tätigkeit als Chef einer großen unfallchirurgischen Abteilung verstanden. Die Wissenschaftlichkeit besteht dabei darin, die anfallenden Verletzungen und Operationen genau zu analysieren und zu dokumentieren. Das ist der Grund, warum wir in unserer Abteilung von Anfang an eine genaue und fortlaufende Dokumentation angelegt haben.

Mit Hilfe dieser Dokumentation hatten wir jederzeit einen Überblick über die eigenen Ergebnisse im Vergleich zur Literatur. Diese Dokumentation lieferte auch für Kongressberichte und Publikationen fundierte Grundlagen. Es fand jedes Jahr etwa im März ein Bericht über das Vorjahr mit genauer Statistik und Bilddokumentation statt. Diese Berichte waren für alle, einschließlich der Schwestern und des Verwaltungspersonals, zugänglich und erwiesen sich als große Motivation für alle Mitarbeiter.

Im Rahmen dieser Bemühungen konnten wir einige diagnostische und therapeutische Erkenntnisse gewinnen, die sich in der Folge für unsere Patienten als sehr segensreich erwiesen haben. Vier davon sollen dargestellt werden.

1. *Die Wiederentdeckung der plastischen Knochenverbiegung und ihre Behandlung.*

2. *Fragen der Osteosynthese beim proximalen Oberschenkelbruch.*
   a) *Die Bedeutung der mechanisch korrekten und stabilen Verankerung des Implantates bei der Schenkelhalsfraktur.*
   b) *Der Stellenwert des Trochanternagels nach Küntscher in der Behandlung der pertrochanteren Fraktur.*

3. *Die Bedeutung eines strengen antiseptischen Regimes in der Vermeidung von postoperativen Infektionen.*

4. *Die lokale Behandlung der Verbrennungen an den Extremitäten mit Gips.*

Zu Punkt 1.

Bei der so genannten „plastischen Verbiegung“ handelt es sich um eine besondere Reaktionsform des Knochens (und auch jedes anderen Körpers) auf eine äußere Krafteinwirkung. Wirkt auf den Knochen eine äußere Kraft ein, so kommt es zu einer Verformung. Bei geringer Kraft und kurzer Einwirkungsdauer nimmt der Knochen danach wieder seine ursprüngliche Form an. Man nennt dies „elastische Verformung“. Unter besonderen Umständen, wie langsamer Biegebelastung und längerer Einwirkungsdauer, kann es zu einer bleibenden Verbiegung kommen, eben einer „plastischen Verbiegung“. Bei rascher Einwirkung einer großen Kraft kommt es zum Bruch. Bei dem Geschehen spielt auch das betroffene Material eine Rolle. Instruktive Beispiele für das

Gesagte sind ein Schwamm, der, wenn man ihn zusammendrückt seine Form deutlich verändert und beim Loslassen wieder seine ursprüngliche Form annimmt, d. h. es handelt sich um „elastische Deformation". Ein Stück Blei verändert sich ebenfalls deutlich, wenn es gebogen wird, nach dem Loslassen behält es die veränderte Form jedoch bei, d. h. hier liegt eine „plastische Verbiegung" vor. Ein Stück Holz zerbricht, wenn eine große Kraft plötzlich auf es einwirkt. Schon im 19. Jahrhundert hat es experimentelle Untersuchungen zum Verhalten des Knochens auf verschiedene Belastungen gegeben, die alle diese Veränderungen ergeben hatten. Sie sind in Vergessenheit geraten und es findet sich auch im Buch von L. Böhler über die Knochenbrüche kein direkter Hinweis auf diese „plastische Verbiegung". Ein indirekter Hinweis findet sich in dem Abschnitt über die Verrenkung des Speichenköpfchens. Böhler schreibt in diesem Zusammenhang über solche Verrenkungen, die sich zwar reponieren, aber im Gips nicht halten ließen. Er war der Meinung, dass hier eine Interposition des Ringbandes vorliegen müsse, und er ging dieser Vermutung nach, indem er das Ellbogengelenk freilegte. Zu seiner Überraschung fand sich kein lokales Hindernis im Sinne einer Interposition. Das Köpfchen konnte in offener Wunde leicht reponiert werden, aber es blieb nicht an seinem Platz, er fixierte das verrenkte Radiusköpfchen mir einer Sehne. Auf die Idee, dass hier die verbogene Elle die Ursache der Luxation des Radiusköpfchens war, kam er nicht. Wir haben einmal einen Bruch der Elle mit Verbiegung der Speiche beobachtet. Die Elle wurde eingerichtet und der Bruch heilte achsengerecht nach sechs Wochen. Zu unserer Überraschung verblieb eine funktionell störende Einschränkung der Unterarmdrehung. Wir durchforschten daraufhin die Literatur und fanden, dass diese Verletzungsart sehr wohl bekannt und im 19. Jahrhundert auch experimentell erforscht worden war. In der neueren Literatur fanden sich einzelne Berichte, in denen die Meinung vertreten wurde, dass dies eine Verletzung sei, die nur bei Kindern vorkomme und keiner besonderen Behandlung bedürfe, weil sich die Verbiegung im Laufe des Wachstums ausgleiche. In unserem Fall hat es sich um einen Erwachsenen gehandelt, bei dem ein Spontankorrektur durch das Wachstum nicht mehr möglich war. Wir haben in der weiteren Folge noch acht derartige Fälle beobachtet und versucht, die Verbiegung durch vorsichtiges langsames Zurückbiegen zu korrigieren. Das ist auch in sieben Fällen gelungen, nur einmal kam es zum Bruch des verbogenen Knochens, was keine Rolle für das Ergebnis spielte, alle Fälle heilten nach Korrektur mit voller Funktion. Unter unseren acht Fällen war auch eine Radiusköpfchenluxation, die sich zwar reponieren, aber im Gipsverband nicht halten ließ, die Elle zeigte eine geringe Verbiegung. Nach dem Geradebiegen der Elle war die Verrenkung des Radiusköpfchens spontan behoben. Eine weitere interessante Beobachtung bot der Verlauf eines Schienbeindrehbruches bei einem zwölfjährigen

Mädchen. Der Schienbeinbruch wurde eingerichtet, die Verbiegung und Innenrotation des Wadenbeins wurde jedoch nicht erkannt. Als das Mädchen zu einer jungen Dame herangewachsen war, wurde es wieder vorstellig, weil sie beim Tragen von Schuhen mit hohem Absatz ständig umknickte. Es war eine leichte Innenrotation zu sehen, sie schien mir aber zu geringfügig, um deswegen den Knochen operativ gerade zu stellen, und ich sagte ihr, sie solle auf das Tragen von Schuhen mit hohen Absätzen verzichten. Sie suchte einen anderen Chirurgen auf, der die Fehlstellung korrigierte. Ein Jahr danach stellte sie sich wieder bei mir vor, zeigte das korrigierte Bein und sagte mir, dass sie nun voll zufrieden sei.

Zu Punkt 2.

2a) Der Schenkelhalsbruch wurde bereits dargestellt.

2b) Der pertrochantere Oberschenkelbruch.

In den fünfziger Jahren des 20. Jahrhunderts waren die Ergebnisse der Operation vielfach noch unbefriedigend, wie die oben zitierte Statistik der Schweizerischen Unfallversicherung zeigt. Die von den Schweizern 1958 gegründete Arbeitsgemeinschaft (AO) hatte den Zweck, die anstehenden Fragen zur Osteosynthese zu klären. Ihre Ziele waren: Genaue Dokumentation, Entwicklung neuer Instrumente und Implantate, experimentelle Forschung und Verbreitung der Erkenntnisse durch ein umfassendes Kurswesen.

Mit Übernahme der Leitung der Welser Unfallabteilung trat ich der AO als Mitglied bei. Im Rahmen unserer Mitarbeit haben wir unsere Erfahrungen in der Behandlung der pertrochanteren Oberschenkelbrüche mit dem Trochanternagel nach Küntscher eingebracht. Küntscher hat diesen Nagel auf dem österreichischen Unfallkongress 1969 präsentiert, am Ende seines Vortrags erhielt er stehende Ovationen. Die Technik wurde von uns nach der Nachuntersuchung der ersten 100 Operierten modifiziert. Wir haben den Nagel, so wie von Küntscher angegeben, in der von der Fabrik gelieferten Form nach dem Anbohren des medialen Oberschenkelkondylen mit dem Pfriem in den Oberschenkel eingeschlagen. Es kam viermal zu einer Sprengung an der Einschlagstelle und der Nagel hatte in Fällen mit sehr weitem Markraum keine stabile Verankerung im Knochen. Daraufhin haben wir die Einschlagstelle aufgebohrt und den Nagel so vorgebogen, dass er im Oberschenkel nach dem Dreipunktsystem verklemmt war. Er stützte sich am medialen Oberschenkelkondylen, an der Innenseite der lateralen Femurkortikalis und am Adambogen ab. Nach dieser Modifikation gab es bei mehr als 1.000

Nagelungen keine weitere Sprengung und auch kein Nagelgleiten mehr. Von 1975–1986 haben wir 362 Trochanternägel in der AO-Dokumentationszentrale in Bern dokumentiert. 1987 haben wir einen Auszug aus der Dokumentation angefordert. Zur selben Zeit waren insgesamt 9.407 pertrochantere Brüche in der Zentrale erfasst. Der Vorteil der Trochanternagelung zeigte sich deutlich. Es gab nur 1 Prozent Decubitalgeschwüre gegenüber 3,5 Prozent bei den anderen Methoden. Wir hatten keine Wunddehiszenz und keine Fistel und nur acht Infekte gegenüber 78 Dehiszenzen, 44 Fisteln und 225 Infekten in der Vergleichsgruppe. Alle mit dem Trochanternagel versorgten Frakturen sind knöchern geheilt.

Trotzdem hat sich die Trochanternagelung nicht durchgesetzt. Das lag wahrscheinlich daran, dass mit dem Verfahren nicht immer eine anatomische Reposition erreicht werden kann. Es bleibt häufig, bedingt durch die Form des Nagels, eine leichte Außenrotationsstellung (bei 151 Patienten), sie betrug aber nur bei 46 Patienten mehr als 20°. Eine Außenrotation bis 20° spielt funktionell keine Rolle. Das bedeutet, dass bei 88 Prozent der Brüche eine Heilung in guter Stellung erreicht wurde. Durch Angleichung der Form des Nagels an das proximale Oberschenkelende könnte die Außenrotation verhindert werden. Zwei kontaktierte Firmen hatten jedoch kein Interesse, daran zu arbeiten.

Zu Punkt 3. Die Bedeutung eines strengen aseptischen Regimes im Kampf gegen die postoperative Infektion.

Die bakteriellen Infektionen begleiten den Menschen, seit es ihn gibt, denn die Bakterien existierten, als der Mensch auf den Plan trat, bereits seit zwei bis drei Milliarden Jahren. Zur Zeit ihrer Entstehung herrschten völlig andere Lebensbedingungen als heute. Die Erde war von dichten Wolken umgeben und es herrschte völlige Finsternis, es gab keinen freien Sauerstoff. Die hohen elektrischen Spannungen entluden sich in Seriengewittern. Unter solchen Umständen entstand, wie experimentell nachgewiesen wurde, das Leben. Seither hat sich das Leben, und mit ihm die Bakterien, weiter erhalten und entwickelt. In den sechziger Jahren des 20. Jahrhunderts wurden die so genannten „Archaebakterien“ entdeckt, die im sauerstofffreien Milieu existieren können. Die Bakterien konnten alle Veränderungen des Lebensmilieus überstehen, weil sie besondere Überlebensstrategien entwickelt haben. Dazu gehört ihre Vermehrung durch Teilung, die alle 20 Minuten erfolgen kann. Auf diese Weise könnte theoretisch ein Bakterium in 24 Stunden 2^{72} Nachkommen hervorbringen, das wäre mehr als die Erdbevölkerung. Die Natur bremst eine derart exzessive Vermehrung einer Lebensform durch Nahrungsmangel, Anhäufung wachstumshemmender Stoffwechselprodukte und andere Mechanismen ein. Es bleibt aber immer noch ein gewaltiges Vermehrungspotenzial. Ein anderer Mechanismus ist die Sporenbildung, die bei ungünstigen Lebensbedingungen innerhalb von vier bis sechs Stunden erfolgen kann. Im Zustand der Spore steht für das Bakterium die Zeit still, es finden keine Stoffwechselvorgänge statt. Die Sporen ertragen Temperaturen von über 100° C und Austrocknung über Jahrhunderte. Sie können in der Erde auch nach 300 Jahren wieder auskeimen und sich vermehren. Aus Salzgesteinen wurden sogar nach 540 Millionen Jahren Bakterien gezüchtet (H. J. Dombrowski), die wieder vermehrungsfähig waren. Ein solcher Stein mit Wassereinschluss befindet sich im Besitz des Naturhistorischen Museums des Landes Salzburg. Ein weiterer wichtiger Faktor, der die Überlebenschancen dieser urtümlichen Lebewesen sichert, ist die Fähigkeit, beinahe alles, was sie zum Leben brauchen, selbst auch herstellen zu können. Der rasche Generationenwechsel bringt es mit sich, dass zahlreiche Mutationen entstehen, die sich neuen Lebensbedingungen anpassen können. Angesichts dieses Spektrums von Überlebensstrategien wird verständlich, dass sich die Bakterien überall auf der Welt ausgebreitet haben und mit ihrem genetisch fixierten Wissen die Wissenschaft immer wieder überlisten und selbst hochwirksame Antibiotika binnen kurzer Zeit ihre Wirkung einbüßen. Der eigentliche Lebensraum der Bakterien ist die biologische Lebensschicht des Bodens bis in eine Tiefe von 25 bis 30 cm. Sie haben hier die wichtige Aufgabe, abgestorbene Pflanzen und Tiere bis zu den Mineralbaustoffen abzubauen. Diese Abbaustoffe stehen dann zum Wiedereinbau in neue Organismen zur Verfügung (Recycling). Die in den Organismen lebenden Bakterien (beim Menschen etwa 450 verschiedene Arten) stellen ihrem Wirt wichtige Lebensstoffe zur Verfügung. Krankmachend sind nur einige von ihnen und oft nur unter bestimmten Bedingungen. Dennoch haben sie dem Menschen im Laufe der Geschichte das Fürchten gelehrt. Eine dieser bakteriellen Infektionen, die Pest, hat mehrmals, am schlimmsten von 1347–1352, in Europa gewütet. 30 Prozent, das sind 25 Millionen der damaligen Bevölkerung, fielen ihr zum Opfer. Diese große Epidemie zählt zu den schwersten Schicksalsschlägen der Menschheit und bildet im geistigen und kulturellen Leben der Völker einen denkwürdigen Einschnitt. In Österreich steht in jeder größeren Stadt eine so genannte „Pestsäule“ als Erinnerung und Mahnung an diese schwere Zeit. Die unerklärliche Katastrophe führte zu asketischen Exzessen (Geißler) und zur Verfolgung ethnischer Randgruppen, die für das Unheil verantwortlich gemacht wurden. Die Ärzte waren gegen die Seuche machtlos, sie wurden in ihrem Glauben an Hippokrates und Galen verunsichert. Der Erreger, die Pasteurella pestis, wurde erst 1894 von Kitasato (1856–1931) und Yersin (1863–1943) entdeckt. Schon in der Antike wurde vermutet, dass kleine unsichtbare Wesen die Verursacher dieser Krankheiten sind, man vermutete sie in der Luft und nannte sie „Miasmen“, die durch Berührung übertragbaren bezeichnete man als „Kontagien“. Es gab allerdings keine Möglichkeit, diese vermuteten Wesen sichtbar zu machen. Erst die Entdeckung der Brechungsgesetze durch Snellius (1580–1626) im Jahre 1620 und dann durch Descartes (1596–1650) im Jahre 1637 machten es möglich, Glaslinsen zu schleifen, deren Vergrößerungsfähigkeit neue, bisher nicht bekannte Einblicke in die Welt der Materie gewährte. Diese Entdeckung kann man am besten mit der heutigen Computertechnologie vergleichen. Jeder interessierte Zeitgenosse, der es sich leisten konnte, wollte einen Blick in diese neue Welt tun. Das Linsenschleifen wurde zu einem profitablen Gewerbe und nicht nur Wissenschaftler, sondern auch Privatleute hatten solche Vergrößerungsgläser, es gehörte sozusagen zum guten Ton, an dieser neuen Entwicklung teilzuhaben. So kam es auch, dass nicht in einem wissenschaftlichen Labor, sondern in der Wohnstube eines Holländischen Tuchhändlers die Bakterien entdeckt wurden. Es war dies Anton van Leeuwenhoek (1632–1723) aus der Stadt Delft. Er absolvierte eine Lehre als Tuchhändler in Amsterdam und lernte nebenbei das Linsenschleifen und die Goldschmiedekunst, für beides war Amsterdam ein Zentrum. Er war nicht nur so begabt, dass er zum besten Linsenschleifer seiner Zeit avancierte, sondern er war auch besessen davon, mit seinen Linsen einfache Mikroskope zu bauen und seine Abende damit zu verbringen, die Welt durch diese Mikroskope zu betrachteten. In seiner Neugier, wieso denn der Pfeffer so scharf sei, kam er auf diese Weise nebenbei zur Entdeckung der Bakterien. Er hatte die Vorstellung, die Pfefferkörner müssten an der Oberfläche Häkchen haben, die an der Schleimhaut kratzen. In seinem Mikroskop sah er nichts derartiges. Als nächstes rieb er die Körner sehr fein und weichte sie in Wasser ein, weil er dachte, die Häkchen seien so klein, dass sie erst aufquellen müssten, um sichtbar zu werden. Als er nach einem Tag noch nichts sah, wartete er geduldig und schaute jeden Abend nach. Nach einigen Tagen sah er in der Pfefferaufschwemmung kleine, sich bewegende Partikel, was ihn sehr in Erstaunen versetzte. Leeuwenhoek war mit Renier de Graaf, dem Entdecker des weiblichen Eifollikels, bekannt und zeigte diesem seine neue Entdeckung. R. de Graaf war Mitglied der Royal Society von London. Er war ebenso überrascht wie Leeuwenhoek und überredete ihn, die Entdeckung der wissenschaftlichen Gesellschaft mitzuteilen. Leeuwenhoek stimmte zu, er selbst hatte keinerlei Kontakt zur Wissenschaft, außer der Bibel gab es in seinem Haus nicht einmal ein Buch. So kam es, dass die Royal Society das Experiment wiederholte und zu dem

Schluss kam, dass hier neues, bisher unbekanntes Leben entdeckt wurde. Man war zum Teil der Meinung, dieses Leben habe sich spontan aus der unbelebten Materie gebildet, der Vorgang wurde *generatio spontanea* genannt. Ein anderer Teil der Wissenschaftler vertrat die Ansicht, dass es eine *generatio spontanea* nicht gebe, Leben könne nur aus Leben entstehen. Der Streit dauerte beinahe 200 Jahre und im Laufe der Untersuchungen wurden die wichtigsten Lebenserscheinungen der Bakterien erforscht, darunter auch ihre Fähigkeit, Infektionen hervorzurufen. Damit begann auch die erfolgreiche Suche nach Mitteln, um die Infektionserreger zu bekämpfen. Man war vorübergehend der Meinung, es würde eines Tages gelingen, alle infektiösen Bakterien auszurotten *–sterilisatio magna*. Aber schon L. Pasteur (1822–1895) und P. Ehrlich (1854–1915) warnten vor diesem Optimismus. Pasteur meinte, die Bakterien seien die ersten Lebewesen auf der Welt gewesen und sie würden auch die letzten sein.

Die beiden haben Recht behalten und in der Unfallchirurgie gehört die Infektion nach einem offenen Bruch oder nach einer Operation zu den schwerwiegendsten Komplikationen. Es gehört meiner Meinung nach zu den aufrüttelndsten Erlebnissen für den Chirurgen, einer Infektion zu begegnen, die mit hohem Fieber, mit völliger Störung des Allgemeinbefindens, Störung der Blutgerinnung mit wiederholter schwerer Blutung und der ständigen Gefahr, Glied oder Leben zu verlieren, einhergeht. Mich hat das relativ früh mit voller Wucht getroffen.

Im Rahmen der sechsjährigen Fachausbildung absolvierte ich zweieinhalb Jahre allgemeine Chirurgie in einem Krankenhaus der Standardversorgung. Nachdem bekannt war, dass ich bereits drei Jahre Spezialausbildung in Unfallchirurgie hinter mir hatte, war es dort meine Aufgabe, die komplizierteren Unfälle zu versorgen. Für Operationen stand nur ein Operationssaal zur Verfügung, in dem auch eitrige Gallenblasen- und Blinddarmentzündungen operiert wurden. Im Jahre 1962 kam ein junger Mann zur Aufnahme, bei dem am unteren Schiebeinende ein großer Knochenkeil ausgebrochen war mit einer teilweisen Verrenkung des Sprungbeines nach vorne. Es ist schwierig, eine solche Verletzung ohne Operation zu einer optimalen Ausheilung zu bringen. Man musste häufig neuerliche Verschiebungen im Gips korrigieren und wiederholt umgipsen. Das war mühsam für den Arzt und unangenehm für den Patienten. Mit einer Operation konnte man das Problem in einer Sitzung definitiv lösen und den Bruch ohne Gips zur Heilung bringen. Die sechziger Jahre waren die Zeit, in der die operativen Methoden der AO, der von Schweizer Chirurgen 1958 gegründeten Arbeitsgemeinschaft für Osteosynthese, sich immer mehr durchsetzten. Auch im Linzer Unfallkrankenhaus hatten wir damit begonnen, die speziellen Instrumente und Implantate zu verwenden. Ich selbst hatte damit noch kaum Erfahrung, die Neuheiten waren den Fachärzten vorbehalten. Meine nunmehrige Arbeitsstätte an dem Standardkrankenhaus war ebenfalls mit der neuen Technik ausgerüstet, allerdings waren die Instrumente bisher nie benützt worden. Dies war nun der Idealfall, um damit zu beginnen. Ich machte mich also daran und nach einigen technischen Schwierigkeiten gelang es, ein perfektes anatomisches Resultat zu erzielen. Postoperativ trat jedoch eine Infektion auf, die sich trotz sofortiger Verabreichung von Antibiotika und Öffnen der Wunde zu einer Sepsis ausweitete. Letztendlich lagen in der Operationswunde Sehnen und Knochen frei und es kam wiederholt zu einer so genannten septischen Blutung. Diese spezielle Form der Blutung ist durch ein sepsisbedingtes Fehlen von Blutgerinnungsfaktoren bedingt. Diese Störung war zwar beschrieben worden, aber der genauere Mechanismus war noch unbekannt. Der Zustand ist äußerst bedrohlich, bei stärkerer Blutung muss man, um das Leben zu retten, das betreffende Bein im Gesunden amputieren. Es kamen auf mich zwei schlaflose Wochen zu. Der Patient hatte ständig eine Blutsperre angelegt. Im Falle einer Blutung musste die Schwester diese aufblasen und mich rufen, ob Tag oder Nacht. Einmal war die Blutung so heftig, dass ich befürchtete, ein größeres Gefäß habe durch die Eiterung ein Loch bekommen. Ich revidierte, wie zu erwarten, vergeblich. Zum Ersatz des Blutverlustes verabreichten wir Frischblut, denn Blutkonserven mussten jeweils erst von der 60 km entfernten Blutzentrale angefordert werden. Die Frischblutversorgung funktionierte gut, denn es existierte eine Liste von freiwilligen Spendern, die bei Bedarf hereinbestellt werden konnten. Diese Frischbluttransfusionen haben dem jungen Mann, ohne dass wir das damals genauer bedacht haben, Bein und Leben gerettet. Mit den wiederholten Transfusionen wurden die notwendigen Gerinnungsfaktoren zugeführt und die Blutungen hörten auf, die Wunde heilte ab und er konnte geheilt entlassen werden. Damit endete eine schreckliche Zeit für mich, denn der Gedanke, der junge Mann könnte durch meine Operation Bein oder Leben verlieren, verfolgte mich Tag und Nacht und ich weiß nicht wie ich damit fertig geworden wäre. Ich glaube, ich wäre nicht Unfallchirurg geworden, sondern hätte meinen ursprünglichen Plan verwirklicht und wäre Landarzt geworden. Das positive an dem Erlebnis war, dass ich in meinem weiteren Chirurgenleben auf peinlichste Asepsis besonders bedacht war und darüber auch genaue Aufzeichnungen führte.

Die postoperative eitrige Knochenentzündung ist neben der Schädel-Hirnverletzung, der Mehrfachverletzung und der Thrombose eines der nicht endgültig lösbaren Probleme der Unfallchirurgie. Sie ist insofern eine schwerwiegende Komplikation, als sie meist mit einem langen Krankenhausaufenthalt und hohen Kosten verbunden ist, der Patient verliert mitunter seinen angestammten Arbeitsplatz und muss umgeschult werden. Wie neuere Untersuchungen zeigen erreicht ein Teil der Patienten nicht mehr die frühere Lebensqualität. Nur in etwa 88 Prozent der Fälle kann der Infektherd endgültig saniert werden. Es gehört daher zu den wichtigsten Pflichten eines Chirurgen, Infektionen zu vermeiden. Dazu gehört neben einer schonenden Technik ein zügiges Operieren, denn mit der Dauer der Operation steigt die Infektrate an, doppelte Dauer bedingt eine Verdoppelung der Infektionen. Besonders wichtig ist die Schulung des gesamten Operationspersonals.

In den 1960er Jahren betrug die Rate der postoperativen Infektionen noch um die 5–7 Prozent. Die Zahl wurde mit zunehmender Erfahrung verringert, sodass G. Burri 15 Jahre später in seiner Monographie über die posttraumatische Osteitis (1974) eine Infektionsrate von unter 1 Prozent für erreichbar und eine Rate von 2 Prozent als Grenze der Toleranz ansah. Ein Chirurg, der über 2 Prozent liegt, sollte seine Technik und seine Hygienemaßnahmen überprüfen oder keine Knochenchirurgie betreiben.

Die aufrüttelnde Erfahrung zu Beginn meiner Tätigkeit hatte mich für diese Fragen besonders sensibilisiert und als ich 1975 eine eigene Abteilung übernahm, wurde von Beginn an eine genaue Infektionsstatistik geführt. Im ersten Jahr betrug die Infektionsrate noch 3,4 Prozent, obwohl schon in der zweiten Hälfte des Jahres ein strenges hygienisches Regime eingeführt wurde. Die Details dieses Regimes waren:

1. Der Operateur hat bei der Desinfektion des Operationsfeldes anwesend zu sein.
2. Das Operationsfeld wird mit einer Folie abgedeckt.
3. Die nicht desinfizierten, angrenzenden Hautpartien werden dreifach abgedeckt.
4. Es werden zwei Paar Handschuhe verwendet.
5. Handschuhwechsel nach dem Hautschnitt.
6. Haut, Subcutis und Faszie werden durch Einnähen von feuchten Tüchern vor Austrocknung und Berührung geschützt.
7. Alle im Operationssaal Anwesenden tragen geschlossene Kleidung, nur die Augen sind frei.
8. Sollte ein Instrument die Haut berühren (Einreißen der Folie), so wird es sofort ausgetauscht, ebenso ein zerrissener Handschuh.
9. Spülen der Operationswunde in 15 Minuten-Abständen mit antibiotischer Lösung.
10. Der Operateur hat vom Hautschnitt bis zur letzten Hautnaht die Operation selbst durchzuführen und auch noch den Verband anzulegen.

Dazu kam, dass eine eigene Abteilung für Infektionen mit einem eigenen Operationssaal eingerichtet wurde. Die Abteilung konnte man nur über eine Schleuse mit Mantel, eigenen Schuhen und Handschuhen betreten, Schwestern und Ärzte mussten bei der Betreuung beziehungsweise Behandlung der Patienten Handschuhe tragen, die bei jedem Patienten gewechselt wurden.

Dieses Regime wurde in Form einer prospektiven Studie in den Jahren 1976–1989 dokumentiert. Im Falle einer Infektion kümmerten sich zwei Ärzte um den Patienten und machten täglich bei ihm Visite, der betreffende Operateur und ich selbst. Im genannten Zeitraum wurden 5.885 Osteosynthesen bei geschlossenen Knochenbrüchen und 5.008 Operationen an großen Gelenken durchgeführt, zusätzlich wurden 650 Hüftprothesen eingesetzt. Es ergab sich eine deutliche Senkung der Infektionsrate: Osteosynthesen: 0,44 Prozent; Gelenkoperationen: 0,02 Prozent; Hüftprothesen: 0,5 Prozent. In den noch folgenden drei Jahren meiner Tätigkeit an der Abteilung wurden weitere 1.000 Operationen an großen Gelenken durchgeführt, alle infektfrei.

Ich habe diese Ergebnisse auf einem deutschen Unfallkongress mitgeteilt, sie wurden angezweifelt und als Schönfärberei bezeichnet. Zur Überprüfung der Statistik und der Operationsbücher hat sich niemand bereit gefunden. Als jedoch einer meiner Ausbildungsassistenten an einer anderen österreichischen Unfallabteilung als Oberarzt angestellt wurde, erhielt er den Auftrag, das Regime der Infektionsprophylaxe an der Abteilung einzuführen und auch die Behandlung der Ostitiden zu übernehmen. Er schrieb mir daraufhin einen Brief, in dem er mich um genaue Instruktionen zur Behandlung bat, weil er während der drei Jahre seiner Ausbildung nur sehr wenig Gelegenheit hatte, Infektionen in ihrem Verlauf zu sehen.

Das gesteckte Ziel wurde durch intensive Schulung des Personals und konsequente Einhaltung der Sterilitätsvorschriften erreicht. Es war dazu keinerlei finanzieller Aufwand erforderlich, im Gegenteil, da durch das exakte Arbeiten keine antibiotische Prophylaxe notwendig war, konnten Kosten eingespart werden.

Es bleiben aber in 17 Jahren immerhin noch 31 Infektionen mit zum Teil schwerwiegenden Folgen, die eine anhaltende psychische Belastung darstellen. Es starben drei Patienten an ihrer Infektion, zwei infizierte Totalendoprothesen und ein operierter Hüftpfannenbruch. Ein vierter, siebzigjähriger Patient mit einem operierten distalen Unterschenkelbruch und postoperativer Infektion starb an einer massiven Lungenembolie. Eine exakte Statistik bedeutet hier eine Entlastung, welche die Tatsache von immer wieder vorkommenden Misserfolgen erträglicher macht.

Die Entwicklung der Gelenkchirurgie

Bei den Gelenkverletzungen unterscheidet man zwei grundsätzlich verschiedene Formen. Zum einen die Luxationen mit Verlust des Kontaktes der beiden gelenkbildenden Knochen, zum anderen die Bandrisse bei erhaltenem Gelenkskontakt. Bei den Luxationen kommt es zu einer sichtbaren, schmerzhaften Verformung der betroffenen Region mit federnder Fixation der abnormen Stellung des verrenkten Gliedes, das heißt, das Glied kann im betroffenen Gelenk nicht bewegt werden.

Bei einem Bandriss entsteht eine schmerzhafte Schwellung, es besteht keine Fehlstellung und Bewegung ist, wenn auch eingeschränkt, möglich.

Über die Gelenkverletzungen gibt es aus der Prähistorie, im Gegensatz zu den Knochenbrüchen, nur wenig Dokumente. Das liegt daran, dass die Weichteile, wie Muskeln, Bänder und Sehnen der Fäulnis anheim fallen und keine Spuren hinterlassen. Eine Ausnahme sind jene Skelette, bei denen die Bildung einer neuen Gelenkpfanne bei nicht gelungener Reposition stattgefunden hat. Solche Funde sind im Vergleich zu den Funden mit geheilten Knochenbrüchen relativ selten, ein indirekter Hinweis darauf, dass es schon in prähistorischer Zeit vielfach gelungen ist, Verrenkungen einzurichten.

Aus historischer Zeit existieren entsprechende Berichte und Behandlungsanleitungen für Verrenkungen. Die Bandverletzungen in ihren verschiedenen Formen wurden erst im 19. Jahrhundert Gegenstand des chirurgischen Interesses. Erste Berichte über Operationen von Bandrissen stammen von der Wende vom 19. zum 20. Jahrhundert. Der überwiegende Teil der Chirurgen glaubte jedoch an die Regenerationskraft der Bänder, die Konsequenz war die konservative Behandlung. Noch 1958 hat Jonasch von der Böhler-Klinik 453 konservativ behandelte Bandverletzungen nach 1–27 Jahren nachuntersucht, 90,6 Prozent waren normal arbeitsfähig, insgesamt 97 (jeder Fünfte) hatten eine Arthrose, die bei 84 nur leicht ausgebildet war und keine Beschwerden verursachte. Bei der Nachuntersuchung wurde auch bei 168 Patienten eine vordere Schublade als Zeichen eines Risses des vorderen Kreuzbandes gefunden, von denen die meisten keine Beschwerden hatten.

Die Situation hat sich in der zweiten Hälfte des 20. Jahrhunderts grundlegend geändert. Durch die Zunahme von Berufssportlern und die Ausdehnung des Breitensports haben auch die Bandverletzungen zugenommen. Die Spitzensportler sind meist Großverdiener (Fußball, Tennis, Skilauf) und stehen im Mittelpunkt des öffentlichen Interesses. Eine möglichst vollständige Wiederherstellung ist für die weitere Berufsausübung erforderlich. Aber auch die Ansprüche der Freizeitsportler sind im Gefolge dieser Entwicklung entsprechend gestiegen.

Bandverletzungen am Knie sind häufig und folgenschwer, daher konzentrierten sich die Forschungen auf das Kniegelenk. Das Knie ist das größte und am meisten belastete Gelenk des Menschen. Es war daher unverständlich, dass der konvexe Gelenkkörper des Oberschenkels keine entsprechende Führung durch den konkaven des Unterschenkels hat. Die beiden Gelenkkörper berühren sich nur punktförmig, außerdem sind die Gelenkflächen inkongruent, indem die Fläche des Oberschenkels wesentlich größer ist als die des Unterschenkels. Die Bedeutung der Bandverläufe war völlig unklar. Das Kniegelenk schien ein Rätsel, eine Laune der Natur.

Es war der Österreicher A. Menschik, ein Mitarbeiter von Lorenz Böhler, der neben der Medizin auch Technik studiert hatte, der für das Rätsel Kniegelenk eine Erklärung fand. Menschik steht dabei auf dem Boden der Wiener Schule der Evolutionstheorie, welche herausgefunden hat, dass das Leben ein Lernprozess ist. Wenn beim Knie ein Bewegungsablauf sich immer wieder in gleicher Weise wiederholt, so muss eine Gesetzlichkeit dahinter stecken. Für die Erforschung der Bewegungen des Kniegelenkes erwiesen sich die Gesetze der ebenen Kinematik, die in der ersten Hälfte des 19. Jahrhunderts als Spezialgebiet der Geometrie in die klassische Physik eingeführt wurde, als gültig. Staunen und Bewunderung löste es bei Menschik und seinen Mitarbeitern aus, dass ein am Zeichentisch zur Klärung abstrakter Fragen gefundenes Gesetz in der Biologie im Bau der Gelenke verwirklicht ist. Das Lebendige exzerpiert im Laufe der Entwicklung physikalische Gesetzlichkeiten. Das heißt, das Leben selbst und nicht erst der geistbegabte Mensch steht mit dieser Fähigkeit außerhalb der physikalischen „Raum-Zeit-Welt“. Mit diesen Gesetzlichkeiten lassen sich die Form der Gelenkkörper, die Struktur und der Verlauf der Bänder als optimal für die natürlichen Erfordernisse erklären. Menschiks erste diesbezügliche Publikation erschien 1974.

Auf Grund dieser Erkenntnisse haben wir ab 1975 damit begonnen, alle verletzten Strukturen genau zu rekonstruieren, so wie es auch die französische Schule unter Trillat propagiert hat. Postoperativ wurde in einer Gipshülse sechs Wochen ruhig gestellt. Geht der Patient mit der Hülse herum, dann gibt es keinen Muskel am Bein, der nicht trainiert würde. Von den ersten 100 Operierten konnten wir 81 nach 1–6 Jahren nachuntersuchen, das Ergebnis war in 91 Prozent der Fälle subjektiv und objektiv gut bis sehr gut. Wir haben dieses Vorgehen deshalb beibehalten, auch nachdem der Ersatz des gerissenen vorderen Kreuzbandes mit dem mittleren Patellarsehnendrittel als „golden standard“ propagiert wurde. Nach durchschnittlich zehn Jahren haben wir dieselben Patienten nochmals auf Arthrose untersucht, die Ergebnisse waren unverändert gut und die Arthroserate betrug nur ein Drittel der Rate, die bei Ersatz durch die Patellarsehne auftaucht. In der Zwischenzeit war auch die Bedeutung der Kniebänder als nerval gesteuertes Koordinierungssystem für die Kniemuskulatur erkannt worden. Der frei transplantierten Sehne fehlt dieses System, deshalb wird jetzt zusätzlich eine proximal gestielte Sehne parallel zum freien Transplantat durch das Knie gezogen, die Nerven dieser Sehne übernehmen die Steuerungsfunktion.

Im freien Transplantat treten als weiterer Nachteil Teilnekrosen auf, deren Narben eine normale elastische Dehnung nicht zulassen.

Aus dem Umstand, dass nach einem Riss eines Bandes die Stümpfe schrumpfen, ergibt sich die Forderung im Falle einer Naht, diese möglichst in den ersten 24 Stunden durchzuführen. Zu diesem Zeitpunkt gelingt die Naht wegen der dem Riss vorangehenden Dehnung ohne Schwierigkeit. Es ist also auch bei dieser Verletzung das für den Unfallchirurgen typische, sofortige Handeln gefordert.

Die arthroskopische Technik, die ab den 1970er Jahren zum Einsatz kam und die heute das Feld beherrscht, haben wir auf Grund unserer guten Ergebnisse nach den theoretischen Grundlagen von Menschik erst ab 1984 unter dem Druck der allgemeinen Entwicklung allmählich übernommen.

Die lokale Verbrennungsbehandlung an den Extremitäten

(Die Vermeidung des posttraumatischen Ödems bei der Verbrennung)

Bei Hitzeeinwirkung entstehen auf der Haut je nach Temperatur und Dauer Schädigungen, die von leichter Rötung bis zur vollständigen Gewebezerstörung reichen können. Ein Teil dieser Schäden entsteht im Moment der Hitzeeinwirkung und ist irreversibel. Neben dieser direkten Gewebezerstörung kommt es zu einer Gefäßlähmung im Verletzungsbereich, die etwa sechs Tage anhält. Diese Lähmung bewirkt eine Verlangsamung der Strömungsgeschwindigkeit in den größeren Gefäßen und im Bereich der Kapillaren den Austritt von Blut und Plasma aus dem Gefäßsystem in das umgebende Gewebe. Durch dieses Ödem ist der Stoffaustausch zwischen den Zellen behindert und es werden dadurch Zellen weiter geschädigt, sodass sie absterben, obwohl sie den Temperaturanstieg überlebt haben. Dieses Ödem ist zusätzlich ein guter Nährboden für Bakterien, die sich entweder aus der Umgebung ansiedeln oder die in der Tiefe der Haarbälge und Drüsen überlebt haben. Schon G. van Swieten (1700–1772) hatte darauf hingewiesen, dass das posttraumatische Ödem nach Verbrennungen einen zusätzlichen, über den temperaturbedingt hinausgehenden Schaden verursache. Diese Beobachtung fand lange Zeit keine Beachtung. Die Bemühungen konzentrierten sich auf

Abkühlung der verbrannten Haut und auf die Infektionsbekämpfung mit der Anwendung von Antiseptika und später Antibiotika. Trotzdem kam es meist innerhalb einer Woche nach der Verletzung zur Infektion. Während des Zweiten Weltkrieges wurden in den USA Forschungsstipendien vergeben, um die Behandlung der Verwundeten mit Verbrennung zu verbessern. Am physiologischen Institut der Harvard Universität haben W. Glenn und seine Mitarbeiter 1942 experimentelle Untersuchungen durchgeführt, um die Bedeutung des Ödems nach der Verbrennung zu klären. Die Experimente wurden an Hunden angestellt, es wurden jeweils zwei Extremitäten in kochendes Wasser eingetaucht und so eine standardisierte Verbrennung erzeugt. Eine der Extremitäten wurde anschließend in der herkömmlichen Weise behandelt, die andere wurde unmittelbar nach dem Trauma desinfiziert und anschließend steril eingegipst in der Vorstellung, dass es durch den Gips rasch zu einer Drucksteigerung im epifaszialen Raum komme. Die Strömungsgeschwindigkeit im Verletzungsgebiet war nicht beeinträchtigt, sondern im Gegenteil gesteigert. Der Nachweis wurde durch Isotopen- und Farbstoffinjektionen erbracht. Die Gipse wurden nach verschiedenen Zeitintervallen abgenommen, dabei stellte sich heraus, dass die Gefäßlähmung erst nach sechs bis acht Tagen abgeklungen war. Wurde früher umgegipst, kam es beim Umgipsen zur Schwellung, später jedoch nicht mehr. Die histologische Untersuchung ergab eine weitgehende Normalität der Umgebung der geschädigten Zellen. Die Experimente zeigten, dass der Flüssigkeitsverlust trotz anhaltender Gefäßlähmung gering war und nach zwei Tagen im Gips aufhörte, weil der Gewebedruck dem intrakapillaren Druck entsprach. Die Tiere liefen nach dem Ende der Narkose mit dem Gips herum, was darauf hindeutet, dass sie keine Schmerzen hatten. Die Verhinderung der Ödembildung bewirkt im Endeffekt geringfügige, geschmeidige und zarte Narben. Die Experimente wurden in verschiedenen Instituten mit gleichen Ergebnissen wiederholt. Glenn formulierte: *„Der Gips ersetzt die Gefäßwand“*, und riet zur klinischen Anwendung.

Eine allgemeine klinische Anwendung steht bisher aus. Das hängt wahrscheinlich mit der derzeitigen, weitverbreiteten Ablehnung einer Gipsruhigstellung zusammen. M. Allgöwer, der bekannte Schweizer Chirurg und Verbrennungsspezialist, erwähnte die Experimente in seinem Buch über Verbrennungen (Springer Verlag 1957), er schloss seine diesbezüglichen Ausführungen lediglich mit der Bemerkung, dass er keine Erfahrung mit der Gipsbehandlung habe.

Als primäre Maßnahme nach einer Verbrennung ist heute die sofortige Kühlung mit Leitungswasser für etwa 20 Minuten allgemein akzeptiert. Für die Weiterbehandlung gibt es, abgesehen von der Schockbehandlung durch Flüssigkeitsersatz, kein allgemein akzeptiertes Rezept.

Die Natur zu den verschiedenen Jahreszeiten im Hausruckgebiet.
Der Weiher (rechts unten) war jahrelang ein Lieblingsplatz des Dichters Thomas Bernhard.

Das Unfallkrankenhaus in Linz, 20 Jahre meine Arbeitsstätte.

Mein Chef und Mentor Prof. Jörg Böhler mit dem Autor.

Das allgemeine Krankenhaus Wels vor dem Ausbau zum Klinikum.

Die Mannschaft der Unfallabteilung Wels um 1985 (5 Fachärzte, 2 Ausbildungsassistenten, 5 Turnusärzte).

Die Folgen des Schnellfahrens: Ein Autowrack nach mehrmaligem Überschlagen. Die beiden Insassen, Vater und Sohn, überlebten. Der Vater wurde nach einer Mehrfachverletzung (5 lange Röhrenknochen, Beckenzertrümmerung und Serienrippenbrüche) nach neun Monaten wieder arbeitsfähig, beim Sohn heilte ein Schädelhirntrauma II° ohne wesentliche Folgen.

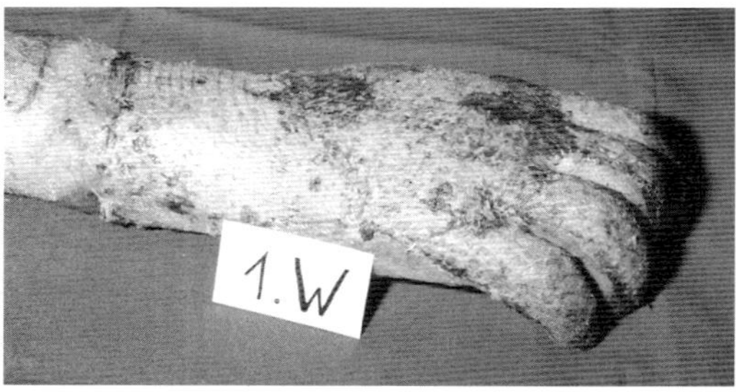

Verbrennungsbehandlung mit Gips bei III°-Verbrennung am Arm.
a: 8 Tage nach dem Unfall,
b: 1 Woche nach Excision und Hautverpflanzung,
c und d: kosmetisches und funktionelles Resultat nach 8 Wochen.

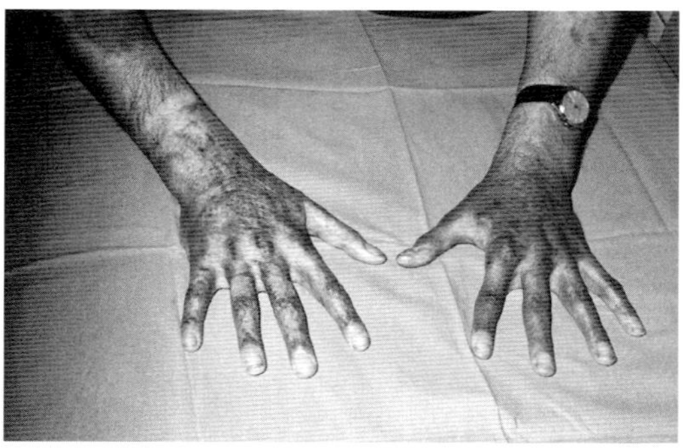

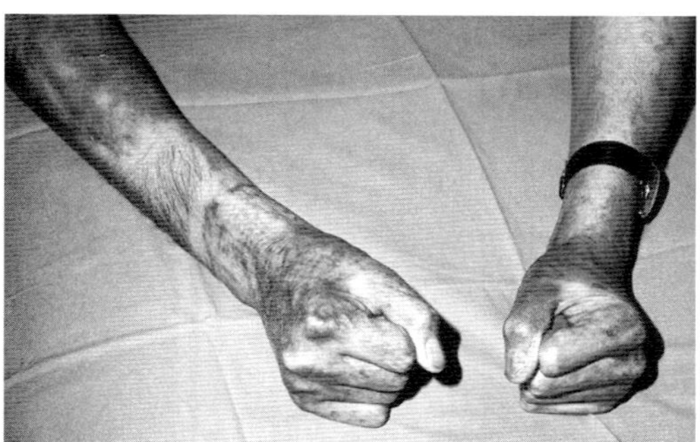

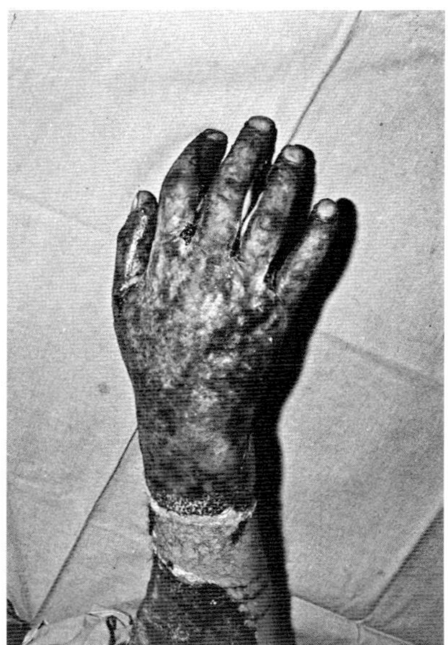

Verbrennungsbehandlung mit Gips bei III°-Verbrennung am Fuß. Metallarbeiter, dem flüssiges Aluminium (Schmelzpunkt 666° Celsius) in den Schuh geronnen ist.
a: unmittelbar nach dem Unfall,
b: 5 Wochen nach Excision und Hautverpflanzung,
c: nach 10 Jahren, zarte Narben, volle Funktion.

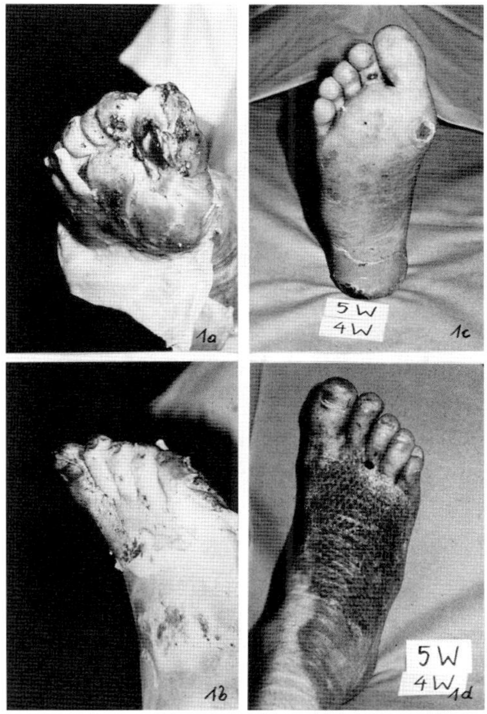

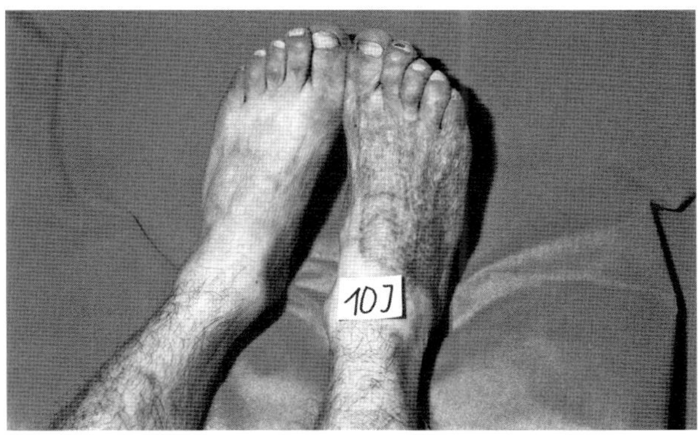

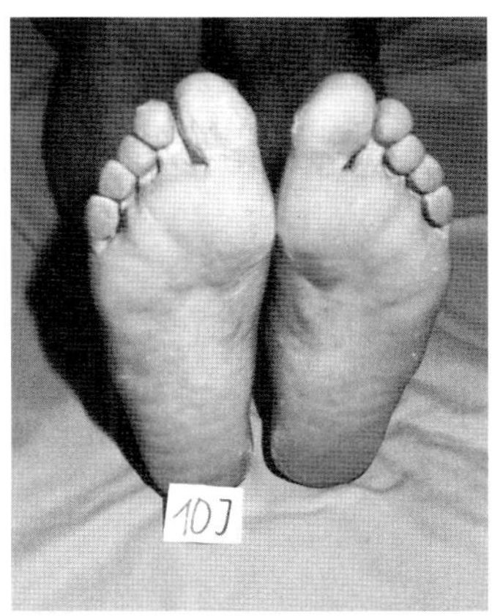

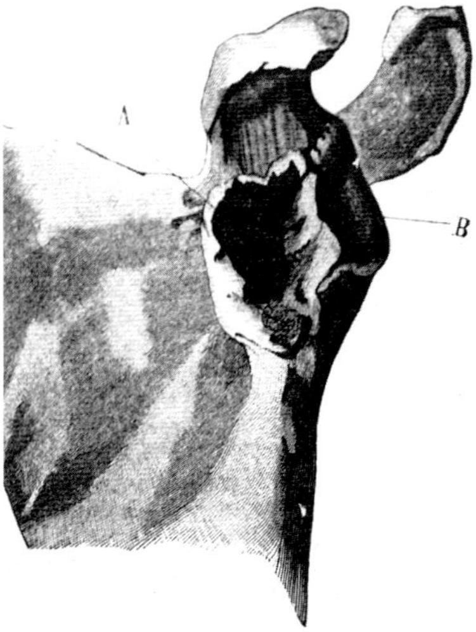

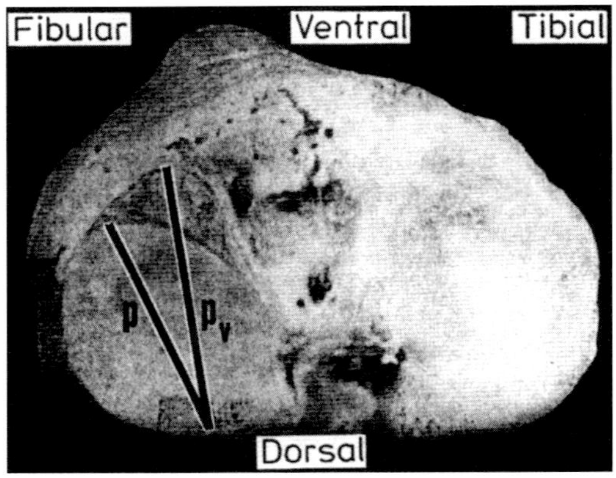

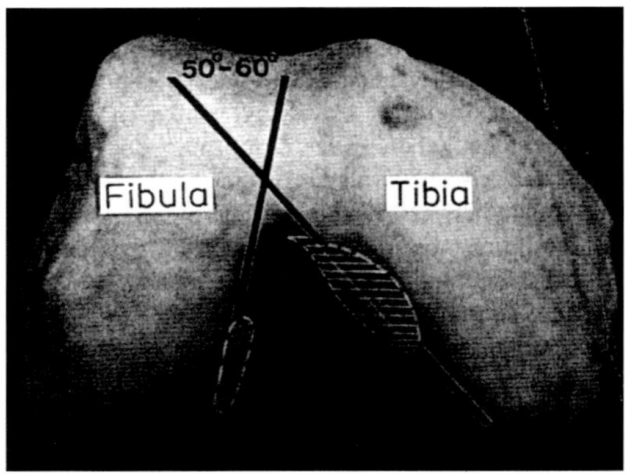

Oben:
Neu gebildete Gelenkspfanne bei nicht eingerichteter Verrenkung (Skelettfunde) – siehe Seite 77.

Rechts oben:
Die bis ins 20. Jahrhundert unerklärliche Form des Kniegelenks – siehe Seite 78.

Unten: Verlauf und Länge der Kreuzbänder in Form eines überschlagenen Viereckes bewirken einen Zwangslauf bei Bewegen der beiden Gelenkskörper, der im Lauf der Entwicklung auch ihre Form gestaltete – siehe Seite 79/80.

36 4 Kinematik der Beuge- und Streckbewegung des Kniegelenks

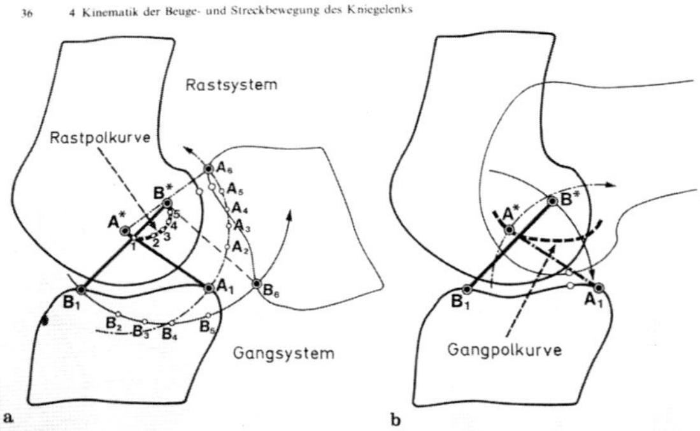

a
b
Abb. 19a, b

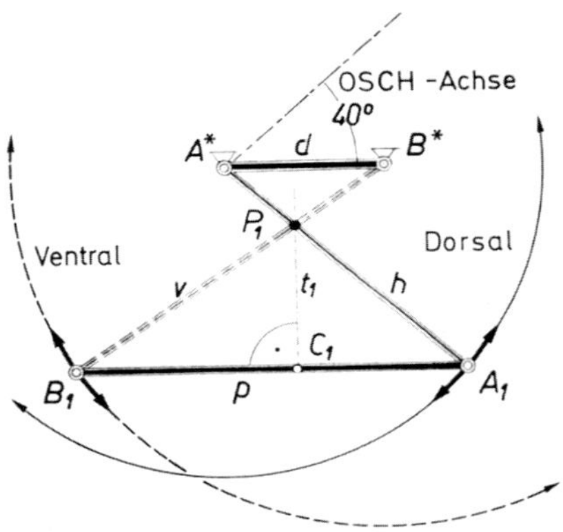

P_1 = Momentanzentrum (Achse) zum Zeitpunkt t_1
C_1 = Berührungspunkt der Koppel p mit der erzeugten Hüllkurve
$\overline{B_1A_1}$ = Koppel
t_1 = Polstrahl zum Zeitpunkt t_1

Abb. 15

Der Patient mit der seltenen Stammhirnverletzung während des stationären Aufenthaltes und 10 Jahre danach – siehe Seite 99/100.

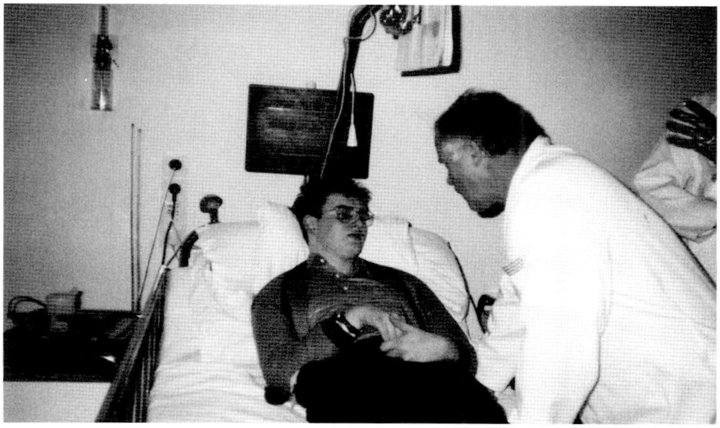

Die Großfamilie im Jahr 2000.

Der Zuwachs dreier reizender Mädchen im 3. Jahrtausend.

Ich selbst habe 1970 bei den Verbrennungen der Extremitäten mit der Gipsbehandlung begonnen, ohne um die Experimente von Glenn zu wissen, und konnte dieselben Erfahrungen wie er machen. Ausgangspunkt war für mich der Gedanke, dass es sich bei der Verbrennung um eine Hautwunde handelt, die wie jede andere Wunde behandelt werden sollte. Diese Behandlung besteht seit 1898 in der Ausschneidung der Wunde mit anschließender Naht, damit erreicht man eine störungsfreie Heilung bei etwa 98 Prozent der Wunden. Dieses Verfahren ist bei großflächigen Verbrennungen jedoch nicht anwendbar. Statt der Ausschneidung wurde die Wundfläche gereinigt und desinfiziert. Um eine neuerliche Infektion zu vermeiden, wurde ein antiseptischer Verband angelegt, darüber kam ein Gips um eine Berührung der Wunde und einen unsachgemäßen beziehungsweise einen zu frühen Wechsel zu verhindern. Dazu wurde das Abnahmedatum am Gips schriftlich festgehalten. Dieses Vorgehen kann man mit der Wundausschneidung mit anschließender Naht vergleichen, es zeitigt auch dieselben Ergebnisse.

Bei der Abnahme nach acht Tagen waren die Wunden überraschenderweise trocken, kaum geschwollen, Infektionen waren seltener als bei der Wundausschneidung. Im Falle einer drittgradigen Verbrennung wurden die Nekrosen exzidiert der Defekt mit Spalthaut gedeckt und ein neuer Gips angelegt, nach einer Woche erfolgte die Kontrolle, die Gesamtfixationsdauer betrug drei bis vier Wochen. Die Narben sind in der Regel so zart, dass außer selbsttätigen Bewegungsübungen keine besondere Nachbehandlung erforderlich ist. Die Patienten sind im Gips schmerzfrei.

Wichtig:

1. Alle Behandlungsmaßnahmen müssen unter Operationssaalbedingungen durchgeführt werden.
2. Die Behandlung muss sofort beginnen, weil die Masse der Flüssigkeit in den ersten sechs Stunden austritt, man hat also nicht, wie bei der Wundausschneidung, sechs Stunden Zeit.

Es ist auch hier das für den Unfallchirurgen charakteristische rasche Handeln gefordert.

Zu den guten Ergebnissen kommt hinzu, dass die Behandlung zeitsparend, schmerzfrei und billig ist. In der EDV der österreichischen Arbeitsunfallversicherung waren im Jahr 1980 4.847 Verbrennungen erfasst, von denen 4.188 (86 Prozent) die Hand betrafen. Ein kosmetisch und funktionell gutes Resultat bedeutet nicht nur beträchtliche Renteneinsparungen, sondern die Erhaltung der Lebensqualität der Betroffenen.

Ich habe die Methode durchgehend 20 Jahre lang mit gleichbleibend guten Ergebnissen angewandt, einige österreichische Kollegen haben meine Erfahrungen bestätigt, darunter auch Jörg Böhler, der die Methode in seinen Handkursen empfahl. Eine allgemeine Anwendung steht aus, vielleicht führen die Kostengründe allmählich zu einem Umdenken. Man muss hier Geduld haben, hat es doch 200 Jahre gedauert bis die Erkenntnis von Van Swieten erstmals von dem Amerikaner Glenn experimentell überprüft wurde.

VIII. Kapitel

Besondere Anforderungen an den Arzt – Das Leid und der Tod

Jeder Mensch ist in seinem Leben mit dem Leid und dem Tod konfrontiert. Beim Arzt sind diese beiden dunklen Seiten des Lebens sozusagen ständige Begleiter in seiner beruflichen Tätigkeit und er ist immer wieder gezwungen, sich mit diesen beiden Gegebenheiten auseinander zu setzen. Diese Auseinandersetzung hat er nicht nur für sich, sondern auch für den Patienten zu führen, wenn er seiner Aufgabe, seinem Patienten in jeder Situation beizustehen, nachkommen soll. Die Konfrontation mit dem Leid und dem Tod zwingt ihn, sich umzusehen, was denn die führenden geistigen Köpfe der Menschheit dazu zu sagen haben, noch wichtiger ist es jedoch darauf zu hören, was die Leidenden selbst ihm mitteilen.

Es ist daher angezeigt darüber zu berichten, welche Einsichten sich hier in einer fast vierzigjährigen Berufserfahrung ergeben haben.

Das Leid

„Aber nicht das Leiden selbst war sein Problem,
sondern, dass die Antwort fehlte auf den Schrei
der Frage: wozu leiden?“
(Friedrich Nietzsche 1844–1900)

Das Leid gehört zu jenen Lebensbedingungen, die den Menschen begleiten, seit es ihn gibt, und zwar nicht nur als tatsächlich erlebtes, persönliches Leid, sondern auch als ein Problem und eine Frage, die wohl nie endgültig gelöst werden kann. Schon auf einer der Tontafeln in der 30.000 Tafeln umfassenden Bibliothek des Assyrischen Königs Assurbanipal im siebten vorchristlichen Jahrhundert findet sich folgende Klage:

„Weshalb haben Krankheit, Missbefinden, Elend und Unglück mich befallen? – Ich habe Gutes gegeben den Göttern und Menschen, Toten und Lebenden. Ich führte die Opfer für die Toten und die Trankopfer für die Götter wieder ein – Elend des Geistes und des Fleisches drücken mich nieder. Mit Schreien und Klagen bringe ich meine Tage zu Ende".

Solche Klagen und Fragen bringen auch heute die Leidenden vor.

Wenn die Religion erklärt, das Leid sei die Folge einer Versündigung der ersten Menschen, so wird es schwierig zu erklären, warum heutige Menschen für Vergehen bestraft werden, die Millionen von Jahren vor ihrer eigenen Existenz begangen worden sein sollen. Diese Erklärung versagt auch im Falle von Leiden, die durch Naturkatastrophen hervorgerufen werden. Die evolutionäre Erkenntnistheorie erklärt demgegenüber, Leid sei kein Spezifikum der menschlichen Existenz, Krankheit, Verfall und Tod (Fressen und Gefressen werden), sei eine Begleiterscheinung allen Lebens. Nur die Pflanzen sind in der Lage, ihre Körperstoffe aus der Luft und dem Boden aufzubauen, Tiere sind auf den Verzehr anderer Lebewesen angewiesen. Das Problem entsteht erst durch das Bewusstsein, das nicht aufhören kann nach dem Sinn dieses scheinbar so sinnlosen Leides zu fragen. Leid ist so gesehen ein Tribut des Menschen, den er für sein nur ihm eigenes Selbstbewusstsein zahlen muss. Als der Mensch die Entwicklungsstufe erreicht hatte, in der er sich allmählich aus den Naturgegebenheiten löste, ein Bewusstsein „seines Selbst" entwickelte und sich der Welt gegenüber stellte, wurde es zu einer Notwendigkeit nicht nur im eigenen Leben, sondern im ganzen Weltgeschehen nach einem Sinn zu fragen beziehungsweise einen solchen zu fordern. Wann dies genau geschah, wissen wir nicht, wir können nur feststellen, dass der Mensch in historischer Zeit, das heißt, seit er schriftliche Zeugnisse hinterlassen hat, also seit rund 5.000 Jahren, mit der Sinnfrage gerungen hat. Der Mensch empfand das Leid als eine Verdunkelung des Bildes einer von einem guten Gott geschaffenen Welt.

Der Arzt wird von seinen Patienten oft mit der Frage konfrontiert: Warum ist das mir passiert? Warum muss ich so viel leiden? Eine kurze, befriedigende Antwort auf diese Frage kann er nicht geben. Den religiösen Menschen, und auch in unserer Zeit ist noch der größere Teil der Patienten religiös, kann er trösten, indem er ihn auf Gottes grenzenlose Güte und dessen unerforschlichen Willen verweist. Im Buch Hiob antwortet Gott dem fragenden und anklagenden Hiob mit der Gegenfrage, wieso er sich erdreiste, Gott zur Rechenschaft zu ziehen. Des Menschen Wissen sei viel zu gering um die Zusammenhänge zu durchschauen, er müsse in seinem Vertrauen so stark sein, dass er wegen solcher nicht beantwortbarer Fragen nicht irre werde, was Hiob letztlich auch akzeptiert. Die Frage ist nach dieser Stelle unzulässig, weil für den Menschen nicht beantwortbar. Eine Sicht, die heute auch von Psychologen eingenommen wird. Neben dem Buch Hiob gibt es eine Unzahl von tröstlichen Textstellen in diesem Sinn in der Bibel. Wenn im Evangelium (Lukas 24/26) Christus auf die Frage zweier seiner Jünger, warum er leiden müsse, die Antwort gibt: „Es ist notwendig zu leiden und zu sterben, um so in die Herrlichkeit einzugehen", so kann man diese Aussage auch dahingehend deuten, dass er damit sagen wollte, er sei nicht nur der strahlende „Christus", sondern auch ein Mensch und darum dem Leid unterworfen. Diese Aussage kann, so wie jede religiöse Aussage, mit dem Verstand nicht voll erfasst werden, sie erfordert den Glauben. Nachdem religiöse Erfahrungen in einem umfassenden Sinn Wirklichkeit besitzen, so wie unsere sinnlichen Erfahrungen, bedarf es der Leiderfahrung, um die Wahrheit dieser Aussage einsehen zu können. Existenzielle Einsichten aber haben eine andere Qualität als die Einsichten, die wir durch Nachdenken erlangen.

Die bekannte Ordensgründerin und Nobelpreisträgerin Mutter Teresa hat ihre Leidenserfahrung in ihrer bekannt lapidaren Art formuliert:

> *„Buße (das ist bewusst angenommenes unabwendbares Leid) gehört notwendig zu unserem Leben. Nichts hält die ungeordnete Leidenschaft entschiedener zurück und nichts unterwirft die natürlichen Strebungen so sehr der rechten Vernunft wie die Buße. So werden wir von einer himmlischen Freude erfüllt, die das irdische Maß soweit übersteigt wie die Seele den Leib und der Himmel die Erde."*

Auch im Hinduismus und im Buddhismus spielt das Leid eine zentrale Rolle. Die erste der vier Grundwahrheiten der Lehre Buddhas lautet: „Alles Leben ist Leiden".

In China erklärt der Konfuzianismus das Leiden zu einem wesentlichen Bestandteil des Menschseins. Durch das Leiden wird man an die menschliche Natur erinnert und durch dieses Bewusstsein, dass das Leid zum vollen Menschsein gehört, wird der Mensch zur Selbstkultivation und zur Rückkehr zur guten, ursprünglichen menschlichen Natur angespornt. *Es wird nicht gefragt, warum es Leid gibt,* durch das Leid aber wird der Mensch ständig daran erinnert, dass er aufgerufen ist, an einer Verbesserung der Zustände zu arbeiten. Der Philosoph Zhang Zai (1020–1077) schrieb in seiner „Westinschrift":

> *„Alle Menschen sind meine Geschwister und alle Dinge meine Gefährten – Besitz, Ehre und Glück dienen der Bereicherung meines Lebens, Armut, niedrige Stellung und Leid seiner Erfüllung."*

Der europäische Philosoph G. W. Leibniz (1646–1716), der den Theodizee-Begriff prägte, hält an dem Gedanken einer in der Freiheit Gottes maximal geordneten Schöpfung, in welcher die Freiheit des Menschen gewährleistet ist, fest: „Dies ist die beste aller Welten". Diese Welt kann aber nicht vollkommen sein, sonst wäre sie ja selbst göttlich. Die Freiheit des Menschen ist der Grund für das moralische Übel und dessen Folge, das Leid. Gott lässt das Übel um höherer Güter wie Freiheit, Gerechtigkeit und Güte willen zu. Wäre der Mensch nicht frei, so könnte er solch hohe Werte wie Gerechtigkeit, Güte und Liebe von sich aus nicht verwirklichen.

In der Dichtkunst ist das Leid eines der großen Themen, das immer wieder zu höchsten Leistungen anregt, aber nicht gelöst werden kann. Heinrich Heine (1797–1856), der frühzeitig berühmt wurde und seine Jugend sorglos verbrachte, erkrankte mit 35 Jahren an einem Schwinden der Sehkraft und Lähmungserscheinungen, die ihn acht Jahre ans Bett fesselten. In seinen jungen Jahren Hegelianer und damit aufgeklärter Atheist, macht er in seiner Krankheit eine Wandlung durch. 1849, das heißt sieben Jahre vor seinem Tod, schrieb er in der „Augsburger Allgemeinen Zeitung":

> *„In manchen Momenten, besonders wenn die Krämpfe in der Wirbelsäule allzu qualvoll rumoren, durchzuckt mich der Zweifel, ob der Mensch wirklich ein zweibeiniger Gott ist, wie mir der selige Professor Hegel vor 25 Jahren in Berlin versichert hatte. Im Wonnemonat des vergangenen Jahres musste ich mich zu Bette legen, und ich bin seitdem nie wieder aufgestanden. Unterdessen, ich will es freimütig gestehen, ist eine große Umwandlung in mir vorgegangen: Ich bin kein göttlicher Bipede mehr, ich bin nicht mehr der freieste Deutsche nach Goethe, wie mich Ruge in gesünderen Tagen genannt hat, ich bin nicht mehr der große Heide No 2, den man mit dem weinlaubumkränzten Dionysos verglich, während man meinem Kollegen No 1 den Titel eines großherzoglichen Weimar'schen Jupiters erteilte."*

Ein Jahr später schrieb er an seinen Verleger:

> *„Es sind große, schauerliche Gedanken über mich gekommen, aber es waren Gedanken, Blitze des Lichtes und nicht die Phosphordünste der Glaubenspisse."*

Die „Gedanken" beruhen auf einer Tiefenerfahrung, auf einer Erschütterung der Existenz. Sie sind nach heutiger psychologischer Deutung kein Erkenntnisakt des Verstandes, sondern ein Durchbruch des Unbewussten, er sieht nun den wahren Zustand des Menschen, die *conditio humana.* Diese Erkenntnis erfolgt nicht rational, sondern sie wird existenziell erfahren in der Not und Bedrängnis. Heines langes Leiden ermöglicht ihm eine dichterische Gestaltung, wie sie nur unter diesen Umständen möglich war. In der Vorrede zur zweiten Auflage seiner *„Geschichte der Religion und Philosophie in Deutschland"* aus dem Jahr 1852 heißt es:

> *„Die Krankheit zwingt zur Anerkennung einer Macht, über die man keine Herrschaft besitzt und nie besitzen wird. Die persönliche und politische Katastrophe* [gemeint ist das Scheitern der Französischen Revolution] *bedeuten den Abschied von größenwahnsinnigen Selbstvervollkommnungsvorstellungen. Es bleibt die kämpferische Trauerarbeit im Blick auf das politisch Mögliche und menschlich Verträgliche".*

Seine persönliche Katastrophe verbindet Heine hier mit dem Scheitern der Französischen Revolution, deren begeisterter Anhänger er war.

Einen weiteren modernen Dichter, Albert Camus (1913–1960), beschäftigte ein Leben lang der Widerspruch zwischen der Suche des Menschen nach Sinn und dessen scheinbares Fehlen im Gesamtzustand der Welt und im Leben des Einzelnen. Das ständige Aufbegehren gegen diese Sinnlosigkeit befähigt den Einzelnen, seinen Weg zu finden über sich selbst hinaus zu einer Solidarität mit den Mitmenschen. Das Annehmen des Absurden bedeutet zugleich seine Überwindung. Sie hat ihren Grund in der Erkenntnis menschlicher Werte und diese Werterkenntnis macht die Selbsterkenntnis und Selbstverwirklichung des Menschen erst möglich.

Sein Roman *„Die Pest"* ist eine Auseinandersetzung mit der Absurdität dieser Welt. Die beiden Hauptfiguren des Romans sind der Arzt Dr. Rieux als Atheist und der katholische Pater Paneloux, die beide in der algerischen Stadt Orange die Pest miterleben. Am Ende der schrecklichen Epidemie, in der sie beide den Tod vieler Kinder miterlebt hatten, meint der Pater in einer Predigt, es gäbe Dinge, die man in Bezug auf Gott erklären könne, und andere, wo dies nicht möglich sei. Und es gibt nichts Wichtigeres auf der Welt, als eine Erklärung zu finden für das Leiden eines Kindes und das Leiden überhaupt. Camus lässt den Pater sprechen:

> *„Meine Brüder, der Augenblick ist gekommen, es heißt entweder alles oder gar nichts glauben. Wer unter euch würde es wagen, gar nichts zu glauben? Gott hat uns die Gnade erwiesen, uns in ein so schweres Unglück zu stürzen, das uns zwingt die größte Tugend zu finden und anzunehmen: die Tugend des Alles oder Nichts. Das Leiden der Kinder war unser bitterstes Leid, aber ohne dieses Leid wäre unsere Seele an spirituellem Hunger zugrunde gegangen. Meine Brüder, sprach Paneloux, die Liebe zu Gott ist eine schwierige*

Liebe. Sie setzt das völlige Hintansetzen seiner selbst und das Geringachten seiner eigenen Person voraus. Aber sie allein kann das Leid um den Tod der Kinder auslöschen, nur die Liebe allein kann dieses Leid als notwendig gelten lassen, denn es ist unmöglich es zu verstehen, man kann es nur annehmen. Das ist der Glaube, dem man sich annähern musste, grausam in den Augen der Menschen, aber entscheidend in den Augen Gottes. Die Wahrheit tritt aus der offensichtlichen Ungerechtigkeit hervor. So kommt es auch, dass in vielen Kirchen des französischen Südens die Toten der Pest unter den Fließen des Chores ruhen und die Priester über ihren Gräbern predigen, und der Geist, den sie verkünden, geht aus der Asche hervor, zu der auch die Kinder ihren Teil beigetragen haben."

Diese Haltung setzt voraus, dass der Mensch gläubig ist.

Dr. Rieux, der Atheist, fand sich in der Situation zurecht, indem er in der Stadt blieb und half, wo er konnte. Die menschliche Hilfsbereitschaft ist auch die Haltung, die sich aus dem Glauben ergibt, Glaubender und Atheist sind letztlich in ihrem Streben eins.

An dieser Frage nach dem Sinn des Leides und der Vereinbarkeit mit einem gütigen Gott scheiden sich seit jeher die Geister. Der Dichter G. Büchner (1813–1837) bezeichnet in seinem Drama *„Dantons Tod"* das Leid als den Fels des Atheismus. Der zeitgenössische italienische Schriftsteller und Philosoph Manlio Sgalambro äußert sich in einer Stellungnahme zu dem Buch von Kardinal Carlo Maria Martini und Umberto Eco *„Woran glaubt, wer nicht glaubt?"* zur Frage eines gütigen Gottes. Er argumentiert: Das Gute kann seinen Grund nicht in Gott haben, in etwas, das eine Welt geschaffen hat, die ontologisch auf einem gegenseitigen Gemetzel gründet. Gott darf nicht sein. Ich füge hinzu, wie dies aus der Strenge der Gottlosigkeit abzuleiten ist: Wir können uns nicht mit einer inferioren Natur verbinden. Ich glaube mir der inferioren Natur Gottes gewiss zu sein. Ich füge noch hinzu, dass für mich Gottlosigkeit ein unauslöschlicher Durst nach dem Guten ist und dass ich empört bin, dass letzteres mit Gott verbunden wird, dessen Vorstellung, ich kann es nur wiederholen, ihm völlig entgegen steht.

Zu diesen Aussagen der Religion, Philosophie und der Dichter kommen in der Neuzeit die Erkenntnisse der Psychologie. Die Entdeckung des Unbewussten an der Wende vom 19. zum 20. Jahrhundert durch Sigmund Freud (1856–1939) bedeutete für die Psychologie eine ähnliche Umwälzung wie die gleichzeitige Entdeckung der Doppelnatur des Lichtes und die Quantentheorie für die klassische Physik. Seine Schüler C. G. Jung (1875–1961) und Viktor Frankl (1905–1997), die sich relativ früh von der Trieblehre Freuds distanziert haben, setzten sich besonders mit dem Problem des Leides auseinander.

C. G. Jung stellt seiner analytischen Psychologie die These voran: *„Die Seele ist ein autonomer Faktor"*. Die Tatsache, dass religiöse Aussagen oft im Gegensatz zu den physisch beglaubigten Erscheinungen stehen, beweist die Selbstständigkeit des Geistes gegenüber der physischen Wahrnehmung und eine gewisse Unabhängigkeit der seelischen Erfahrungen von den physischen Gegebenheiten. Religiöse Aussagen sind für Jung seelische Bekenntnisse, die in letzter Linie auf unbewussten, also transzendentalen Vorgängen beruhen. Diese Aussagen werden durch das menschliche Bewusstsein vermittelt, welches seinerseits mannigfachen Einflüssen innerer und äußerer Natur ausgesetzt ist. Man kann sich Gott als strömendes, lebensvolles Wirken, aber auch als ewig unveränderliches Sein vorstellen. Wenn die Aussagen des Bewusstseins Täuschungen, Lügen und sonstige Willkürlichkeiten sein können, so ist dies mit den Aussagen der Seele keineswegs der Fall: sie gehen zunächst immer über unseren Kopf hinweg, indem sie auf bewusstseinstranszendente Wirklichkeiten verweisen. Diese bewusstseinstranszendenten Wirklichkeiten sind die Archetypen des kollektiven Unbewussten.

Das Buch Hiob ist so gesehen ein Markstein auf dem langen Entwicklungsweg eines göttlichen Dramas. Als das Buch entstand, gab es schon viele Zeugnisse des Gottes Jahwe, eines Gottes, der maßlos war; Güte bestand neben Grausamkeit, Schöpferkraft neben Zerstörungswillen. Ein derartiger Zustand ist für uns nur denkbar, wenn entweder kein reflektierendes Bewusstsein vorhanden ist, oder wenn die Reflexion ohnmächtig Gegebenes und Mitvorkommendes darstellt. Ein solcher Zustand kann aber nur als amoralisch bezeichnet werden. Das Buch Hiob spielt nur die Rolle eines Paradigmas für die Art und Weise eines Gotteserlebnisses, das für unsere Zeit eine ganz besondere Bedeutung besitzt. Der Mensch hat eine Bewusstseinsstufe erreicht, in der seine Vorstellung von einem gütigen Gott und die daraus abgeleitete moralische Autorität mit dem Zustand der tatsächlichen Welt nicht mehr vereinbar ist. Daneben erhebt sich für einen kritischen Verstand die Frage, warum Jahwe seinen Knecht Hiob so schwerer Prüfungen unterzieht, wenn er doch in seiner Allwissenheit dessen Treue kennt – derartige Fragen entspringen nicht einem besonders gebildeten und kritischen Geist, sie werden schon von Kindern gestellt. Einen meiner Söhne hat im Alter von sechs Jahren dieselbe Frage nach dem ersten Hören der Geschichte von Abraham und Isaak richtiggehend beunruhigt und er fragte: Was hat diese Prüfung für einen Sinn, wo doch der allwissende Gott den Ausgang von vorne herein wissen muss? Hiob erkennt in der Prüfung die innere Antinomie Gottes und damit erlangt das Licht seiner Erkenntnis selber göttliche Numinosität. Die Möglichkeit einer derartigen Entwicklung beruht auf der Gottesebenbildlichkeit, die man wohl kaum in der Morphologie (Leiblichkeit) des Menschen suchen darf. In dieser Erkenntnis spricht Hiob:

„Vom Hörensagen hatte ich von Dir gehört, nun aber hat Dich mein Auge gesehen."

Diese Aussage bedeutet für Jung, dass Hiob in Gott ein Phänomen, aber nicht einen Menschen sieht. Er entspricht damit der Aufforderung: Du sollst dir kein Bild von mir machen. Die bedingungslose Unterwerfung ist der Akt, der den monotheistischen Gottesbegriff vor einer Katastrophe bewahrt. Leicht hätte schon damals der kritische Verstand eines Griechen dem „einzigen Gott" dasselbe Schicksal bereiten können, wie es den griechischen Göttern beschieden war. Der wirklich religiöse Mensch, dem zugleich die Möglichkeit einer ungewöhnlichen Bewusstseinsausweitung in die Wiege gelegt ist, muss (darf) gewärtigen, dass sein intensives Verhältnis zu Gott ihn für einen alles Persönliche weit überschreitenden Einbruch des Göttlichen offen legt.

Dass die Gottheit auf uns wirkt, können wir nur mittels der Psyche feststellen, wobei wir aber nicht zu unterscheiden vermögen, ob diese Wirkungen von Gott oder vom Unbewussten kommen, das heißt, es kann nicht ausgemacht werden, ob die Gottheit und das Unbewusste zwei verschiedene Größen sind. Beide sind Grenzbegriffe für transzendentale Inhalte, die aber im Leben erfahrbar sind. Solche Erfahrungen heißen Offenbarungen. Die Erfahrung der Doppelnatur Gottes kann für den Verstand ein Schock sein. Wieso der Kreuzestod Christi Erlösung bedeuten soll, ist schwer einzusehen. Der Psychologe sagt: Christus bewahrt die Menschheit vor dem Verlust der Gottesgemeinschaft und dem Verlorengehen ins bloße Bewusstsein und dessen „Vernünftigkeit". Das würde ein Dissoziation zwischen dem Bewusstsein und dem Unbewussten bedeuten, also einen unnatürlichen, pathologischen Zustand, einen so genannten „Seelenverlust", von dem der Mensch seit der Urzeit her immer wieder bedroht ist. Immer wieder und in steigendem Maße gerät er in die Gefahr, die irrationalen (durch Vernunft nicht begründbaren) Notwendigkeiten seiner Psyche zu übersehen und sich einzubilden, mit Willen und Vernunft alles zu beherrschen. Am deutlichsten ist dies an der großen sozialpolitischen Bestrebung, dem Kommunismus, zu sehen: Der Versuch, das Paradies auf Erden zu schaffen auf Basis der Vernunft unter Beiseitelassen jener seelischen Bedürfnisse, die als „Opium für die Seele" abqualifiziert wurden, ist kläglich gescheitert. Das Leid kann den Menschen vor diesem „Seelenverlust" bewahren und ihm den Weg zum vollen Menschsein eröffnen.

Viktor Frankl ist der Begründer der Logotherapie und Existenzanalyse, der so genannten dritten Wiener Schule der Psychotherapie. Seine Arbeit entspringt der Überzeugung, dass der Mensch einen unbedingten Willen zum Sinn hat, und er hat nach seiner eigenen Aussage seine Lebensaufgabe darin gesehen, Menschen bei ihrer Suche nach diesem Sinn zu helfen. Diese Überzeugung führt ihn dazu, auch im Leid den Sinn zu suchen. Seine Aussage ist insofern authentisch, als er in freier Entscheidung die Inhaftierung im KZ auf sich nahm, um seinen Eltern und Verwandten, die von derselben Gefahr bedroht waren, beizustehen. Er hatte ein Ausreisevisum in die USA, das er verfallen ließ, und war dann auch dem Leid im KZ ausgesetzt.

Eines seiner Bücher mit dem Titel *„Homo patiens"* trägt den Untertitel *„Versuch einer Rechtfertigung des Leidens"*. Die Wichtigkeit einer Sinnfindung drückt er einmal so aus:

„Wer ein wozu zum Leben hat, erträgt fast jedes wie."

Nach Frankl gibt es drei Möglichkeiten, um Sinn beziehungsweise Werte zu verwirklichen. Der Mensch kann etwas Sinnvolles schaffen (schöpferische Werte); er kann in einer tiefen Hingabe, sei es zu einem Menschen, zur Kunst, zur Philosophie, zur Religion höchsten Sinn erleben (Erlebniswerte); und er kann ein scheinbar sinnloses, unabwendbares Leid als einen Anstoß erkennen, der ihm Zugang zu einer tieferen Erkenntnisschicht ermöglicht, und so ein erfülltes Leben führen (Einstellungswerte). Für Viktor Frankl ist dies die größte Leistung, die ein Mensch vollbringen kann. Einstellungswerte sind auch die größten Werte, denn anders als bei den schöpferischen Werten und bei den Erlebniswerten bestehen für die Einstellungswerte keine natürlichen Vorgegebenheiten, wie Begabung und Gefühl. Denn wäre ein Mensch ohne jede Begabung, dann könnte er keine schöpferischen Werte verwirklichen. Wäre umgekehrt die Leidensfähigkeit angeboren, dann könnte der Mensch gar nicht leiden, sondern er wäre seelisch apathisch. Die Leidensfähigkeit hat einen anderen Rang, sie ist eine Leistung der betreffenden Person, die in einem unabwendbaren Schicksal erst errungen werden muss. Das Wort unabwendbar ist dabei zu betonten, den ein abwendbares Leid soll man nicht ertragen, sondern beseitigen. Diese Leidensfähigkeit, von Frankl als Einstellungswert bezeichnet, könnte man auch „ganzheitliche Wertfindung" nennen, denn hier ist der Mensch nicht nur in seinem Denken gefordert, sondern mehr noch in seiner ganzen Existenz. Sein Denken ist nicht auf irgend ein praktisches Ergebnis gerichtet, sondern auf die Sinnfindung in einer dunklen, scheinbar sinnlosen Wirklichkeit. Sich bei diesem Denken bis zu einem Sinn durchzuringen, bedeutet für den Betreffenden sich auf eine über dem gewöhnlichen Alltag liegende Ebene zu begeben. Er erreicht eine Stufe, in der er in Bezug auf Zufriedenheit, Glück, Kommunikationsfähigkeit, kurz in Bezug auf Lebensqualität, von äußeren Umständen weniger abhängig ist. Der Theologe Romano Guardini hat diese Art des Denkens als lebendiges Denken bezeichnet. Er meint damit ein Denken, das die Erfahrung des Lebens deutet, in Zusammenhang bringt und uns zu neuer Erfahrung befähigt. Jenes Denken, das selbst von allen Kräften des Menschseins getragen, durchwirkt und gelenkt ist: der Anschauung, des Gewissens, des Verlangens, der Ahnung, der Wirklichkeitserfahrung und wie immer wir sie nennen mögen. Der Mensch hat damit sozusagen ein höheres geistiges Niveau erreicht, die geistige Freiheit. Der Preis dafür, das unabwendbare Leid, ist zwar hoch, aber wie Betroffene glaubhaft versichern, ist ihnen der persönliche Gewinn diesen Preis wert. Frankl sagt, dem Menschen geht es nicht darum, leiblich zu vegetieren, sondern geistig zu existieren. Die Konzentration des Denkens bis zu dieser Leistung erfolgt ihrerseits meist unter einem besonderen Druck, in dem sich der Leidende befindet. Man kann daher auch sagen, es ist kein übliches, sondern ein besonderes Denken, so wie ein solches Leben kein gewöhnliches, sondern ein außergewöhnliches Leben ist. Im Österreichischen Fernsehen gab es im August 2003 eine Sendung, in der unter anderem ein Kind mit einer „spina bifida", eine angeborenen Spalte der Wirbelsäule und des Rückenmarkkanals, vorgestellt wurde. Die Spalte war nach der Geburt operativ geschlossen worden, das Kind bleibt aber ein Leben lang gelähmt. Geistig hat es sich normal entwickelt und besucht jetzt im Rollstuhl die Volksschule.

Der Vater, der in ganz besonderer Weise um die Integration seiner Tochter bemüht ist, wurde im Interview gefragt, wie er mit der Behinderung seiner Tochter zurechtkomme. Die Antwort: „Ich sehe meine Tochter nicht als ein behindertes, sondern als ein besonderes Kind."

Menschen, die es schaffen diese „existenzielle Leistung" zu erbringen, sind von besonderer Bedeutung für die Gesellschaft. Es gilt hier die Einsicht, nicht nur der Behinderte braucht die Gesellschaft, sondern diese braucht auch ihn. Die rationale und technische Denkweise der Neuzeit ist eine notwendige Entwicklungsstufe der Menschheit. Sie akzeptiert nicht mehr einfach die Welt des Leidens, sie versteht sie als Herausforderung, dem Leiden entgegen zu treten und die Gegebenheiten zum Besseren zu wenden. Das ist seit jeher der Auftrag der Medizin und wie wir aus der Geschichte wissen, wurden darin gewaltige Fortschritte erzielt. Dieser Fortschritt stößt jedoch immer wieder an Grenzen. In dem Fortschrittsglauben hat aber unabwendbares Leiden keinen Platz. Es wir daher verdrängt, indem die Leidenden in Anstalten abgeschoben werden und so dem Blickfeld der Gesunden entschwinden, die froh sind, nicht ständig durch die Leidenden an ihre soziale Verpflichtung erinnert zu werden. Diese Verdrängung ist bis zu einem gewissen Grade legitim, denn unabwendbares Leid ist eine nicht einlösbare Verpflichtung, die das seelische Gleichgewicht des Gesunden nachhaltig stören kann. Der Leidende kann dem Druck nicht ausweichen, er kann nur damit fertig werden, wenn es ihm gelingt darin einen Wert zu erkennen. Gelingt ihm dies, so hält er das Leid nicht nur aus, sondern er erfährt ein bisher unbekanntes Glück, er erfährt einen Reichtum, der ihn menschlich über den Gesunden stellt. C. F. von Weizsäcker hat dies in einem Vortrag vor Blinden in die Worte gefasst:

> *„Seelisch sind wir alle Behinderte vor Gott, denn wir lieben nicht genug und erfahren deshalb die Seligkeit mitten im Leben nicht, die doch hier und jetzt für uns bereit ist.“*

Dies deckt sich genau mit der oben zitierten Aussage der Ordensfrau Mutter Teresa.

Papst Pius XII. hat in einer Ansprache an die Mitglieder der italienischen Lukasgilde das Thema Arzt und Leid angesprochen:

> *„Der Arzt begegnet dem Schmerz, dem Leid und dem Tod bei der Ausübung seines Berufes wie einem unausweichlichen und geheimnisvollem Gesetz, vor dem seine Kunst häufig ohnmächtig und sein Mitleid unfruchtbar bleibt. Im Grunde seines Wissens und in seinem Herzen fühlt er als Mensch und als Wissenschafter, dass die Erklärung dieses Rätsels hartnäckig vor ihm flieht.“*

Und doch gehört zu den wichtigsten Aufgaben des Arztes neben der Heilung von Krankheiten die Linderung von Leiden. Es ist auch am ehesten der Arzt, der einem Leidenden glaubhaft sagen kann, dass auch sein Leiden einen Sinn haben kann. Nur muss er selber davon überzeugt sein, wenn er andere überzeugen will. Er muss nicht nur davon überzeugt sein, dass meinetwegen das Leben eines Querschnittgelähmten einen Sinn haben kann, sondern er muss zumindest einmal Zeuge davon gewesen sein, dass dieser Sinn, und wäre es auch nur ein einziges Mal, erfüllt worden ist. Solche Zeugenschaft kann diese „Erfüllbarkeit“ dem nächsten „Fall“ gegenüber glaubhaft machen.

Der Blick auf die Menschheitserfahrungen in Religion, Philosophie, Wissenschaft und Psychologie hat gezeigt, dass das Leid ein in jeder Hinsicht universelles Problem der Menschheit ist. Die Lösungen, wie sie die verschiedenen Religionen, die Philosophie, die Psychologie und die Wissenschaft anbieten, konvergieren dahin, dass es sich beim Leid um den Einbruch einer transzendenten Wirklichkeit in unsere Verstandeswelt handelt. Das heißt, das Leid ist eine Wirklichkeit, die unsere Erkenntnisfähigkeit übersteigt. Der religiöse Mensch kann das Leid letztlich aus seinem Glauben heraus akzeptieren, Religion bedeutet ja das Einbeziehen des Transzendenten in die Wirklichkeit. Der Atheist steht hier vor einem schier unlösbaren Rätsel. Beide müssen in einem unausweichlichen Leid alle Kräfte einsetzen, um dieses zu ertragen. Der Atheist macht vielleicht in dieser Situation eine andere existenzielle Erfahrung, er hört auf, die unbeantwortbare Frage nach dem „Warum?“ zu stellen, und fragt statt dessen, was er tun kann, um Leid, das ihm unerträglich scheint, zu lindern. Während solchen Tuns wird ihm dessen Sinn unmittelbar erfahrbar.

Drei besonders ergreifende Leidensgeschichten aus meinem Patientenkreis, welche zeigen, dass auch auf das schwerste Leid eine sinnvolle Antwort gegeben werden kann, sollen diesen theoretischen Überlegungen Fleisch und Blut verleihen.

Zu den wohl leidvollsten Folgen eines Unfalls gehört die Querschnittlähmung. Mit dem Moment des Unfalls kommt dem Gelähmten sozusagen sein Körper abhanden. Das bedeutet nicht nur, dass er selbstverständliche Bewegungen nicht mehr ausführen kann, sondern er verliert das Körpergefühl, das heißt, er kann nicht angeben, wo sich zum Beispiel sein Bein befindet, ob es abgebogen oder ausgestreckt ist, ob er Harn oder Stuhl verliert. Er bemerkt das lediglich am Geruch, er ist in den alltäglichen Dingen auf fremde Hilfe angewiesen. Trotz dieses schrecklichen und unabwendbaren Schicksals erleben wir an solchen Menschen, dass sie sich ihrem Schicksal nicht einfach ergeben, sondern dass sie mit den wenigen verbliebenen Möglichkeiten ein neues positives Leben beginnen. Ein Beispiel für eine derartige positive Schicksalsbewältigung ist meine Patientin Maria M.

Maria M. wurde 1927 als Kind einer steirischen Bauernfamilie geboren. Sie wuchs auf dem Bauernhof auf und besuchte die dörfliche Volksschule. Nach der Schule arbeitete sie zunächst zu Hause in der Landwirtschaft. Später heiratete sie einen Kraftfahrer, sie zogen nach Niederösterreich und arbeiteten zunächst wieder in der Landwirtschaft, dann in einem landwirtschaftlichen Lagerhaus, der Mann als Kraftfahrer und Maria als Reinigungsfrau. Vier Monate nach Dienstantritt erlitt Maria beim Reinigen eines Getreidegebläses eine Verrenkung des 4. Halswirbels mit totaler Querschnittlähmung und ein Schädel-Hirn-Trauma mit sechs Tage dauernder Bewusstlosigkeit. Der Unfall ereignete sich dadurch, dass ein anderer Arbeiter, der nicht wusste, dass daran gearbeitet wurde, den Aufzug einschaltete. Sie wurde in ein Wiener Unfallkrankenhaus gebracht, wo die Verrenkung eingerichtet wurde. Nach sechs Tagen wurde eine Extension am Kopf angelegt und sie im Drehbett gelagert. Daran konnte sie sich erinnern, weil sie am sechsten Tag aus der Bewusstlosigkeit aufwachte. Sie schilderte sehr drastisch, dass sie nach dem Erwachen nur ihren Kopf und den linken Arm spürte, der Körper und der rechte Arm waren für sie nicht vorhanden. Sie war darüber sehr erschrocken, hoffte aber, das Gefühl würde wieder zurückkehren. Nach vier Monaten wurde sie in ein Rehabilitationszentrum für Querschnittgelähmte verlegt, wo sie zehn Monate verblieb. In dieser Zeit wurde die Wohnung mit finanzieller Hilfe der Unfallversicherung rollstuhlgerecht umgebaut. Der Mann hatte sich bereit erklärt, die häusliche Pflege zu übernehmen. Sie hatten keine Kinder, führten aber eine gute Ehe. Schon nach einigen Monaten merkte die Gelähmte, dass ihr Mann mit der Pflege überfordert war. Er führte sie um diese Zeit täglich mit dem Rollstuhl spazieren, wobei sie bemerkte, dass er vorbeifahrenden Lastwagen immer sehnsüchtig nachschaute. Gelegentlich ging er abends ins Gasthaus und kehrte erst spät heim. Im April 1972 kam sie zu einem Wiederholungstraining in das Reha-Zentrum. Sie entschloss sich, nicht mehr nach Hause zurückzukehren und bat darum, in ein Pflegeheim eingewiesen zu werden. Ihrem Mann teilte sie diesen Entschluss anlässlich eines Besuches mit. Seine Reaktion: „Nun ja, wenn du meinst." So kam sie im August 1972 in ein Pflegeheim. Dieses „Pflegeheim" war im Prinzip ein Altenheim und für sie nicht geeignet. Innerhalb von zwei Jahren entwickelte sich über dem Kreuzbein und in der Lendengegend ein Druckgeschwür. Sie war deswegen ab 1974 mehrmals im Reha-Zentrum. Die Behandlung dort war konservativ mit regelmäßigem Umlagern und lokalen Umschlägen und Salben. Das Geschwür nahm trotzdem an Größe zu, es sezernierte stark und verbreitete einen üblen Geruch. Im Reha-Zentrum kannte eine der betreuenden Schwestern den Pater Gotz, einen Kamilianer, der in dieser Zeit in Oberösterreich ein eigenes Dorf für Behinderte errichten ließ. Pater Gotz hatte nach einer Meniscusoperation eine Infektion erlitten mit Empyem und allgemeiner Sepsis, die ihn an den Rand des Todes brachte. Nachdem er die Sepsis überstanden hatte, war das Knie steif geblieben; seit seiner Genesung widmet sich Pater Gotz den durch Krankheit und Unfall Behinderten. Das erste derartige Dorf wurde 1981 in Altenhof am Hausruck eröffnet. Maria konnte dort ein eigenes Zimmer beziehen und wurde weiter von der Arbeitsunfallversicherung betreut. Ihre Betreuerin kannte mich als Unfallchirurgen und so kam es, dass Maria an meine Abteilung in Wels eingeliefert wurde. Das Dekubitalgeschwür hatte einen Durchmesser von 20 cm und in der Tiefe lagen einige Lendenwirbel frei. Während eines viermonatigen Aufenthaltes wurde das Geschwür im Gesunden ausgeschnitten, die freiliegenden Wirbel wurden entfernt, der entstandene Defekt mit zwei gestielten Verschiebelappen gedeckt. Der Heilverlauf war komplikationslos und die Haut war seither (28 Jahre) in Ordnung. Frau Maria war 1984 nochmals stationär, nachdem sie sich bei einem Sturz aus dem Rollstuhl beide Oberschenkel gebrochen hatte. Wegen der Oberschenkelbrüche wurde sie lediglich sechs Wochen im Drehbett gelagert, sie heilten problemlos. Sie lebte weiter im Dorf bis zum Jahr 2002. In diesem Jahr starb sie an einer Sepsis, ausgehend von einer eitrigen Nierenbeckenentzündung. Sie war insgesamt 32 Jahre gelähmt.

Soweit die Krankengeschichte. Während der beiden wochenlangen Aufenthalte in der Abteilung war aufgefallen, dass sie nie geklagt hatte, immer freundlich und zufrieden und für jede, auch noch so kleine Hilfe, dankbar war. Dies war Anlass für mich, mit ihr lange Gespräche zu führen. In diesen Gesprächen erzählte sie, wie sie nach dem

Erwachen aus der Bewusstlosigkeit merkte, dass sie für den rechten Arm und für Beine und Körper keinerlei Gefühl hatte. Ihr Körper bestand sonderbarerweise aus dem linken Arm und dem Kopf. Stuhl- und Harnabgang merkte sie nicht. Dies war ein schwerer Schock, aber sie klammerte sich an die Hoffnung, dass sich dies wieder ändern könnte. Erst der Kontakt mit den vielen Gelähmten im Reha-Zentrum brachte sie zu der Einsicht, dass ihr Schicksal endgültig war. Sie erinnerte sich an eine Phase großer Verzweiflung. Doch es mischte sich schon Dankbarkeit ein für die Hilfe und Zuwendung, die sie von ihrem Mann und den Pflegern, von Leidensgenossen und Ärzten erfuhr. Daneben wurde ihr bewusst, dass es viele Menschen gibt, die Schweres ertragen müssen, ohne dass ihnen jemand zur Seite steht, wie sie es täglich erfahren konnte. Sie fragte sich aber auch, wieso ihr das passieren musste und welchen Sinn dieses Leid für sie haben sollte.

Nach V. Frankl sind diese Fragen nicht beantwortbar und von daher sinnlos. Das Leben kann in schwierigen Situationen vom Menschen nicht befragt werden, sondern die schwierige Situation ist eine Anfrage des Lebens an den Menschen, die er zu beantworten hat. In dieser Antwort muss er selber herausfinden, ob es eine Möglichkeit gibt, dem Schicksal einen Sinn abzuringen. Die Logotherapie lehrt, dass es für den Menschen drei Möglichkeiten der Sinngebung gibt:

1. Etwas Sinnvolles tun (schöpferische Werte);
2. zu lieben (Erlebniswerte);
3. ein unabwendbares Schicksal in Würde tragen (Einstellungswerte).

Maria, die von der Logotherapie nie etwas gehört hatte, hat diese These bestätigt. Trotz ihrer Tetraplegie hat sie alle drei Möglichkeiten verwirklicht, auch wenn das Tun stark eingeschränkt war. Sie hatte eine geringe Restbewegung zweier Finger der linken Hand und konnte den linken Unterarm geringfügig drehen. Sie konnte selber weder essen noch trinken, sie konnte nicht aufstehen und sich auch nicht im Bett drehen. Um dennoch etwas zu tun, lernte sie, mit einem Stäbchen zwischen den Zähnen Maschine zu schreiben. Sie schloss sich einem Behindertenverein an, der sich unter anderem die Aufgabe gestellt hat, unter den Behinderten briefliche Kontakte aufrecht zu erhalten. So führte sie eine beträchtliche Korrespondenz und hatte viele Freunde. Neben dem Maschineschreiben bemalte sie Vasen, wieder mit einem Pinsel zwischen den Zähnen. Damit konnte sie anderen eine Freude machen und hatte in der „Malstube“ des Dorfes Kontakt zu den übrigen Bewohnern. An schönen Tagen machte sie mit ihrem Spezialrollstuhl, der ihr von der Versicherung zur Verfügung gestellt wurde, Ausflüge über mehrere Kilometer. Sie hat mich dabei mehrmals in meinem Haus im vier Kilometer entfernten, benachbarten Gaspoltshofen besucht. An Tisch und Bett wurden ihr eine Alarmanlage und ein Telefon angebracht. So konnte sie jederzeit mit einem Stäbchen im Mund selbstständig telefonieren oder im Notfall um Hilfe rufen.

Auch ihre Liebesfähigkeit nutzte sie in der ihr noch möglichen Weise. Nachdem sie aus eigenem Entschluss, ihren Mann zu entlasten, in ein Heim gegangen war, wurde dieser von zwei Frauen der Nachbarschaft versorgt; sie kochten für ihn und hielten sein Haus in Ordnung. Beide Frauen hatte sie schon vor dem Unfall gut gekannt. Die Jüngere der beiden war allein erziehende Mutter einer Tochter, der Mann hatte sie bereits vor Jahren verlassen. Maria wurde jedes zweite Wochenende nach Hause geholt und liebevoll gepflegt. Sie merkte bald, dass sich hier ein Liebesverhältnis anbahnte und stellte ihren Mann zur Rede. Er leugnete anfangs, gab es aber schließlich zu. Nun war es Maria, die beide ermutigte, eine Partnerschaft einzugehen. Sie begründete dies damit, dass sie nie mehr in der Lage sein würde, ihrem Mann in irgend einer Form eine Hilfe zu sein, ihn festzuhalten würde ihn nur belasten. Er sollte jedoch ein normales Leben führen können. Auch der Partnerin, die – von ihrem Mann verlassen – viele Jahre ein leidvolles Leben geführt hatte, gönnte sie ein neues Glück. Maria hat also nicht in erster Linie an sich gedacht, sondern ihr Denken war darauf gerichtet, anderen das Leben zu erleichtern. So wurden die drei Freunde, Maria wurde jedes Jahr einen Monat nach Hause geholt und während dieser Zeit von der neuen Partnerin des Mannes hervorragend betreut.

Zu Weihnachten 1986 erhielt ich von Maria folgenden Brief:

> „*Sehr geehrter Herr Primar, nur ihnen muss ich danken, dass ich dieses Jahr wieder nach Rovinj fahren konnte und dort die versäumten Sonnenstrahlen nachholen durfte. Ich war 12–14 Stunden auf ohne ins Bett zu gehen und ohne Komplikationen. Meine Begleitperson war die Frau, die mit meinem Mann zusammen lebt. Sie hat mich ganz vorzüglich gepflegt. Wie sie ja wissen, verstehen wir uns, Gott sei Dank, sehr gut, was viele Leute nicht verstehen können. Wenn man aber klar denkt, hab ich wohl den richtigen Weg getroffen. So leben wir alle viel glücklicher.*“

Dazu muss man wissen, dass die Unfallversicherung den Querschnittgelähmten einmal im Jahr einen einmonatigen Aufenthalt an der Adria ermöglicht, allerdings nur mit einer begleitenden Pflegeperson, die sie selbst organisieren müssen, woran diese Maßnahme öfters scheitert.

Im Behindertendorf wurde sie regelmäßig von ihrem Mann und seiner Gefährtin besucht. Im Frühjahr pflanzten die beiden ein Blumenbeet vor ihrem Balkon, das sie das Jahr über auch betreuten. Der Mann ist in der Zwischenzeit an Krebs gestorben und für Maria war es ein besonderer Trost, dass er in der schwierigen Zeit vor seinem Tod eine gute Pflege und Begleitung hatte. Die beiden Frauen blieben über den Tod des Mannes hinaus Freundinnen und die Frau setzte die Besuche bei Maria bis zu deren Tod fort.

Was die Bewältigung dieses Schicksals anlangt, so konnte man, wenn man sie kannte, nur staunen. Maria war ausgeglichen, sie strahlte geradezu Güte und Optimismus aus, ihr sonniges Wesen öffnete sie jedem, der ihr begegnete. Ich habe sie, um hinter dieses Geheimnis zu kommen, wiederholt befragt. Sie erklärte überzeugend, dass sie nach ihrem Unfall als Mensch zufriedener und ausgeglichener wurde, als sie es vor dem Unfall war. Auf mein erstauntes Fragen, wie denn das möglich sei, meinte sie, sie habe eine innere Einstellung gewonnen, die sie als Gesunde wohl nie erreicht hätte. Diese innere Einstellung mache sie von äußeren Umständen weitgehend unabhängig. Diese Unabhängigkeit mache sie sehr glücklich und ermögliche ihr einen normalen Umgang mit den Mitmenschen. Diese Einstellung geht deutlich aus dem oben zitierten Brief hervor, denn um so weit zu kommen, dass sie das tun konnte, was sie in der gegebenen Situation als gut empfand, musste sie nicht nur die Vorurteile der Umgebung beiseite schieben, sondern sie musste auch selbst ihre bisherigen Grundsätze überdenken und revidieren, um jene geistige Unabhängigkeit zu erringen, die zu einem derartigen Schritt notwendig ist. Ihre Worte decken sich weitgehend mit dem, was V. Frankl in seinem Buch *„Homo patiens“* über die Leidbewältigung schreibt. Sie selbst, die sich als religiösen Menschen bezeichnete, empfand ihr neu erworbenes Lebensgefühl als ein Geschenk durch das ihr Vertrauen an einen gütigen Gott eine anhaltende Bestätigung erfuhr.

Von dem katholischen Priester und Ordensmann Ernesto Cardenal, Befreiungstheologe und vorübergehend Minister in der Sandinistischen Regierung in Nikaragua, gibt es ein mystisches Buch mit dem Titel „Das Buch von der Liebe“, in dem er an einer Stelle schreibt, auch ein großes Leid sei ein Zeichen der Liebe Gottes. Diese Aussage kann man gedanklich nicht nachvollziehen, die querschnittgelähmte Maria kann jedoch eine Ahnung von der tiefen Wahrheit dieses Satzes vermitteln.

Die zweite Krankengeschichte betrifft einen Kollegen, Fritz M., der bald nach seiner Pensionierung mit 60 Jahren an Prostatakrebs erkrankte. Er wurde operiert, hatte anschließend wiederholte Chemotherapien und wegen verschiedener Metastasen auch Bestrahlungen. Trotzdem schritt die Krankheit langsam fort und der Verlauf zog sich über zehn Jahre hin. Anfangs konnte er sich in den Behandlungspausen noch leidlich erholen, er konnte auch noch an Ausflügen teilnehmen. Als Lungenmetastasen auftraten, hatte er zeitweise starke Atemnot und nächtliche Erstickungsanfälle. Wirbelsäulenmetastasen verursachten starke Schmerzen und nach Jahren eine Teillähmung der Beine. Insgesamt war eine langsame, aber ständige Progression der Beschwerden und eine Zunahme des Leidensdruckes festzustellen. Wir kannten uns durch die gemeinsame Arbeit im Krankenhaus. Einige Wochen vor seinem Tod rief er an, ob er mich besuchen dürfe. Seine Frau brachte ihn mit dem Auto und er konnte, auf die Frau und eine Krücke gestützt, selbst in das Haus hineingehen. Der bevorstehende Tod hat sich weder in seinem Gesicht noch in seinem Verhalten abgezeichnet. Bei Kaffee und Kuchen erzählte er mir seine Leidensgeschichte in einer so ruhigen Art, als würde er von irgend einer Reise erzählen. Ich fragte daher seine Frau ob er immer so ausgeglichen sei. Sie berichtete, das sei seine Art und sie habe während der ganzen Jahre keine Klage von ihm gehört. Ich kannte ihn zwar als einen hervorragenden Arzt und einen unermüdlichen Arbeiter, aber diese Leidensfähigkeit war etwas Neues, Überraschendes an ihm. Während unseres gemeinsamen beruflichen Zusammenarbeitens war er eher ein sehr nüchterner Zeitgenosse, der zwar immer für einen Witz zu haben war, aber Gesprächen, wie er sie jetzt von sich aus führte, eher abgeneigt blieb. Ich fragte ihn deshalb, ob er nicht auch Phasen habe, in denen er sein hartes Los beklage. Die Antwort war ein klares „Nein". Er fügte hinzu, er sei dem Herrgott dankbar für dieses Leid. Diese Dankbarkeit begründete er ähnlich wie die querschnittgelähmte Maria damit, dass er in diesen Jahren Einsichten gewonnen habe, die ihm, davon war er überzeugt, als Gesundem verschlossen geblieben wären. Er konnte sich beispielsweise an einem schönen Tag, an dem er mit seiner Frau im Garten saß, so freuen, wie er es nie für möglich gehalten hatte. Für ihn waren die Leidensjahre im Ganzen gesehen schöne Jahre.

Ein dritter Patient, Walter Z., war zur Zeit des Unfalls 24 Jahre alt. Er war ohne eigenes Verschulden mit seinem Porsche verunglückt. Während er auf einer schnurgeraden Straße fuhr, übersah ihn ein aus einem Feld herausfahrender Bauer und rammte ihn mit seinem Traktor. Ein Ausweichen war nicht mehr möglich. Der junge Mann war ein versierter Fahrer, nach Aussage seiner Eltern der beste Fernfahrer ihres Transportunternehmens. Bei dem Aufprall erlitt er eine sehr seltene Verletzung im Bereich des Hirnstamms, bei der neben den durchgehenden Nervenbahnen auch die Kerne der Hirnnerven für die Sprechmuskulatur betroffen waren. Klinisch hat sich das so geäußert, dass er nicht sprechen konnte und eine spastische Lähmung von Armen und Beinen aufwies. Er konnte nichts bewegen und auf Fragen keine Antwort geben, obwohl man aus seinem Gesichtsausdruck entnehmen konnte, dass er die Fragen verstand. Anzeichen für eine raumfordernde Blutung im Schädel bestanden nicht, trotzdem konnte diese Möglichkeit nicht ausgeschlossen werden. Einen Computertomographen gab es zu der Zeit an den Universitätskliniken, aber noch nicht in unserem Krankenhaus. Nachdem die

Angiographie gerade blockiert war, legten wir am Schädel je vier Bohrlöcher auf jeder Seite an. Es fand sich, wie erwartet, keine Blutung und auch die Hirnoberfläche war unauffällig. Er wurde daher auf die Intensivstation verlegt und beobachtet. Tags darauf fragten die Eltern, ob er an die Innsbrucker Klinik zu dem bekannten Neurologen Professor Gerstenbrand verlegt werden könne. Nachdem keine Gefahr durch den Transport bestand, wurde er umgehend verlegt. An der Klinik wurde eine Computertomographie durchgeführt, die unsere Diagnose bestätigte, und er wurde ins Bett gelegt, sonst geschah weiter nichts. Nach einer Woche fragten die Eltern an, ob wir den Sohn wieder zurücknehmen könnten, denn die Fahrstrecke für einen Besuch betrug 500 km. Auf diese Weise kam er dann endgültig in unsere Behandlung. Er konnte zu dieser Zeit weder gehen noch mit den Händen etwas halten und auch nicht sprechen. Als Behandlung erhielt er Dehnungsübungen für seine spastisch kontrahierte Muskulatur und Sprechübungen durch eine Logotherapeutin. Bei der Rücknahme hatte ich gefordert, es müsse ihn jeden Tag ein Familienmitglied besuchen und mehrere Stunden bei ihm bleiben. Diese Forderung erwies sich im Nachhinein als überflüssig, denn es war eine Selbstverständlichkeit, dass sich die ganze Familie um ihn bemühte. Am Wochenende durfte er nach Hause. Das war so organisiert, dass er am Samstag in der Früh abgeholt und am Sonntagabend wieder zurückgebracht wurde. Auf diese Weise entfiel der ganze bürokratische Aufwand einer Entlassung und Wiederaufnahme, er hatte sozusagen regelmäßigen Ausgang. Ganz langsam bildeten sich die Symptome zurück. Es begann damit, dass er etwas festhalten konnte, das man ihm in die Hand drückte, allerdings zitterte die Hand so, dass er Flüssigkeit verschüttet hätte. Auch die Sprache kehrte allmählich zurück, am Rollstuhl festgebunden konnte er herumgefahren werden. Als er kurze Sätze mühsam sprechen konnte und sich auf allen Vieren selbstständig fortbewegte, wurde er entlassen und weiter ambulant behandelt. Bei meinem ersten Besuch bei ihm zu Hause, etwa nach einem Jahr, wurde mir der elterliche Betrieb, ein großes Transportunternehmen, gezeigt. Bei der Rückkehr in das Haus stand er strahlend am Stiegengeländer des ersten Stockes, an dem er sich mit beiden Händen festhielt. Er hatte mir zeigen wollen, was er schon gelernt hatte, und er hatte es geschafft, alleine aus dem Zimmer zu kriechen und sich aufrecht an das Geländer hinzustellen. Um seine Rehabilitation zu beschleunigen, kam er jedes Jahr für zwei bis drei Monate in das Reha-Zentrum Bad Häring. Zu Hause wurde ihm ein eigener Trainingsraum eingerichtet, in dem er täglich übte. Als er soweit war, dass er sich mit einer Gehbank im Zimmer selbstständig fortbewegen konnte, hat er seinen Tagesablauf streng geregelt. Um etwa vier Uhr früh begann er mit einer Gymnastikstunde, dann ging er in die Dusche, anschließend bereitete er für die ganze Familie das Frühstück. Nach dem Frühstück räumte er noch das Geschirr ab und wurde dann in das Bureau gebracht, wo er bis Mittag blieb, die Post sortierte und kleinere Arbeiten verrichtete. Den Nachmittag verbrachte er anfangs mit Lesen und mit dem Hören von klassischer Musik. Nach dem Abendessen ging er ins Bett. Er achtete seit dem Unfall darauf, sich beim Essen zurückzuhalten, um ja nicht an Gewicht zuzunehmen, denn das würde seine Beweglichkeit einschränken. Er ist immer optimistisch und heiter, dazu einige „Meldungen" aus dem Reha-Zentrum:

„Da ich wieder in meiner zweiten Heimat (Reha-Zentrum Bad Häring) *bin, sende ich Ihnen herzliche Grüße. Mir geht es wieder gut, denn ich halte die Schwestern auf Trab, damit sie nicht auf dumme Gedanken kommen."*

„Alles Gute zum Geburtstag wünscht Ihnen Walter. Ich hoffe Sie verbringen das kommende Jahr auch so gut wie das vergangene, wo Sie noch ein Jahr jünger waren."

„Ich hoffe Sie haben voriges Jahr die ganzen Eier gefunden, denn heuer versteckt sie der Osterhase wieder. Ein lustiges Osterfest wünscht Ihnen Walter."

„Grüß Gott, Herr Primar!
Ich bin noch bis zum Osterdienstag daheim, dann darf ich wieder ins Reha-Zentrum, wo es mir sehr gut gefällt. Ich habe dem Herrn Primar Rainer gesagt, dass ich Ihnen schreibe, was ich schon alles kann und er sagte, ich darf Ihnen schreiben, dass er sehr überrascht und verwundert ist über mich. Wie ich das erste mal drinnen war, konnte ich zwar schon alleine ins Bett, aber raus noch nicht. Zuerst hat mir die Schwester geholfen und dann mein Zimmerkollege. Dann habe ich es alleine probiert und mein Zimmerkollege ist nur in Reichweite von mir gewesen, damit mir nichts passiert. Dann sagte er, dass ich es einmal ganz alleine probieren soll. Denn nächste Woche muss er heim. Die Nachtdienstschwester hat mir dann das Gitter beim Bett hineingetan und den Rollstuhl umgestellt. Jetzt habe ich nur noch ein Gitter und wie ich ins Bett steige, so steige ich auch wieder heraus, ohne dass mir jemand den Rollstuhl anders hinstellen muss. Jetzt muss mir nur noch wer über die Stiege hinunter helfen. Ich kann alleine die Stiege hinaufgehen, es geht nur noch wer zur Sicherheit einen halben Meter hinter mir. Eine Schwester sagte einmal zu mir, dass ich der Lieblingspatient des Stationsarztes bin."

„Ich werde sozusagen bald unters Messer kommen, doch ich freu mich schon darauf, weil ich dann wieder Fortschritte machen kann." (1985)

„Vielen Dank für den Brief, den Sie mir vor längerer Zeit geschickt haben. Nur hatte ich mit der Entzifferung ein bisschen Schwierigkeiten, aber es ging. Ich hoffe, dass es Ihnen schon besser geht als damals (ich hatte eine schwere Operation hinter mir). Mir geht es übrigens sehr gut nur habe ich immer sehr viel zu tun, darum konnte ich nicht früher antworten. Einerseits tu ich der Mama im Haushalt viel helfen, darum bin ich schon sehr selbständig, ein paar Stunden alleine im Haus (8–9 Stunden) machen mir überhaupt nichts mehr aus, denn ich habe Zeit für mich etwas zu machen. Andererseits tue ich sehr viel turnen, denn ich sage, es ist besser das Essen in Energie umzusetzen als in Fett. Dass die Gymnastik, die ich zuhause mit meiner Gymnastin mache, etwas bringt, das sehen Sie auf dem beigelegten Foto (er steht alleine mit einem Gehbänkchen).
Dass ich ein Pflegefall bleiben werde, das wird früher einmal so ausgesehen haben, aber im RZ, wo mir operativ der Fuß gerichtet wurde, hat sich dann mein Wille gerichtet, dass ich etwas tun muss. Denn nur hoffen, dass ich wieder einmal gehen kann, ist zu wenig, man muss selber was machen. Darum sage ich jetzt auch das, was ich auf den Briefumschlag geschrieben habe: In der Ruhe liegt die Kraft.
Und ich will. Wann? Nur keine Panik, gut Ding braucht Weile.
Das sind derzeit meine Sprüche, nicht schlecht, oder?
Einen herzlichen Gruß von einem besonderen Patienten namens Walter."

Als er zehn Jahre nach dem Unfall ganz alleine mit dem Fahrrad (es ist dies ein Dreirad, vorne mit einem, hinten mit zwei Rädern) einen Ausflug machen konnte, schrieb er mir zu Weihnachten:

„Ich hoffe sehr, dass Sie heuer oder vielleicht erst im nächsten Jahr auch so ein FREUDIGES EREIGNIS haben oder haben werden wie ich. ICH HABE ES NACH 10 JAHREN GESCHAFFT GANZ ALLEINE DAS HAUS ZU VERLASSEN UND MIT DEM FAHRRAD SPAZIEREN ZU FAHREN ODER EINZUKAUFEN! Da taucht öfter die Frage auf, was will der Mensch eigentlich? Wir haben doch fast alles, nur, man soll zufrieden sein und dieser Satz passt ganz genau zu Weihnachten, besonders wenn man bedenkt, dass das spazieren fahren, oder sich bei schönem Wetter dahin zu bewegen, wonach man gerade Lust hat, nicht für jeden selbstverständlich ist.
Darum recht frohe Weihnachten."
(Der Brief ist so wiedergegeben, wie ihn Walter geschrieben hat.)

In der Zwischenzeit sind 20 Jahre seit dem Unfall vergangen. Aus diesem Anlass hat er mich besucht. Es war an einem trüben Novembertag. Walter ist die 20 km mit dem

Fahrrad gefahren. Er ist immer noch bemüht zu lernen. Das hat er mir gleich bei seiner Ankunft gezeigt. Bisher musste er nach einer so langen Fahrt die verkrampften Zehen passiv bewegen, um gehen zu können, seit einem Jahr sind diese Krämpfe durch Akupressur beseitigt, er steigt vom Rad und geht weg. Außerdem hat er begonnen, ohne Krücken zu gehen und zu stehen. Er ist zwar mehrmals hingefallen und hat sich auch zwei Mittelfußknochen gebrochen, aber das kann ihn von seinen Bemühungen nicht abhalten. Neben seiner Bürotätigkeit beschäftigt er sich jetzt mit Glasmalerei, Weben und Flechten. Er ist der Meinung, man müsse aktiv bleiben, und was man tue, dass müsse man selbst entscheiden. Seit einiger Zeit hat er auch einen Hund, Gemeinschaft ist ihm wichtig. Auf meine Frage hin erklärte er, dass er zufrieden sei.

Diese drei Patienten verschiedenen Lebensalters und Bildungsgrades, eine einfache Frau aus dem Volk, ein lebenserfahrener Akademiker und ein junger Mensch, dessen Lebensauffassung durch das Leid entscheidend geprägt wurde, veranschaulichen, dass die vorher angeführten theoretischen Überlegungen keine Hirngespinste sind, sondern sich im Leben bewahrheiten. Nach ihren eigenen Aussagen haben alle drei eine intensive Beziehung zu Gott gefunden, die sie vorher nicht gekannt hatten. Sie bezeichnen sich alle drei als religiös. Aus der Literatur wissen wir, dass auch Menschen, die sich als Atheisten bezeichnen, zu ähnlichen Einsichten kommen können. Sie glauben zwar an keinen Gott, im Gegenteil, sie halten die Existenz eines gütigen Gottes für nicht vereinbar mit diesem miserablen Zustand des Menschen und der Welt. Aber auch sie stellen irgendwann ihre Fragen hintan und legen Hand an, um dieses Elend zu bekämpfen oder zumindest zu lindern, und finden so einen tragfähigen Grund zum Weiterleben. Es scheint also so zu sein, dass der Mensch darauf angelegt ist nach Sinn zu suchen und Werte zu verwirklichen – und dies auch unter den sinnwidrigsten äußeren Bedingungen. Eine so tiefe Krise, wie sie ein unabwendbares schweres Leid darstellt, bedeutet nach C. G. Jung den Einbruch einer metaphysischen Wirklichkeit in eine konkrete Existenz oder sie stellt den Menschen, wie A. Camus seinen Pater Paneloux sagen lässt, vor die Entscheidung des Alles oder Nichts. Gemeint ist vor allem die Frage, ob es einen Gott gibt bei dem, wenn auch für den Menschen verborgen, ein Sinn gewahrt ist, oder ob alles doch sinnlos ist. Die Erschütterung kann so groß sein, dass sich das Leben eines solchen Menschen von Grund auf ändert. Beispiele dafür gibt es genug in der Geschichte. Bekannt sind Franz von Assisi (1181–1226) und Ignatius von Loyola (1491–1556), die beide nach schwerer Erkrankung beziehungsweise Verwundung eine innere Wandlung durchmachten und ihr Leben radikal änderten. Dieser existenzielle Umbruch eines Einzelnen wirkt heute noch in den Orden, die sie gegründet haben, auf Tausende von Menschen lebensgestaltend ein.

Leiderfahrung erweist sich so für die Menschheit als ein Segen, der zu einem bewussteren und reicheren Leben führen kann.

Für uns Ärzte sind Begegnungen mit solchen Menschen von nicht zu unterschätzender Bedeutung. Es wird uns dadurch eine Erfahrung zuteil, die eine Quelle von Kraft bedeutet, die auch uns selbst verändern kann. Eine solche Veränderung kann sich nur positiv für Leben und Tätigkeit auswirken. Ein Patient, der sein Leiden im oben dargestellten Sinn akzeptiert hat, ist nicht nur selbst „heil", sondern er ist heilsam auch für seinen Arzt. Jeder hat doch Momente, in denen ihm sein Glaube an einen gütigen Gott fragwürdig wird.

Auch bei intensiver Suche nach dem Sinn des Leidens bleibt ein Rest von Zweifel, ob die gefundene Einstellung im Ernstfall auch tragfähig ist. Das Erlebnis eines Leidenden, der diesen Sinn gefunden hat, wiegt mehr als alles Nachdenken und kann den Zweifel überwinden.

Der Tod

Das Leben als solches stellt sich als ein Phänomen dar, das nicht nur auf seinen Erhalt, sondern auf ständige Erweiterung und Vervielfältigung drängt. Nicht nur die Verdauung und die Atmung, sondern alle Organe sind letztlich auf die Erhaltung des Lebens ausgerichtet; zusätzlich gibt es spezielle Organe und Mechanismen für seine Weitergabe. Betrachtet man das Leben als Ganzes, so kann man nur staunen über die Fülle, den Reichtum und die Komplexität. Das Einzelleben jedoch ist nur von kurzer Dauer.

Es ist allgemein bewusst: alles organische Leben ist dem Tod geweiht. Die bekannten Redensarten: „Geborenwerden heißt auf den Tod zugehen" und „Mitten im Leben sind wir vom Tode umfangen" drücken das deutlich aus.

Diese Gegebenheit hat schon immer die Gemüter tief bewegt. Da ist die Frage nach dem Sinn des einzelnen Lebens in dieser Fülle von Leben und vor allem die Frage ob mit dem Tod des Individuums alles aus ist, oder ob danach noch etwas folgt. Diese Frage spitzt sich darauf zu, ob der Mensch nach seinem Tod seinem Schöpfer begegnet. Die Existenz Gottes lässt sich logisch nicht beweisen, aber auch der Gottesleugner kann seine Meinung nicht beweisen. Es ist dies also keine Frage, die durch den Verstand geklärt werden könnte, sondern die Frage eines Willensentschlusses, ob man in seine ganze Lebensgestaltung die Existenz eines Gottes mit den entsprechenden Konsequenzen einbezieht oder sein Leben ohne diese Konsequenzen führt. Dieser Willensentschluss begründet sich in der Tatsache des Gewissens als dem Hinweis darauf, dass es jemanden geben muss, dem man verantwortlich ist, denn sonst wäre ja Verantwortung sinnlos.

Das wurde schon von Sokrates beziehungsweise Plato vor mehr als 2.000 Jahren so gesehen. Die Unmöglichkeit einer verstandesmäßigen Klärung dieser so wichtigen Frage erzeugt im Menschen eine lebenslange Spannung, die von den Tagesereignissen und den Anforderung des täglichen Lebens immer wieder überdeckt wird, aber nie ganz zum Abklingen kommt. Die Spannung wird gesteigert durch die Erfahrung von Sinnlosigkeit, von Leid und angesichts des Todes. Der Mensch, ob gläubig oder ungläubig, hat irgendwie den Wunsch die Welt, so wie er sie in seinem Leben vorfindet, angesichts der Größe des Elends ein klein wenig zu verbessern. Angesichts seiner geringen Kräfte und seiner oft unzureichenden Anstrengungen gelingt ihm dies nur in einem sehr geringen Ausmaß. Die Einsicht in sein vielfaches Versagen und die damit verbundenen Schuldgefühle sind es vielleicht, die ihm Angst machen. Aus der Erfahrung mit Sterbenden kann man zwar sicher sagen, dass nicht alle diese Angst vor dem Tod haben, dass jedoch denjenigen, die davon betroffen sind, geholfen werden sollte.

Früher war der Tod eingetreten, wenn das Herz stillstand oder wenn die Atmung für vier Minuten aufgehört hatte. Heute kann man bei diesen Zuständen Herzmassage und künstliche Beatmung ausführen und beide Funktionen können wiederkehren. Tritt dies ein, ehe das Gehirn unwiederbringlich geschädigt ist, die Grenze liegt bei etwa vier bis fünf Minuten, so kann sich der Patient wieder erholen.

Durch diese Technik der Wiederbelebung gelingt es heute, Menschen, deren Lebensfunktionen schon ausgesetzt hatten, wieder ins Leben zurückzuholen. Dadurch tauchte die Frage auf, wann denn der Mensch endgültig tot sei. Die Frage wurde mit dem Beginn der Organtransplantation auf Kongressen und in Büchern abgehandelt, denn Organe durften natürlich niemandem entnommen werden, der nicht endgültig tot war. Heute kennt die Medizin zwei Formen des Todes. Den Tod mit dem definitiven Aufhören sämtlicher Lebensfunktionen und den „Hirntod“. Der Hirntod ist dann eingetreten, wenn nach wiederholter Untersuchung keinerlei Hirnfunktion mehr feststellbar ist. Dazu gehört auch, dass die normalerweise mit der Hirntätigkeit verbundenen elektrischen Entladungen vollständig aufgehört haben. An Stelle der typischen Hirnstromkurve, die im Elektroencephalogramm normalerweise ableitbar ist, findet sich eine Nulllinie. Dieser „Hirntod“ tritt ein, wenn durch vier bis fünf Minuten der Kreislauf des Gehirns stillgestanden hat. Andere Organe wie Niere, Herz, Leber, Lunge, Muskeln oder Haut können länger ein Darniederliegen des Kreislaufs ertragen und wieder ihre Funktion aufnehmen, wenn der Kreislauf neuerlich in Gang kommt. Das heißt, man kann einen solchen Menschen künstlich beatmen und er lebt an der Maschine weiter, allerdings ohne dass sein Gehirn jemals wieder seine Tätigkeit aufnimmt, er kann also niemals mehr Denken noch irgendwelche spontane menschliche Äußerungen von sich geben. Man bezeichnet dies als „Hirntod" und in diesem Fall ist es erlaubt, Organe für Transplantationen zu entnehmen. Es ist dies eine neue Realität und es ist für einen Unfallchirurgen immer ein äußerst ungutes Gefühl, wenn man, um Knochen zu entnehmen, an einen Körper herantreten muss, dessen Organe entnommen wurden, und wenn dieser Körper einem Menschen gehörte, dessen Leben zu retten man sich stundenlang bemüht hatte.

In der Zwischenzeit gibt es viele „Wiederbelebte" und ein Teil von ihnen berichtet, dass sie diesen Zustand des vorübergehenden Aufhörens der Lebensfunktionen als ein großes, schönes Erlebnis empfunden haben. Meist hatten sie das Gefühl, sie befänden sich in einem dunklen Gang, an dessen Ende ein helles Licht leuchtete. Ihr Weg ging durch diesen Gang, dem Licht zu, und am Ende traten sie in eine unbeschreiblich schöne Helle, die sie mit einer bisher nicht gekannten Freude erfüllte. Manche berichten, sie wären hoch oben in der Luft geschwebt und hätten den Bemühungen der Ärzte und Helfer als quasi Unbeteiligte von der Höhe aus zugesehen. Interessanterweise stimmen die Angaben, die sie über diese Bemühungen machen, vielfach mit dem tatsächlichen Geschehen überein. Psychologen deuten diesen dunklen Gang, an dessen Ende ein helles Licht leuchtet, als eine Erinnerung an den Geburtsvorgang, bei dem das Kind aus dem Dunkel plötzlich ins Licht tritt. Diese Deutung versagt beim zweiten Teil des Erlebens, dem Schweben in der Höhe. Es gibt auch andere Mitteilungen, die eher von Angst berichten. Die Frage ist offen, ob es sich hier um einen tatsächlichen Übergang vom Leben zum Tod handelt und wie diese Erlebnisse einzuordnen sind.

Wenn man vom Tod redet, so ist nicht dieses Zwischenstadium gemeint, sondern der endgültige Tod. Es hat sich in den letzten Jahrzehnten eine eigene Wissenschaft vom Sterben entwickelt, die Thanatologie, die sich der Aufgabe widmet, Sterbenden und deren Angehörigen bei der Bewältigung des Schmerzes und der Pein, die der Tod mit sich bringt, zu helfen. Der Tod kann aber auch eine Neuorientierung für die Angehörigen bedeuten und auch dazu ist mitunter Hilfe notwendig. Es geht hier mehr um chronisch Kranke, oft Krebskranke, die zwar den Tod vor sich haben, denen aber noch eine gewisse Zeit gegeben ist. Diese Kranken haben oft ungelöste Fragen, die sie nur verschlüsselt oder in Zeichnungen ausdrücken können. Es bedarf einer eigenen Ausbildung, um diese verschlüsselten, mündlichen Botschaften zu verstehen und die Zeichnungen richtig zu deuten.

Frau Dr. Elisabeth Kübler-Ross, eine bekannte und prominente Therapeutin auf diesem Gebiet, gibt dazu in ihren Büchern viele Beispiele, eines davon sei erwähnt:

Ein dreizehnjähriges Mädchen (L) ist an Krebs erkrankt. Als das Kind im Endstadium völlig ausgezehrt war, erwarteten alle täglich seinen Tod, es lebte aber weiter. In dieser Situation fragte Frau Dr. Ross die Mutter, ob sie die Kleine fragen dürfe, was sie am Sterben hindere. Die Mutter erlaubte die Frage und das Kind berichtete, ein Priester hätte ihm gesagt, es könne nur in den Himmel kommen, wer Gott mehr liebe als alles andere, sie aber liebe am meisten ihre Eltern. Frau Dr. Ross sagte darauf zu dem Mädchen: Wir wollen nicht darüber streiten, wer Gott am besten versteht. Reden wir von Dingen, die wir beide kennen. Und sie fragte L, ob sie nicht bemerkt habe, dass die Lehrerin in der Schule manchmal besonders schwere Fragen stelle. Gibt sie diese Aufgabe dem Schlechtesten in der Klasse oder nur sehr wenigen, die sie besonders auswählt? L's Antwort war: Die gibt sie nur wenigen, die sie auswählt. Frau Dr. Ross sprach weiter: Nun, der liebe Gott ist auch ein Lehrer, glaubst du, dass er dir eine leichte Aufgabe gestellt hat, die er jedem Kind geben kann oder hat er dir eine besonders schwere gegeben? Da leuchteten die Augen des Kindes und es rief: Ich glaube nicht, dass er irgendeinem Kind eine schwierigere Aufgabe hätte geben können. Bald darauf starb es in Frieden.

Eine solche Hilfe zu geben, zählt sicher zum Schönsten, was ein Arzt für seine Patienten tun kann. Auf einer Unfallabteilung spielt sich das Sterben allerdings in der Regel auf eine ganz andere Art ab. In meiner Abteilung mit 115 Betten und 4.000 stationären Patienten starben pro Jahr etwa 40 Patienten. Etwa 15 davon nach Oberschenkelbrüchen, sehr betagt, oft weit über 80 Jahre. Hier geht das Kranksein langsam in das Sterben über, man ist versucht, es als ein Einschlafen zu bezeichnen. Ein Einhundertfünfjähriger wurde mit einem hüftnahen Oberschenkelhalsbruch operiert. Wir hatten, als er 100 Jahre alt war, auf der anderen Seite einen ähnlichen Bruch behandelt. Damals hatte er die Operation problemlos überstanden. Diesmal verlief die Operation ebenfalls glatt, die Wunde heilte ohne Störung ab, nach drei Wochen schlief er ruhig ein, an seinem Bett saß eine geistliche Schwester und hielt seine Hand.

Die Hälfte aller Todesfälle betrifft schwerste Verletzungen des Gehirns und so genannte Mehrfachverletzungen. Das sind definitionsgemäß Verletzungen von mindestens drei Organsystemen, von denen eine allein unbehandelt zum Tode führen würde. Die schweren Hirnverletzungen sind meist von der Einlieferung bis zum Tod bewusstlos. Bei den Mehrfachverletzungen stirbt ein Teil in den ersten Stunden, von denen, die diese ersten Stunden überleben, stirbt ein Teil nach zwei bis drei Wochen. Die meisten von ihnen sind wegen der Schwere der Verletzungen nicht in der Lage, sich mit dem bevorstehenden Tod auseinander zu setzen.

Es verbleiben nur Wenige, bei denen eine Sterbebegleitung im Sinne der Thanatologie möglich wäre und hier wird es gelegentlich von den Angehörigen, die man ja vorher fragen muss, verboten. Man möchte den Patienten ersparen, von dem bevorstehenden Tod zu erfahren. Im Nachhinein hat sich gelegentlich herausgestellt, dass die Betroffenen sehr wohl Bescheid wussten und die Einzelheiten für ihr Begräbnis, einschließlich des Trauerredners schriftlich festgelegt hatten.

Drei meiner derartigen Erlebnisse möchte ich hier wiedergeben. In allen drei Fällen ging die Initiative nicht von mir aus, sondern ich wurde in das Geschehen sozusagen einbezogen.

Während meiner Tätigkeit als Ausbildungsarzt auf einer Internen Abteilung hatte ich eine siebzigjährige, krebskranke Frau zu betreuen. Sie war vor längerer Zeit operiert worden und kam in Abständen von drei bis vier Monaten für einige Tage auf die Abteilung zu einer Nachuntersuchung. Sie erhielt in diesen Tagen Infusionen und meist auch eine oder zwei Transfusionen von frischem Blut, dann wurde sie wieder entlassen. Wir waren dadurch sozusagen alte Bekannte und ich führte mit der freundlichen und völlig ausgeglichenen Frau schöne Gespräche, meist bei der Abendvisite. Eines Tages bat sie mich, mich an ihr Bett zusetzen, sie wollte mit mir reden. Sie erzählte mir aus ihrem Leben, abschließend bedankte sie sich für meine Bemühungen und verabschiedete sich. Ich war der Meinung, ihre Entlassung sei für den nächsten Tag vorgesehen und wünschte ihr, die Erholung möge lange anhalten. Darauf sagte sie mir lächelnd: Ich gehe nicht nach Hause, sondern ich werde heute Nacht sterben. Ich fragte sie erstaunt, wie sie denn auf so eine Idee komme, da es ihr doch ausgezeichnet gehe. Sie antwortete, sie wisse es bestimmt, aber sie könne es mir nicht erklären, dabei war sie ruhig und freundlich und in keiner Weise beunruhigt. Am nächsten Morgen führte mich mein erster Gang natürlich auf die Abteilung, um nach der Frau zu sehen. Die Schwester konnte mir nur berichten, dass sie in der Nacht gestorben war.

Ein vierzigjähriger Bauer wurde 1957 in einem meiner Dienste eingeliefert. Er hatte vor acht Tagen eine Kreissägenverletzung an der linken Hand erlitten. Am Zeigefinger hatte er sich mehrere längsverlaufende Wunden zugezogen. Die Wunden wurden ausgeschnitten und genäht, ein Fehler, denn bei mehreren längsverlaufenden Wunden an einem Finger muss mindestens eine offen bleiben, damit keine zu starke Spannung auftritt, welche die Durchblutung des Fingers beeinträchtigen könnte. Die Weiterbehandlung erfolgte ambulant. Die Einlieferung erfolgte, weil er seit dem Vortag Schwierigkeiten beim Öffnen des Mundes hatte. Die Untersuchung ergab einen relativ weit fortgeschrittenen Wundstarrkrampf, der Zeigefinger war schwarz und eingetrocknet. Ein nach so kurzer Zeit auftretender und relativ voll ausgebildeter Wundstarrkrampf war zu der damaligen Zeit ein Todesurteil. Ich muss bei dieser Erkenntnis so erschrocken sein, dass der Bauer dies bemerkte und mich fragte, was denn los sei. Als ich ihm mitteilte, dass er einen Wundstarrkrampf habe, wusste er als Bauer sofort, was das bedeutete und er fragte mich, ob er sterben müsse. Dieser direkten Frage konnte ich mich bei dem Ernst der Situation nicht durch eine Lüge entziehen. Ich sagte ihm, wir würden sofort den Zeigefinger, der als Träger der Wundstarrkrampfkeime anzusehen war, amputieren und ihm einen Impfstoff verabreichen. Trotzdem seien seine Genesungschancen nach den medizinischen Erkenntnissen sehr gering, ich fügte aber hinzu, dass auch in der Medizin Prognosen nie hundertprozentig seien. Er nahm das sehr gefasst auf und fragte, wie lange er bestenfalls noch zu leben habe. Ich erklärte ihm, wahrscheinlich eine Woche, aber wir würden dafür sorgen, dass er nicht zu leiden habe. Daraufhin umarmte er mich, bedankte sich wiederholt und bat mich, einen Rechtsanwalt kommen zu lassen, denn seine familiären Verhältnisse seien in einem schlimmen Zustand und er wolle vor seinem Tod noch Ordnung schaffen. Das geschah noch am selben Tag. Die folgenden Tage war er bei der Visite immer sehr ruhig und bedankte sich bei mir noch mehrmals, bis er das Bewusstsein verlor und nach einer Woche starb.

Wenig später, nach Einführung der Beatmungsmaschinen, hätte man den Mann durch muskellähmende Medikamente und mehrwöchige Beatmung retten können.

An einem Samstagmorgen wurde ein vierköpfige Familie, die Eltern und zwei Söhne, eingeliefert. Kurz nach dem Antritt eines Wochenendausflugs wurde ihr Auto in einen Verkehrsunfall verwickelt, der Vater saß am Steuer. Die Mutter hatte eine operationsbedürftige Verrenkung an der Halswirbelsäule erlitten, einer der Söhne einen Milzriss und der zweite eine operationsbedürftige Schädelblutung, der Vater hatte nur eine Fissur an der rechten Beckenschaufel, sonst jedoch keinerlei Verletzung. Ich berichtete dem Vater, was mit den anderen Familienmitgliedern los sei, alle müssten dringend operiert werden, es sei aber alles in Ordnung zu bringen. Man werde ihn ins Bett legen und auf die Abteilung bringen, er müsse sich nur etwas gedulden. Er meinte, dass es nicht notwendig sei, ihn auf die Abteilung zu bringen, er werde den Tag nicht überleben, man solle einen Priester holen, er wolle die Beichte ablegen. Ich versicherte ihm nochmals, dass mit der Familie alles in Ordnung kommen werde, seine Verletzung sei so geringfügig, dass sie außer Bettruhe keiner Behandlung bedürfe. Gegen vierzehn Uhr waren die drei versorgt und ich begab mich zum Vater, um ihm von den erfolgreichen Operationen zu berichten. Er war seinem Wunsch gemäß im Aufnahmeraum geblieben. Die Untersuchung ergab einen beginnenden Schock. Bei der nochmaligen genauen Untersuchung konnte ich keinen Grund für diesen Schock finden, eine Blutung in den Bauch wurde durch eine Paracentese ausgeschlossen. Es wurde mit einer entsprechenden Schockbehandlung begonnen, trotzdem nahm das Schockgeschehen zu und drei Stunden später starb der Mann. Bei der Obduktion konnte keine Ursache für dieses Schockgeschehen gefunden werden, nirgends eine Blutung, auch nicht an der Fissur der Beckenschaufel, auch keine weitere Verletzung.

Diese drei Menschen, die den Tod vor Augen hatten, haben keine Angst gezeigt, im Gegenteil, zwei von ihnen und auch der Arzt, dessen Schicksal im Kapitel über das Leid geschildert wurde, waren völlig ausgeglichen, von einer heiteren Ruhe. In keinem der Fälle kam ich in die Situation, „Sterbehilfe" zu leisten, sondern im Gegenteil, ihr Sterben war für mich und vielleicht auch für einige andere ein Geschehen, das geeignet war, eigene bewusste oder unbewusste Lebensprobleme aufzuhellen. Es ist schwer auszudrücken, aber ich fühlte mich nach solchen Erlebnissen tagelang irgendwie geborgen und heiter, und wenn ich nach Jahren daran zurückdenke so stellt sich eine gewisse Ruhe und Geborgenheit ein. Es klingt paradox, aber nicht ich habe Sterbehilfe geleistet, sondern die Sterbenden wurden für mich zu einer Lebenshilfe.

IX. Kapitel

Emeritus

Das Wort lässt sich verschieden übersetzen. Es wird üblicherweise bei Universitätsprofessoren, die ihre Tätigkeit beendet haben, dem Titel angefügt. Man könnte es so deuten, dass der Professor davon entbunden sei, weitere Verdienste zu erwerben. Aber auch die Deutung, sein Leben bewege sich jetzt in einem Rahmen, wo das Verdienste erwerben gar nicht mehr möglich ist, wird von Spaßvögeln ins Spiel gebracht. Für einen Menschen, der bis zum Ende seiner Berufslaufbahn eine verantwortungsvolle und auch anstrengende Tätigkeit auszuüben hatte, ist der Rückzug in das Privatleben ein einschneidendes Ereignis. Nachdem heute diese Lebensphase eine Dauer von 20 bis 25 Jahren hat, ist es erforderlich, den Abschnitt bewusst zu gestalten. Das betrifft verschiedene Aspekte, einmal das gemeinsame Leben mit dem Ehepartner, mit dem man plötzlich einen großen Teil der Zeit hautnah beisammen ist. Hat man gemeinsame Interessen, so ist das gut, man kann ihnen nun die gemeinsame Zeit widmen. Sind die Interessen unterschiedlich, so muss man mitunter lernen, dem anderen den nötigen Freiraum zu gewähren. Auch wenn man sich ein Leben lang bemüht hat, partnerschaftlich zu leben, kann die Umstellung Schwierigkeiten bereiten.

Meine Frau, die sich in den vergangenen 45 Ehejahren der Familie gewidmet hatte und auch mich beruflich durch Mitarbeit an der Dokumentation und als Ordinationssekretärin unterstützt hat, erklärte bei meinem Pensionsantritt, dass sie sich nun persönlichen Interessen widmen wolle, die bislang hintangestellt geblieben waren. Sie machte Glaubens- und Bibelkurse und Kurse in Altenpflege. Das brachte ihr nicht nur neues Wissen, sondern sie kam auch mit anderen Leuten in Kontakt, die gleiche Interessen hatten, etwas, das während ihrer „Hausfrauenzeit" zu kurz gekommen war. Sie blühte in solchen Veranstaltungen förmlich auf und erlebte so eine erfüllte Zeit, denn sie ist von ihrer Veranlagung her ein sehr geselliger Mensch.

Bei mir war die Situation anders, ich bin lieber allein und es erhob sich für mich die Frage, was ich für mich aus diesen Jahren machen will. Geht man, so wie ich mit 62 Jahren in Pension, so hat man auf der einen Seite das Gefühl, die Leistungsfähigkeit sei noch nicht am Ende, auf der anderen Seite merkt man jedoch, dass es etwa beschwerlich wird, sich neue Techniken anzueignen. Man hat lange Zeit bewährte Methoden erfolgreich praktiziert und fragt sich, warum soll ich die letzten paar Jahre meiner Tätigkeit noch neue Methoden beginnen. Um eine neue Technik zu beherrschen, bedarf es oft einiger Jahre intensiven Trainings, das hieß für mich, sobald ich die neuen Methoden beherrschte, würde man mich ohnehin in Pension schicken.

Ein weiterer Anreiz, in Pension zu gehen, ist der Umstand, dass während einer jahrelangen praktischen Berufsarbeit eine Menge interessanter Fragen auftaucht. Das kann die Grundlagen der eigenen Tätigkeit betreffen, aber auch völlig andere Wissensgebiete, denen nachzugehen die Zeit nicht ausgereicht hat. Das möchte man endlich einmal nachholen. So hat mein Vorgänger ein Studium der Land- und Forstwirtschaft absolviert mit Forschungsaufenthalten in Afrika.

Mich hat die Einsicht in die fehlende Lust, mich immer wieder in neue Techniken einzuarbeiten, bewogen, meine praktische Tätigkeit drei Jahre vor der gesetzlichen Frist zu beenden.

Nach dem Pensionsantritt gönnte ich mir ein so genanntes „Sabbatjahr“. Meine Frau und ich hatten uns in dem Dorf, aus dem wir beide stammen, ein Haus gebaut, um „zu den Wurzeln“ zurückzukehren. Wir wurden von unseren alten Bekannten mit Freuden wieder aufgenommen und wohnen recht ruhig, umgeben von einem schönen Garten; außerhalb des Zauns beginnen Felder und Wiesen und überall sind die grünen Wälder in Sichtweite. Das Sabbatjahr nutzte ich dazu, um in den vielen medizinhistorischen Büchern, die ich in den Jahrzehnten gesammelt hatte, zu lesen. Die Lektüre hat mich sofort begeistert und an den Abendveranstaltungen der Kongresse, an denen ich noch immer teilnahm, erzählte ich gerne vom Gelesenen. Es zeigte sich, dass ich an den Gesellschaftsabenden immer einen beträchtlichen Hörerkreis um mich versammelt hatte. Es herrschte großes Interesse, aber wie ich durch Fragen feststellte, nicht nur bei mir, sondern auch bei den anderen ein nur geringes Wissen. Es gab für unser Fach bis dahin keine umfassende kompetente Darstellung. So entschloss ich mich, diese Wissenslücke durch eine Geschichte der Unfallchirurgie zu schließen. Ich wollte die dazugehörige Originalliteratur in den Sprachen Deutsch, Englisch, Französisch und Italienisch lesen. Es kam mir zugute, dass in dem Fortbildungsplan, den ich mir nach der Matura erstellt hatte, vorgesehen war, diese drei Sprachen soweit zu lernen, dass ich selbstständig Texte nicht nur lesen, sondern auch übersetzen konnte.

Zu diesem persönlichen Fortbildungsprogramm gehörte neben Philosophie und Religion auch noch die Geschichte.

Erst die Errungenschaften unserer Zeit haben es ermöglicht, ein so umfassendes Projekt in einem Dorf zu verwirklichen. Das Billroth-Haus in Wien hat eine sehr umfangreiche Literatur- und Zeitschriftensammlung zum Thema. Mit Telefon und Fax ist das Gewünschte in zwei Tagen abrufbar. Auch in verschiedenen Antiquariaten lagern zum Teil seltene Schätze. Das Land Oberösterreich besitzt in Linz eine Studienbibliothek mit einer Fernleihe. Die dortigen Beamten bemühen sich sehr, Bücher aus aller Herren Länder zu beschaffen. Im Verlauf der Studien stieß ich auf mir bisher unbekannte Institute, die man aufsuchen kann, um sich über Detailfragen genauer zu informieren. Auf diese Weise habe ich zahlreiche Reisen unternommen und die Bekanntschaft zahlreicher Persönlichkeiten gemacht. Es war immer wieder ein Erlebnis, die Hilfsbereitschaft dieser Menschen zu erfahren. Beispielhalber sei eines dieser Erlebnisse in Italien erwähnt.

Während meiner Studien über Wundinfektion stieß ich auf den Namen Lazzaro Spallanzani (1729–1799). Er war mit 29 Jahren Professor an der naturwissenschaftlichen Fakultät von Reggio Emilia und später in Pavia. Reggio hatte schon 1188 eine eigene Universität (Wien 1365) und sie gehörte im 13. Jahrhundert neben Padua, Pavia und Bologna zu den bekannten italienischen Universitäten. Spallanzani war ein umfassender Naturforscher, er beschäftigte sich nicht nur als Feldforscher mit den Bakterien, er führte bereits die künstliche Befruchtung bei Hunden und Fröschen erfolgreich durch, er erkannte die Kiemen als die Atmungsorgane der Fische und die Verdauung als einen chemischen Vorgang bedingt durch die Säfte, die von Teilen der Magenwand sezerniert werden. Auf Grund von Experimenten vermutete er bereits, dass die Fledermäuse ein eigenes Orientierungssystem haben. Spallanzani gehörte jener Gruppe von Forschern an, die die so genannte *generatio spontanea*, das heißt die Entstehung des Lebens aus unbelebter Materie, ablehnten. Es gelang ihm in einer Serie von Experimenten nachzuweisen, dass die von dem Engländer J. T. Needham (1713–1781) und dem Franzosen G. L. L. Buffon (1707–1788) behauptete *generatio spontanea* auf fehlerhaften Experimenten beruhte. Nachdem ihm dieser Beweis gelungen war, klärte er noch in einem genialen Experiment die Frage der Vermehrung der Bakterien. Zu diesem Zwecke war es notwendig, ein einzelnes Bakterium in seinem Vermehrungsverhalten zu beobachten. Das war zu dieser Zeit ein scheinbar unmögliches Unterfangen, denn Bakterien wurden nur in Nährlösungen gezüchtet und in diesen Lösungen wimmelte es von Bakterien. Spallanzanis Idee war nun einen Tropfen einer solchen Nährlösung auf einem Objektträger aufzubringen und in einigem Abstand dazu einen Tropfen destillierten Wassers. Nun schaffte er mit einem Haarröhrchen eine Verbindung von dem destillierten Wasser zur Nährlösung. Er beobachtete mit dem Mikroskop, wann das erste Bakterium von der Nährlösung in das Wasser übertrat und unterbrach sofort die Verbindung. Er hatte nun ein einzelnes Bakterium in dem Wassertropfen.

Dieses beobachtete er und er sah, dass sich das Bakterium teilte und auf diese Weise zwei gleichartige Lebewesen entstanden. Weiterhin stellte er schon fest, dass diese Teilung alle 20 Minuten erfolgte. Es war dies die Antwort auf zwei der wichtigsten Fragen, die die Bakterien betrafen. Die Teilung der Bakterien in einer geometrischen Reihe wurde angezweifelt, man warf ein, wo denn all diese Bakterien nach Wochen verblieben, man hatte noch keine Ahnung von den Regulationsmechanismen, welche der exzessiven Vermehrung einer einzelnen Art ihre natürlichen Grenzen setzen. Um die entsprechende Literatur dazu ausfindig zu machen, reiste ich nach Reggio Emilia und suchte das heute noch existierende, von Spallanzani gegründete Naturhistorische Museum auf. Schon am frühen Morgen warteten einige Leute auf Einlass. Als die Reihe an mir war, fragte ich den Portier, ob ich den Direktor sprechen könne. Er zeigte sich erbost über mein Ansinnen und meinte, der Direktor stehe nicht für jeden Beliebigen zur Verfügung. Einer der Wartenden trat darauf vor, wies den Portier zurecht und bat mich ihm zu folgen, er würde mich zum Direktor führen. Ich wurde sehr freundlich empfangen, und als ich mein Anliegen vorbrachte, fragte mich der Direktor, wozu ich diese Literatur bräuchte. Ich berichtete ihm von meinem geplanten Buch und wir führten ein langes Gespräch über Spallanzani und seine Forschungen. Nachdem er sich überzeugt hatte, dass ich gut informiert war, rief er einen seiner Mitarbeiter und wies ihn an, mich mit meiner Literaturliste in die Studienbibliothek zu begleiten, mit dem Auftrag, dort solle mir alles Gewünschte herausgesucht und kopiert werden. Dort sagte man mir, dass es mindestens vier Stunden dauern würde. Die Zeit benutzte ich, um die Geburtsstadt von Spallanzani aufzusuchen. Als ich zurückkam, war alles lückenlos fertig, zusätzlich hatte mir der Direktor noch zwei Bücher über Spallanzani als Geschenk dazulegen lassen. Solche wunderbaren Erlebnisse hatte ich während meiner achtjährigen Arbeit an dem Buch noch einige. Es zeigte sich, dass verwandte Geister durch gemeinsame Interessen über Grenzen hinweg mühelos zusammenfinden, eine immer wieder beglückende und oft unerwartete Erfahrung.

Die „Geschichte der Unfallchirurgie" wurde ganz von selbst zum Inhalt meiner Tage in den ersten acht Pensionsjahren. Außer Sonntag arbeitete ich täglich acht Stunden an dem Manuskript. Die ersten zwei Kapitel hatte ich an den Springer Verlag in Heidelberg geschickt mit der Frage, ob Interesse an einer Publikation bestehe, und hatte umgehend einen positiven Bescheid erhalten. Es ist faszinierend all die Persönlichkeiten, die für die Entwicklung der Unfallchirurgie von Bedeutung waren, in ihrem Denken und praktischen Vorgehen kennen zu lernen. Die vielen gelesenen Biographien wurden in Kurzdarstellungen ein interessanter Teil des Buches. Diese Seite der Unfallchirurgie, die während der Jahre der harten Arbeit etwas zu kurz gekommen war, eröffnete neue

Einsichten in die Entwicklung und das Verhalten von Lebewesen, in manche Fragen der Naturwissenschaft, der Philosophie, in die Fragen betreffend das Wunder des Lebens auf unserem Planeten ganz allgemein.

Ein lehrreiches Beispiel für Wege und Irrwege der Forschung ist die Geschichte der Wundausschneidung, wie oben im Kapitel VII über die „unfallchirurgische Praxis und Wissenschaft“ dargestellt. Die Forschungen auf diesem Spezialgebiet haben, sozusagen als Nebeneffekt, einen Einblick in das Verhalten von verschiedenen Lebewesen in der so genannten Biosphäre gegeben. Die Biosphäre ist jene etwa 20 km dicke Schicht von der Erdoberfläche bis zur Stratosphäre, die unsere Erde umgibt.

Sie ist der einzige Raum, in dem sich nach unserem derzeitigen Wissen Leben im Universum entwickelt hat. Diese Sphäre beherbergt all das millionenfache Leben von den Bakterien bis zum Menschen. Die Forschungen ließen erkennen, dass all die Lebewesen in Beziehungen miteinander und in verschiedenen Abhängigkeiten voneinander stehen. Beim Übertritt eines einfachen Lebewesens, etwa eines Bakteriums in einen hochentwickelten Organismus, muss abgewogen werden, ob sie miteinander existieren können. Dieses Abwägen dauert etwa sechs bis acht Stunden. In dieser Zeit stehen die Lebensvorgänge im Bakterium still. Ist die Umgebung lebensfeindlich, so kapselt sich das Bakterium ein, es wird zur „Spore“, das heißt die Lebensvorgänge ruhen. Dieser Zustand kann in einem Organismus anhalten, bis durch irgend ein äußeres Ereignis die Abwehrkraft des Makroorganismus so geschwächt wird, dass das Bakterium seine Tätigkeit wieder aufnimmt, die Infektion kann aber auch bis zum Lebensende ruhen, der Prozess ist auf alle Fälle durch die Lebensdauer des Makroorganismus begrenzt. In anderen, nichtorganischen Milieus kann der Zustand der Spore bis zu Millionen Jahren anhalten. Ändern sich die Umweltbedingungen, so kann eine Spore sich wieder in ein lebendes Bakterium rückverwandeln und sich sogar wieder vermehren. In der Regel ist ein Organismus für Bakterien eher „lebensfreundlich“ und das Bakterium nimmt nach einer Pause von sechs bis acht Stunden seine Lebenstätigkeit wieder auf, was bei ungezügelter Vermehrung zu einer tödlichen Gefahr für den Organismus werden kann. Es entsteht ein regelrechter Überlebenskampf. Im Falle eines Sieges des Bakteriums bedeutet das entweder eine chronische Infektion oder den Tod des Makroorganismus, im Falle eines Sieges des Makroorganismus Heilung. Nach der Entdeckung der verschiedenen Mittel, um Bakterien unschädlich zu machen, hat man vorübergehend geglaubt, dass man eines Tages die Infektion gänzlich beseitigen können werde, in der Zwischenzeit weiß man, dass mit der Vernichtung der Bakterien ein so großer Schaden angerichtet würde, dass Leben nicht mehr möglich wäre. Aus dieser Einsicht entstand die in unserer Zeit so dringend notwendige ökologische Betrachtungsweise.

Ich hatte in meinem Leben Tausende von Wundausschneidungen erfolgreich durchgeführt. Im Falle einer Wundausschneidung kann man also eine gut begründete und bewährte Technik anwenden, ohne über diese Grundlagen Bescheid zu wissen. Es ist allerdings viel befriedigender, die Entwicklung eines Verfahrens von Grund auf zu kennen. In anderen Fällen hätte dieses Wissen einen erheblichen Einfluss auf die Behandlung gehabt. Ein Beispiel dafür ist die so genannte *bandage reduite*, ein eingeschränkter Verband, der in dem Abschnitt über die Osteosynthese näher geschildert ist.

Solche „späte Erkenntnisse“ und die manchmal verschlungenen Wege dazu werden in dem Buch immer wieder dargestellt. Sie haben dazu geführt, dass das Buch gut aufgenommen und von der Deutschen Gesellschaft für Unfallchirurgie als bestes chirurgisches Buch des Jahres 2000 ausgezeichnet wurde. Es folgten Vortragseinladungen, um die eine oder andere Detailfrage genauer darzustellen.

Eine dieser Einladungen wurde von der Österreichischen Gesellschaft für Unfallchirurgie zur Eröffnung ihrer Frühjahrstagung vom 9.–10. Mai 2003 ausgesprochen. Das Thema lautete:

„Geschichte einer Innovation am Beispiel der Marknagelung“.

Diese Geschichte ist so interessant, dass sie im Abschnitt über die Osteosynthese gekürzt wiedergegeben wurde.

Unter den Vorträgen, zu denen ich nach dem Erscheinen der „Geschichte der Unfallchirurgie“ eingeladen worden bin, hatte der Fakultätsvortrag an der Friedrich-Schiller-Universität in Jena für mich selbst größte Bedeutung. Das Thema, das mir gestellt wurde lautete: „Der Geist der Böhler-Schule“. Obwohl ich von Anfang an in der „Böhler-Schule“ aufgewachsen bin, ist es nicht einfach diese Frage nach dem „Geist“ zu beantworten. Man spricht das Wort immer wieder aus, ohne sich im Konkreten über seinen Inhalt klare Vorstellungen zu machen. Geist ganz allgemein wird definiert als der Gegensatz zur Materie, doch mit dieser negativen Abgrenzung ist zur Frage nach einem bestimmten Geist, zumal dem „Geist“ einer Schule, nichts ausgesagt. Auf der Suche nach einer allgemein verständlichen Antwort stieß ich auf die Aussagen der „evolutionären Erkenntnistheorie“, einer neueren naturwissenschaftlichen Denkrichtung, die davon ausgeht, dass Geist nicht etwas ist, das neben der Materie existiert, sondern, dass der Geist sich mit dem Leben allmählich aus kleinsten Anfängen entwickelt hat. Konrad Lorenz: „Leben ist ein erkenntnisgewinnender Prozess“. Die jeweilige geistige Leistung besteht darin, sich in einer konkurrierenden Lebenswelt zu behaupten. Nur die Lebewesen mit geeigneten Strategien haben letztendlich überlebt und konnten ihr genetisch fixiertes „Wissen“ weitergeben. Dieses genetisch fixierte Wissen führt von der einfachen Verlangsamung einer Bewegung in einem futterreichen Milieu bei den Pantoffeltierchen (Kinesis-Reaktion) bis zu der komplizierten Eichelaussaat des Eichelhähers. Der Häher füllt sich seinen Kropf mit Eicheln und steckt sie in geordneten Reihen und Abständen in die Erde. Er sorgt so dafür, dass diese für ihn so wichtige Futterpflanze auch für die nächsten Generationen noch zur Verfügung steht und er sucht dabei als Pflanzgrund Kiefernwälder, was den Vorteil hat, dass dies die beste Erde für das Gedeihen der Eicheln ist, und gleichzeitig sorgt er damit für einen Fruchtwechsel, was wiederum dem Boden sehr gut tut. Betrachtet man dieses in mehrfacher Hinsicht äußerst rationelle Vorgehen des Vogels, so ist man geneigt, eine vernünftige Überlegung als Grundlage anzunehmen, dem ist aber nicht so, sondern es handelt sich dabei noch um ein angeborenes, vererbtes Verhalten (August Bier 1861–1949).

Erst beim Menschen erreicht der Geist jene Qualität, die über einen Anpassungsmechanismus an die Umwelt hinausgeht, nur der menschliche Geist ist imstande, aus den Umweltgegebenheiten neue, von der Vererbung unabhängige Schlussfolgerungen zu ziehen und direkt gestaltend in die Umwelt einzugreifen. Dieses Eingreifen des Menschen hat im Laufe der Zeit das Antlitz der Erde verändert. Das geht vom ersten Acker bis zu den riesigen Monoplantagen, von der ersten Hütte bis zu den heutigen Großstädten, vom ersten Trampelpfad bis zum Schienennetz der Hochgeschwindigkeitszüge. Alles dient letztlich nicht nur dazu, das Überleben der Menschheit zu sichern, sondern den geistigen Austausch zu erleichtern und zu beschleunigen. Auf diesem Weg entfernt sich der Mensch leider von der Natur und seine natürliche Ausstattung kann sich an manche dieser Veränderungen nicht anpassen. Ganz eklatant ist das bei dem Organ der Fall, das ihn zum Menschen macht, dem Gehirn. Das Gehirn liegt geschützt in der Schädelkapsel, eingebettet in der Gehirnflüssigkeit. Es bedarf einer plötzlichen Geschwindigkeitsänderung von 36 km/h, um das Gehirn soweit zu schädigen, dass Bewusstlosigkeit auftritt, das heißt, dass es vorübergehend funktionsunfähig wird. Um dies zu erreichen müsste ein Weltmeister im Hundertmeterlauf direkt mit dem Kopf gegen eine Wand rennen. In der Zeit vor der Entwicklung der modernen Technik wurden solche Geschwindigkeiten nur sehr selten erreicht, es bedurfte dazu eines Absturzes aus großer Höhe. Heute sind schon im täglichen Straßenverkehr Geschwindigkeiten um 150 km/h keine Seltenheit, entsprechend hoch ist auch die Zahl der schweren Hirnverletzungen, die so zu einem Problem für die moderne Gesellschaft geworden sind. Ähnliches, wenn auch in etwas abgeschwächter Form, gilt auch für den übrigen Körper. Wissenschaft und Technik bedeuten in der Menschheitsgeschichte einen so gewaltigen Schritt nach vorne, dass man auf ihre Errungenschaften nicht verzichten kann. Es bleibt jedoch die Aufgabe, die Nachteile so klein wie möglich zu halten. Dies entspricht der

Überlebensstrategie in unserer Zeit. Böhler war einer der ersten, der dies klar erkannt und auch ausgesprochen hat. Er wurde nicht müde, immer wieder auf die Wichtigkeit einer entsprechenden wissenschaftlichen Grundlegung der Unfallchirurgie, auf ihre wirtschaftliche und soziale Bedeutung hinzuweisen. Praktisch bedeutete dies die Schaffung eines Facharztes für Unfallchirurgie, eines flächendeckenden Netzes eigener unfallchirurgischer Abteilungen, die Organisation der ersten Hilfe und der Nachbehandlung und die ständige Feldforschung an den Unfallpatienten. Entsprechend dem Grundsatz von R. Lériche: „Die Operation ist das häufigste Experiment und es bedarf nur eines Chirurgen mit Verstand, um daraus die richtigen Schlüsse zu ziehen", könnte man sagen, dass der Unfall das häufigste Experiment ist. Für Böhler war jeder Unfall ein Experiment, an dem er seine bisherigen Ansichten überprüfte beziehungsweise an dem er versuchte, neue Erkenntnisse zu gewinnen. So wird bewusstes Leben zu einem weiteren erkenntnisgewinnenden Prozess. Dieser Erkenntnisgewinn kommt entsprechend der besonderen Struktur menschlichen Geistes allen Menschen zugute. Man denke an die goldene Regel: „Was du willst, dass man dir tu, das füg du auch dem anderen zu." In diesem Sinne ist die von Böhler konzipierte Unfallbehandlung ein glänzendes Beispiel gelebter Menschlichkeit in einer geänderten Umwelt. Sein Denken und Arbeiten erregten weltweit Bewunderung und Respekt. Das zeigte sich in unzähligen Begebenheiten, von denen hier nur eine erwähnt werden soll.

In der Endphase des Zweiten Weltkrieges, im Oktober 1944, eroberten die Russen Ungarn. Nach der Einnahme der Stadt Kiskunhalas erschien der kommandierende Sanitätsoffizier im Krankenhaus und forderte die Räumung des Spitals binnen einer Woche, weil dort ein Lazarett für die russischen Verwundeten eingerichtet werden sollte. Der Leiter des Krankenhauses, Dr. Monszpart, ein ehemaliger Assistent Böhlers aus dem Ersten Weltkrieg, fragte den Offizier, wie er sich das vorstelle, nachdem zahlreiche alte Menschen und Kinder hier behandelt würden. Der Russe meinte, dass dies Monszparts Sorge sei, sein Auftrag sei lediglich, das Lazarett einzurichten. Als er nach einer Woche wiederkam, war nichts geschehen. Er tobte und schrie, sodass Monszpart sich umdrehte und wegging. Der Russe ging ihm nach und fand ihn in seinem Zimmer am Schreibtisch sitzend. Hinter dem Schreibtisch hing ein großes Portrait Böhlers an der Wand. Als der Russe das Bild sah, fragte er: „Kennen sie Böhler?" Monszpart sagte darauf: „Ich kenne ihn nicht nur, wir sind Freunde." Der Russe: „Das kann jeder sagen." – Monszpart: „Ich kann es auch beweisen." Er zog ein Bündel Briefe aus der Schreibtischlade und überreichte sie dem Russen. Nachdem dieser die Briefe gelesen hatte, salutierte er, entschuldigte sich und meinte, einem Freund von Böhler wolle er keine Unannehmlichkeiten bereiten, er müsse sich anderswo umsehen.

Die Aufgabe der Wissenschaft ist endlos, es ist nicht nur ihr Recht, sondern ihre Pflicht ständig weiter zu forschen. Fortschritt bedeutet, dass jedes Folgende dem Vorherigen notwendig überlegen ist. Das forschende Subjekt ist aber nicht mehr der einzelne Geist, sondern zunehmend der Kollektivgeist, der das Wissen speichernden Gesellschaft. Der Preis des wissenschaftlichen Fortschritts ist, dass der Einzelne das Wissen nicht mehr überblicken kann, an die Stelle des Überblicks tritt die Spezialisierung. Es kommt zu einer ungeheuren Fragmentierung des Wissens. Der Spezialist bezahlt sein besonderes Wissen dadurch, dass er die Teilhabe am Gesamtwissen verliert (auch Experten irren sich).

Im Falle Böhler ist es jedoch ein Einzelner mit Überblick, das macht ihn so faszinierend.

Diese Zusammenhänge sind mir erst bei der Vorbereitung und Ausarbeitung meines Vortrages für Jena voll bewusst geworden, obwohl meine unfallchirurgische Arbeit von diesem Geist durchgehend getragen war. Es entstand daraus ein neues Buch mit dem Titel: „Der Geist der Böhler-Schule“.

Ich betrachte das als ein Geschenk des Alters. Erst die nun vorhandene Ruhe und das Bemühen um eine umfassendere Zusammenschau erlaubt es, das eigene Leben und Tun in ein größeres Ganzes einzuordnen, wenn sich das als höchst sinnvoll und als eine Antwort auf die Forderung der Zeit erweist.

So war es ein großes Glück, dass mir Jörg Böhler auf den Kopf zugesagt hat, ich solle Unfallchirurg werden.

Mein Berufsleben war geprägt von harter Arbeit, die wöchentliche Arbeitszeit betrug 80 bis 90 Stunden. In den ersten Jahren war die Medizin jedoch so faszinierend, dass mir der Urlaub als eine lästige Unterbrechung erschien, später gab es hingegen auch Zeiten, in denen ich die Last der Arbeit als schwer empfand, darüber halfen aber immer besondere Ereignisse, Erfolge und Begegnungen hinweg, vor allem aber das Bewusstsein, durch meine Arbeit einen sehr wichtigen menschlichen Dienst zu leisten. In solchen Zeiten war auch der Umstand, dass ich durch eine Art Fügung (Böhlers Aussage, ich sei der geborene Unfallchirurg) zu diesem Beruf kam, eine große Motivation.

X. Kapitel

Menschsein – Ein geistiges Abenteuer

Nach der Zeugung wächst der Mensch weitgehend, aber nicht gänzlich von äußeren Einflüssen abgeschirmt in den ersten neun Monaten im finsteren Mutterleib heran. Seine Entwicklung in dieser Zeit folgt in großen Zügen dem von Ernst Häckel (1834–1919) formulierten „Biogenetischen Grundgesetz", welches besagt, dass die individuelle Entwicklung des Menschen (Ontogenese) eine Wiederholung der Stammesentwicklung (Phylogenese) der Menschheit nachzeichnet und zwar auf Grund von Vererbungsgesetzen. Sobald der Mensch in den Besitz seiner geistigen Kräfte gelangt und das, was um und mit ihm geschieht, bewusst erlebt, beginnt ein neuer Abschnitt: das geistige Abenteuer. Kein Mensch beginnt mit der Stunde Null, jeder wird hineingeboren in den Strom dessen, was die Menschheit in den Jahrhunderttausenden vor ihm durchgemacht, erfahren und gedacht hat. Es geht hier um die Einsicht, dass die Menschheit ein Ganzes ist, worauf hier nicht näher eingegangen werden soll, worum es im Folgenden geht, ist vielmehr die Darstellung, wie ich persönlich dieses Abenteuer erlebt habe.

Bei der Geburt tritt der Mensch aus der Finsternis in das Licht. Nach Ansicht der Psychologie ist das ein einschneidendes Ereignis, das tiefe Spuren hinterlässt, die zum Beispiel in der so genannten „Nahtoderfahrung" wieder ins Bewusstsein treten kann. Üblicherweise ist jedoch dieses einschneidende Ereignis dem Bewusstsein entzogen.

Der Mensch beginnt sein Leben in einem Zustand körperlicher und geistiger Hilfsbedürftigkeit. Ein Säugling ist ohne die Hilfe der Erwachsenen dem Tode preisgegeben. Mit seinem Schreien bei Hunger verlangt er nach der lebensrettenden Muttermilch. Nahrung, Wärme, Zuwendung sind die elementaren Bedürfnisse, die er von seiner Umgebung in seiner animalischen Verfassung verlangt. Die Wirkung der Zuwendung kann jeder beobachten, wenn er sieht, wie ein schreiendes Kind durch Zusprache und Streicheln am Arm der Mutter ruhig und zufrieden wird. Diese zwischenmenschlichen Beziehungen kann das Kind zwar nicht verstehen, das ist aber auch nicht notwendig, es muss sie erfahren. Dieses „animalische" Leben geht schon in ersten Lebensjahr zu Ende. Das konnte ich wiederholt an meinen sechs Kindern beobachten. Als mein ältester Sohn gerade krabbeln konnte, machte er sich über ein vom Boden aus erreichbares Buch her. Ich war zufällig im Zimmer anwesend, nahm ihm das Buch weg und klopfte ihm dann sehr fest auf die Hand. Anschließend erklärte ich ihm sehr freundlich, dass die Bücher sehr wertvoll sind, dass sie dem Vater gehören und dass er sie nicht an sich nehmen darf. Während meiner Erklärungen hat er sich beruhigt, er spielte dann weiter und schien die Angelegenheit nicht weiter zu beachten. Der feste Schlag, der zu Schwellung und Rötung führte, erscheint zunächst brutal, aber mein Vorgehen beruhte auf der Lektüre eines Buches von Professor Hamburger, dem Wiener Ordinarius für Kinderheilkunde, mit dem Titel „Über den Umgang mit Kindern". Darin macht der Autor darauf aufmerksam, dass Kinder schon in einem sehr frühen Alter gewisse Zusammenhänge erkennen. Als Beispiel führt er das Berühren eines glühenden Ofens an. Wenn ein Kind ahnungslos erstmals einen glühenden Ofen berührt, so wird es einen heftigen Schmerz empfinden und es wird diesen Versuch nicht wiederholen, ohne dem Ofen deswegen böse zu sein. Auch ich hatte den Eindruck, dass der Bub mir nach meinen freundlichen Erklärungen nicht böse war, und der Zwischenfall war bald vergessen. Bis ich ein Jahr später, als seine jüngere Schwester im Krabbelalter war, eine interessante Beobachtung machen konnte. Ich war mit den beiden Kindern im Wohnzimmer und die Kleine krabbelte Richtung Bücherschrank, ich behielt sie im Auge, um rechtzeitig eingreifen zu können und meine Erziehungsmethode zu wiederholen. Doch dazu kam es nicht, denn bevor sie den Schrank erreichen konnte, war ihr kleiner Bruder bei ihr, schlug ihr auf die Hand und erklärte ihr seinerseits, was ich ihm ein Jahr vorher beigebracht hatte. Damit war die Sache erledigt, mit dem Vorteil, dass die Kleine ihre Lektion auf sanftere Art gelernt hatte. So etwas muss sich noch öfter wiederholt haben. Ich habe es zwar nicht beobachtet, Tatsache ist jedoch, dass trotz freier Zugänglichkeit der Bücher und weiterer vier Kinder keines meiner Bücher beschädigt wurde. Durch die Beobachtung der eigenen Kinder kann ich jedoch sagen, dass schon am Ende des ersten Lebensjahres gewisse bleibende Erfahrungen vorhanden sind, die späteres Handeln bestimmen. In diesem frühen Alter trifft der Mensch also Entscheidungen, die gewisse geistige Fähigkeiten zum Ausdruck bringen. Der Einzelne kann sich an diese erste Zeit nicht erinnern. Wie weit es sich hier um Nachahmung handelt, soll offen bleiben. Im zweiten Lebensjahr macht sich die geistige Entwicklung durch Bekundung des Eigenwillens und entsprechenden Trotzreaktionen zu dessen Durchsetzung für die Eltern unübersehbar bemerkbar, auch das fällt dem Vergessen anheim.

Meine eigene Erinnerung reicht ins dritte Lebensjahr zurück und bezieht sich auf die damalige Wohnung und manche Spielkameraden. Erinnerungen, wo es darum ging, meine Sicht der Welt mit dem zu vergleichen, wie andere darüber denken, beginnen im vierten Lebensjahr und zwar mit jener Bestrafung im Kindergarten, die mir als ungerecht und unangemessen erschien. Dieses Erlebnis ließ Zweifel aufkommen, ob die Geborgenheit und Annahme, die ich durch meine Eltern bisher in meinem Leben erfahren hatte, auch für meine weitere Umgebung Geltung habe. Auch das Zerwürfnis mit meinem Bruder war etwas, das mich in diesem zarten Alter tief aufwühlte und das über Jahrzehnte anhielt. Es muss sich also dabei um etwas gehandelt haben, was entweder den unauslöschlichen „menschlichen Willen zum Sinn" in mir wachgerufen hat, oder es kann auch sein, dass mein unbewusstes Selbstverständnis als Mitglied einer Familie tiefgehend verstört wurde. Die Familie, wie sie uns schon in der Steinzeit entgegen tritt, ist eine evolutionär entstandene Schutzgemeinschaft, die für den Einzelnen auch in der Phase, wo er für das Überleben selbst sorgen kann, in schwierigen Situationen in Funktion tritt. Das wurde bei Massenkatastrophen wiederholt untersucht und ist wissenschaftlich belegt. Daneben ist die Familie aber auch jener Lebensbereich, wo die unterschiedlichen Charaktere auf engstem Raum zusammenleben müssen und wo es auch zu entsprechenden Reibereien kommt. Schon in der Bibel ist der erste Mord ein Brudermord, die Mythologie ist voll von Familientragödien, die moderne Psychologie und die Literatur haben diese zweite Seite der Familie geradezu zum Thema gemacht. Freud spricht davon, dass die Familie ein Kriegsschauplatz ist, und Einstein hat sich dahingehend geäußert, dass sich jeder Krieg vermeiden lasse, außer der Krieg mit der Frau. Von dem allen habe ich als Kind natürlich nichts gewusst, aber im Nachhinein muss ich sagen, dass dies der erste Riss in jener heilen, unbewussten Welt war, in der ich durch meine Mutter aufgewachsen war, sie war nicht nur tiefgläubig, sondern sie lebte auch danach. Ihre gelebte Frömmigkeit hatte ich bis zu meiner Pubertät immer vor Augen (mein Vater wurde bereits 1938 nach Deutschland zur Arbeit verpflichtet und er kehrte erst 1945 zur Familie zurück). Ich fühlte, damals eher unbewusst, dass zwischen meiner familiären Erlebniswelt und meiner damaligen geistigen Entwicklungsstufe keine harmonische Übereinstimmung herrschte.

Die „geistige Welt", die auf den heranwachsenden Menschen in der Folge einwirkt, beschränkte sich zunächst auf das Erlernen des Schreibens und Lesens und der Grundrechnungsarten. Ein Umgang mit diesen Fähigkeiten im Sinne einer Lektüre von Büchern war zunächst nicht möglich, denn in unserem Arbeiterhaushalt gab es keine Bücher. Das Erlernen der Grundrechnungsarten und des Lesens war problemlos, dieses Tun wurde als notwendige Arbeit empfunden, um in die Erwachsenenwelt einzutreten, und es machte auch keine Schwierigkeiten, ich ging gern zur Schule und war auch immer ein guter Schüler. Das einzige Fach, das zu Fragen und Schwierigkeiten führte, war der Religionsunterricht. Die Lehre von der ewigen Verdammnis schien mir, soweit ich mich erinnern kann, grausam und ungerecht. Dass man dafür, was immer man in diesem kurzen Leben getan haben mochte, für ewig bestraft werden sollte, das leuchtete mir nicht ein und schien mir mit einem gütigen Gott unvereinbar.

Ähnliches hatte ich anlässlich der harten Strafe im Kindergarten schon mit vier Jahren empfunden. Derartiges habe ich später wieder mit meinen Kindern erlebt. Mein ältester Sohn kam eines Tages im Alter von sechs Jahren ganz verstört nach Hause. Im Religionsunterricht war die Geschichte von Abraham und Isaak durchgenommen worden. Jene Geschichte, in der Gott von Abraham fordert ihm seine Liebe zu beweisen, indem er von ihm verlangte, seinen einzigen Sohn als Opfer darzubringen. Abraham war dazu bereit, aber, wie bekannt, hat Gott im letzten Moment auf das Opfer verzichtet, und es heißt dann, Abraham habe auf Grund seiner Opferbereitschaft bei Gott Gnade gefunden. Den Sechsjährigen bewegte zum einen die Grausamkeit dieser Geschichte, zum anderen irritierten ihn die Umstände dieser Prüfung. Er fragte: Was soll denn das für eine Prüfung sein, der liebe Gott in seiner Allwissenheit kannte doch die Entscheidung im voraus, das ist doch Unsinn. Die Erklärung, die ich nach langem Überlegen zu geben versuchte, bestand darin, dass Abraham es an sich selbst erlebt haben musste, dass er tatsächlich bereit war, falls Gott es von ihm verlangte, auch sein Liebstes zu geben. Auf diese Weise hatte er an sich selbst erfahren können, dass sein Wille mit dem Willen Gottes tatsächlich übereinstimmte. Eine Erfahrung, die für einen religiösen Menschen von großer Bedeutung ist. Dieses Wissen um den Ernst und die Festigkeit seiner Beziehung zu Gott ist für den Menschen etwas, das ihm Vertrauen, Freude und Geborgenheit gibt. Üblicherweise meint der Mensch oft, er wäre zu einem Opfer bereit, wenn es jedoch darauf ankommt, macht er einen Rückzieher und findet eine Entschuldigung, um es nicht tun zu müssen.

Ganz befriedigt hat ihn meine Erklärung nicht. Als ich ihn nach Jahren darüber befragte, konnte er sich zunächst nicht erinnern, nach einer Weile kehrte die Erinnerung zurück, das Gespräch verlief jedoch ohne Emotionen seinerseits.

Über das Ministrieren machte ich schon mit sieben Jahren die Bekanntschaft mit der lateinischen Sprache und mit der Feierlichkeit des Kultes der katholischen Kirche. Welche Bedeutung dabei die Übersetzung der lateinischen Texte, die mich das ganze Geschehen auch verstehen ließen, für meine Empfänglichkeit dem Geistigen gegenüber hatte, kann ich nicht genau festmachen, jedenfalls muss in mir der Wunsch nach Erweiterung meines Wissens erwacht sein, anders kann ich es mir nicht erklären, dass ich mich mit zwölf Jahren dazu entschloss, zu studieren, und dass ich diesen Entschluss auch ganz allein in die Tat umsetzte. Weder meine Eltern, noch die Lehrer, noch sonst irgendwer in meiner Umgebung hatte jemals von einem Studium gesprochen. Man ließ mich zwar gewähren, aber Unterstützung fand ich bei meinem Bemühen keine.

Während der ersten drei Gymnasialjahre herrschten Krieg und die Ideologie des Nationalsozialismus. Wie der Großteil von uns war auch ich Mitglied der Hitlerjugend. Neben körperlicher Ertüchtigung gehörte auch ideologischer Unterricht zu den Erziehungsmitteln der Nationalsozialisten. Dieser Unterricht war allerdings von sehr geringer Qualität und wurde am Dorf von wenig gebildeten HJ-Führern durchgeführt. Einer der Standardsätze, die wir im Dienst immer wieder hersagen mussten, lautete:

> *„Konfession, Religion bedeutet für uns alle,*
> *Gottgläubig ja, Romgläubig nein*
> *und Deutsch in jedem Falle."*

Das war ein typisches Beispiel für die Schlagworte des Ideologieunterrichtes.

Es hat einige gegeben, die von ihren Eltern vom Religionsunterricht abgemeldet wurden. Bei uns zu Hause kam diese negative Propaganda nicht an, wir nahmen, so wie früher, regelmäßig am kirchlichen Leben teil, im Dorf wurde man dabei auch nicht behindert.

Der Gymnasialunterricht verlief durch Jahre ganz ruhig und unspektakulär. Es war schön, Kenntnisse in drei Sprachen zu erwerben (Englisch, Latein, Französisch). Von besonderem Interesse waren für mich Geschichte, Biologie, Geographie, Chemie und Physik. Die Mathematik interessierte mich nur bis zur Oberstufe. Als wir dort die Integral- und Differentialrechnung durchnahmen, verlor ich das Interesse, weil ich nicht verstand, welchen Sinn diese Rechnungsarten hatten, und dieses Verständnis fehlt mir bis heute. Als wir in Physik und Chemie vom Atom lernten, tat sich eine neue Welt auf. Dass dasjenige, was wir als Stein oder Tisch greifen und als hart empfinden können, in Wirklichkeit leerer Raum ist, ähnlich gebaut wie das Universum, wo die Atome den Sternen vergleichbar sind und die Räume zwischen den Atomen dem Weltraum, das war etwas, was mich in äußerstes Staunen versetzte. Nicht minder in Staunen versetzten mich die griechischen Philosophen, die schon vor 2.000 Jahren auf Grund einfacher, logischer Überlegungen eine richtige Theorie vom atomaren Bau der Materie entwickelt hatten, die bis heute nichts von ihrer grundsätzlichen Gültigkeit verloren hat. Die Theorie gründete auf der Beobachtung, dass Kühe nur Gras fressen und Wasser trinken, aus diesen zwei Naturstoffen aber zahlreiche andere Stoffe wie Haare, Haut, Zähne, Milch und anderes bilden. Sie zogen daraus den Schluss, dass Wasser und Gras aus feinsten, nicht weiter teilbaren Teilchen bestehen, beide Stoffe werden bei der Verdauung in die feinen Teilchen (Atome) zerlegt und daraus werden all die neuen Stoffe aufgebaut. Ich hatte erstmals großen Respekt vor dem menschlichen Geist, der zu solchen Erkenntnissen befähigt. Ich nahm mir vor, diesem Geist mein Leben lang nachzuspüren. Diesem Vorsatz bin ich treu geblieben und in meinem Buch sind einige Beispiele angeführt, wo die Begegnung mit großen Philosophen zu tiefgreifenden und bleibenden Veränderungen meiner geistigen Welt geführt haben. Diese Veränderungen führten zu größerer Unabhängigkeit von materiellen Gegebenheiten, die von außen aufgezwungen sind. Das zeigte sich darin, dass ich damals vollständig glücklich war, auch wenn ich nicht wusste, wovon ich die nächsten Wochen leben sollte.

Nach der Matura kam ich in die bisher schwerste Krise meines Lebens. Ein vorläufiges Ziel, auf das ich die acht vorangehenden Jahre hingearbeitet hatte, war erreicht. Trotz meiner Auszeichnung im Maturazeugnis war ich traurig über mein geringes Wissen, sodass gar keine rechte Freude aufkam. Ich hatte nun zwei Aufgaben vor mir. Das eine war die Erweiterung meines Allgemeinwissens. Dieses Ziel verfolgte ich planmäßig, mein Plan umfasste eine Vertiefung von zwei der schon teilweise bekannten Sprachen Englisch und Französisch, dazu als dritte Sprache Italienisch. Die Kenntnisse in Religion, Philosophie, Geschichte und Biologie mussten ebenfalls ständig erweitert werden. An diesen allgemeinen Bildungsplan habe ich mich bisher mein Leben lang gehalten.

Die zweite Aufgabe, nämlich die Berufswahl, war es, die mich in die Krise brachte. Ich musste nun eine Entscheidung treffen, die für mein weiteres Leben von höchster Bedeutung war. Das Fatale war, dass ich keine Kriterien sah, die mir gezeigt hätten, welchen Beruf ich ergreifen sollte. Wegen meiner fehlenden mathematischen Begabung fiel die Gruppe der technischen Berufe aus, auch zur Juristerei empfand ich keinerlei Neigung. Es verblieb aber immer noch die große Gruppe der Geisteswissenschaften. Ich wollte auf alle Fälle einen Beruf ergreifen, in dem ich mit Menschen zu tun haben würde. Priester, Arzt oder Mittelschullehrer blieben zur Auswahl. In meinem Ringen um eine vernünftige Wahl befasste ich mich viel mit Philosophie und Religion als den wichtigsten Hilfen für eine gute Lebensführung. Soviel ich auch las und nachdachte, ich konnte zu keiner befriedigenden Klarheit kommen. So reifte in mir die Erkenntnis, dass dies gar nicht möglich sei, und ich fand diese Erkenntnis bei der Lektüre von Kant und Fichte bestätigt. Es fiel ein großer Druck von mir, denn was nicht möglich ist, das kann weder ich selbst noch ein anderer von mir verlangen. Noch etwas hatte ich gelernt, es hat keinen Sinn ewig zu grübeln, denn nicht nur das Denken bestimmt den Wert eines Menschen, sondern letztlich sein Tun. Das hieß, ich müsse meine Bemühungen nicht wie bisher ausschließlich auf das Denken, sondern ebenso auf das Tun richten. Man muss im Leben immer wieder Entscheidungen treffen, deren Folgen man nicht mit

Sicherheit voraussehen kann. Erst die Erfahrung im Tun schafft dann letztlich Gewissheit – „durch Erfahrung wird man klug". Damit begleiten neben dem Denken das Tun und die Erfahrung den Menschen ein Leben lang und aus dieser Dreiheit erwächst erst das volle Leben. Damit waren die Grundlagen meiner weiteren Entwicklung geschaffen. Nicht, dass ich gewusst hätte, wie es konkret weiter geht, aber ich hatte eine Basis, auf der ich anfangen konnte.

Bei der zweiten wichtigen Grundentscheidung, nämlich der Partnerwahl, waren die Schwierigkeiten nicht mehr so groß. Die Liebe beginnt mit der Verliebtheit. Verliebt habe ich mich mit 18 Jahren zum zweiten Mal und zwar in meine jetzige Frau. Es folgten zwei schöne Jahre, in denen die Verliebtheit, so meine ich, in Liebe überging. Mit zwanzig begann ich mein Studium in Wien, was mit einer Trennung verbunden war. Ich war der Meinung, dass wir einander während der folgenden sechs Jahre frei geben sollten, weil man ja nicht wissen könne, ob in dieser langen Zeit einer von uns einem möglichen Partner begegnen wird, und da sollte der andere kein Hindernis sein. Meine Frau hatte ihrerseits diese Befürchtung nicht, aber sie musste sich darein fügen, dass unsere Begegnungen eher selten wurden. Ich verliebte mich auch ein weiteres Mal. Dieses Feuer erlosch, wie es gekommen war. Eines habe ich aus den drei Perioden der Verliebtheit gelernt: Verliebtheit ist noch keine Grundlage für eine Ehe, sie kann auch ein vorübergehender Zustand sein. Nach dem Studienabschluss waren die Voraussetzungen für die Gründung einer Familie geschaffen. Ich fragte nun bei meiner großen Jugendliebe nach, wie sie darüber denke. Da erfuhr ich, dass auch sie in der Wartezeit Beziehungen gehabt hatte, diese Beziehungen hatten aber ihr Bedürfnis nach Liebe und ihre Sehnsucht nicht erfüllt. Sie habe auf mich gewartet und, falls ich nicht gekommen wäre, hätte sie Kinderdorfmutter werden wollen und auf eine Heirat verzichtet. Diese Eröffnung war für mich eine große Freude und, wenn auch der Gefühlsüberschwang der ersten Verliebtheit nicht mehr zurückzuholen war, ein großes Glück. Auch in der Liebe bekommt, wenn es mit einer Familiengründung ernst wird, das Verantwortungsbewusstsein, das damit verbunden ist, einen neuen Stellenwert, es gesellt sich sozusagen zur „Liebesfreude" der Ernst des Lebens. Dass die lockere Beziehung acht Jahre überdauert hatte, erfüllte mich mit der Zuversicht, dass unsere Ehe eine gute Grundlage habe. Wir wollten beide eine große Familie mit mehreren Kindern haben. Das kommt vielleicht daher, dass wir beide aus einer Mehrkinderfamilie stammen. Der Wunsch ging sehr rasch in Erfüllung. Innerhalb von gut sieben Jahren kamen drei Buben und drei Mädchen zur Welt. Meine Frau, die vor der Ehe Bilanzbuchhalterin gewesen war, hat nach dem dritten Kind den Beruf aufgegeben und sich ganz der Familie gewidmet. Das war keine leichte Aufgabe, aber unser Vorsatz in allen Schwierigkeiten zusammenzustehen, hat sich bewährt. Das alles ohne Kinderkrippe oder Kindergarten. Den Ältesten wollten wir, um der Frau eine Erleichterung zu verschaffen, in den Kindergarten schicken, doch nach wenigen Wochen hat er sich geweigert weiter dort hinzugehen, er wollte lieber mit seinen Geschwistern spielen und die „Kindergartentante" hat ihm auch nicht gepasst. So hatten wir, als der Letzte zur Welt kam, schon unseren eigenen Kindergarten. An vielen Tagen gesellten sich dazu zwei oder drei Nachbarkinder. Das alles war möglich, weil wir auf dem Land ein Haus mit Garten hatten und die Kinder sowohl im Winter als auch im Sommer bei schönen Wetter viel Zeit im Freien verbrachten. Wir haben ein Haus in unserem Dorf gebaut, weil ich wollte, dass die Kinder auf dem Land aufwachsen können. Ich nahm dafür die Fahrt zur Arbeit, eine Strecke 60 km, und das 20 Jahre lang, in Kauf. Als die Familie größer geworden war, haben wir eine Haushaltshilfe angestellt. Das war zwar eine große Hilfe, aber meine Frau hatte noch immer Arbeit genug. Neben der vielen Arbeit mussten auch die Feste ihren entsprechenden Platz haben. Es gab mindestens alle zwei Wochen ein Familienfest (Advent, Nikolaus, Weihnachten, Fasching, Ostern, Geburts- und Namenstage, Taufe, Firmung, Schulbeginn, Zeugnisverteilung, Hochzeitstag). Neben dem Weihnachtsfest war der Fasching immer einer der Höhepunkte, es musste jeder einen eigenen Beitrag vorbereiten. Das galt auch für Gäste, ohne Beitrag war eine Teilnahme nicht erlaubt. Einer meiner Söhne hat, um etwas besonderes zeigen zu können, das Zaubern erlernt und uns jedes Jahr mit neuen Tricks überrascht. Meine Frau, eine ausgezeichnete Köchin, hat jedes der Feste mit einem Festmahl gekrönt.

Nach Übernahme der Leitung der Welser Unfallabteilung (1975) haben wir unser Haus in Gaspoltshofen verkauft, weil ein Abteilungsleiter verpflichtet ist, am Arbeitsort zu wohnen. Wir kauften in Wels ein altes, sehr stilvolles Bauernhaus, das in dem Buch eines Professors der Salzburger Universität über erhaltenswerte Häuser in dieser Gegend besonders erwähnt ist. Dieses Haus mussten wir in den ersten drei Jahren, während wir drinnen wohnten, erst sanieren. Meine Frau hat in meiner kleinen Privatordination und an der Dokumentation der Spitalsabteilung als meine Privatsekretärin gearbeitet. Diese Umstellung war für sie eine schwere psychische, aber auch finanzielle Belastung. Es zeigte sich, dass eine Familie zum Sparen gezwungen ist, vor allem, wenn die finanzielle Grundlage zu Beginn Null ist und ein lebenswertes Zuhause von den Partnern erst geschaffen werden muss. Wir haben den beruflichen Veränderungen Rechnung tragend, insgesamt zwei Häuser gebaut und eines zu denselben Kosten saniert. Dadurch haben wir über Jahre für Bauarbeiter Arbeit geschaffen, statt das Verdiente zu unserem Vergnügen auszugeben. Diese Anforderungen, die an eine Familie herankommen und die auch enorme psychische Belastungen mit sich bringen können, sind vielleicht der

Grund, dass Literatur und Psychologie eine so negative Einstellung zur Familie entwickelt haben, die sich heute in einer bedrohlichen Abnahme der Kinderzahl zeigt. Es hat sich auch die Beziehung zu den Kindern geändert, waren früher Kinder notwendig, um bald verfügbare und billige Arbeitskräfte zu bekommen, so hat sich das dahingehend geändert, dass die Kinder erst relativ spät in den Arbeitsprozess eintreten, ihre Arbeit kaum mehr zum Familienunterhalt beiträgt und ihre Ausbildung sehr kostenintensiv ist; alles Gegebenheiten, die eher davor abschrecken eine größere Familie zu gründen. Trotzdem, und aus meiner religiösen Verantwortung heraus, galt für mich eine Aussage des österreichischen Dichters Franz Kafka (1883–1924), der ein Angestellter der österreichischen Arbeitsunfallversicherung war:

> *„Heiraten, eine Familie gründen, alle Kinder, welche kommen wollen, hinnehmen, in dieser unsicheren Welt erhalten und gar noch ein wenig führen ist meiner Überzeugung nach das Äußerste, das einem Menschen überhaupt gelingen kann.“*

Wie schon meine Tochter Barbara in ihrer Diplomarbeit es ausgedrückt hat, gehört das Familienleben zum Schönsten, was man erleben kann. Die evolutionären und gesellschaftlichen Gegebenheiten haben das im Laufe der Evolution entwickelte Wissen um den Wert der Familie nicht auslöschen können. In verschiedenen Umfragen stellt sich immer wieder heraus, dass junge Leute in ihrem Leben der Familie einen hohen Stellenwert einräumen. Die heranwachsenden Kinder werden in ihrer geistigen Entwicklung mehrfach gefördert. Das zeigte sich bei unserem zweiten Kind, einer Tochter. Sie lernte mit ihrem Bruder, der ein Jahr vor ihr zur Schule ging, von sich aus mit und konnte bei Schuleintritt bereits Lesen und einiges Schreiben. Gewisse Vorkenntnisse eigneten sich auch die anderen Geschwister an. Lernschwierigkeiten in der Grundschule gab es keine. Eine Hilfe in der Entwicklung war auch immer meine Frau, sie kannte durch das ständige Beisammensein die Neigungen der Einzelnen und diese Neigungen wurden durch den Ankauf von entsprechenden Büchern unterstützt. So hatte jedes Kind mit den Jahren eine eigene kleine Bibliothek. Wie wichtig eine gute Lektüre sein kann, haben wir an Sohn Paul erlebt, er hatte in der Unterstufe des Gymnasiums Lernschwierigkeiten. Mit 14 Jahren erhielt er das Buch: „Heute ein Junge, morgen ein Mann“. Nach der Lektüre war er verändert. Er bemühte sich von sich aus, ein geordnetes Leben zu führen und nahm freiwillig manchen Verzicht auf sich, so an einem schönen Badetag, als alle ins Bad gingen, blieb er zu Hause mit der Erklärung: Gerade weil alles zum Baden drängt, werde ich lernen.

Weihnachten sowie die Geburtstage waren für mich immer sehr interessant im

Hinblick darauf, welche Bücher die Kinder als Geschenk erhielten. Auf diese Weise bekam auch ich Einblick in ihre speziellen Interessen. Es wuchsen so fünf „Leseratten“ heran, nur der Letzte, von dem man das am wenigsten erwartet hätte, zeigte kein besonderes Interesse am Lesen und gerade er ergriff letztendlich einen „schreibenden Beruf“, er wurde Journalist. Die anderen beiden Söhne und eine Tochter sind Ärzte, eine Tochter arbeitet als Laborantin in der Pharmaindustrie, eine Tochter war Lehrerin und hat sich dann später ganz ihrer Familie (zwei Kinder) gewidmet. In der Zwischenzeit hat sich unsere Großfamilie um 13 Enkel erweitert. Die älteren Enkel sind mir bereits eine Hilfe bei Schwierigkeiten am Computer oder anderen neueren technischen Geräten. War es früher so, dass die Jungen von den Alten lernten, so hat sich das in unserer schnelllebigen Zeit, in der ständig Neues auf uns zukommt, dahingehend geändert, dass wir Älteren von den Jungen vieles lernen können.

Alle diese positiven Seiten stehen bei der Nachbetrachtung im Vordergrund, es gab natürlich auch Streit, Entwicklungsschwierigkeiten, fragwürdige elterliche Entscheidungen, Unfälle, Krankheit und andere Widrigkeiten und Sorgen, die das Leben manchmal auch schwer machten, aber gemeinsam war das alles zu meistern.

Einiges davon war schwerwiegend und bedeutete sogar eine Gefahr für das Weiterbestehen der Familie.

So ein Ereignis war die Geburt unseres fünften Kindes, der Tochter Barbara. Es trat im sechsten Monat völlig unerwartet eine schwere, lebensgefährliche Blutung auf. Eine solche Blutung ist bedingt durch einen atypischen Sitz des Mutterkuchens, jenes Gebildes, das die Blutversorgung des Kindes während der Schwangerschaft sicherstellt. Normalerweise ist der Mutterkuchen in der Tiefe der Gebärmutter festgewachsen und löst sich erst nach der Geburt des Kindes von der Gebärmutterwand ab. Im Falle eines atypischen Sitzes ist er am Gebärmutterausgang festgewachsen und muss sich schon am Beginn der Geburt ablösen, damit das Kind überhaupt geboren werden kann. Das bedeutet aber, dass während der Geburt das Kind nicht ausreichend mit Blut versorgt wird und entweder stirbt oder unter Umständen eine Hirnschädigung erleidet. Der Blutverlust bringt auch die Mutter in Lebensgefahr.

Die Blutung trat am Morgen auf, als ich nach dem Frühstück ins Krankenhaus fahren wollte. Gerade rechtzeitig bemerkte ich, dass ich meine Tasche vergessen hatte. Ich stieg nochmals aus, um sie zu holen. Als ich in die Küche kam, stand meine Frau in einer großen Blutlache und um sie herum die erschrockenen Kinder. Ich begriff natürlich sofort, worum es sich hier handelte, und legte sie unter Hochlagerung des Beckens auf eine Bank. Dann rief ich im Spital an, berichtete, was los war, und bat, man möge keine Operation beginnen, damit meine Frau sofort behandelt werden könnte. Dann lief ich noch zum Nachbarn und bat ihn, sich um die Kinder zu kümmern und unsere Haushaltshilfe zu verständigen. Hierauf fuhr ich mit meiner Frau los. Während der Fahrt sprach ich ständig mit ihr, um rechtzeitig zu bemerken, falls sie bewusstlos würde. In diesem Fall wäre ich bereit gewesen noch auf der Straße den notwendigen Eingriff vorzunehmen, um die Blutung zum Stillstand zu bringen. Je näher wir dem Spital kamen, desto schwächer wurde ihre Stimme und sie gab mir Anweisungen, was im Falle ihres Todes mit den Kindern geschehen soll. Im Krankenhaus angekommen trug ich meine Frau zum Operationssaal, die Tür war verschlossen. Ich trat sie mit dem Fuß ein und da wurde in aller Ruhe operiert. Als der Gynäkologe meine Frau sah, unterbrach er die Operation und nahm noch im Gang die Wendung des Kindes im Mutterleib vor. Damit kam die Blutung vorübergehend zum Stehen, anschließend wurden im Gebärsaal Kind und Mutterkuchen extrahiert, nach Verabreichung eines Medikamentes kam es zur Kontraktion der Gebärmutter und damit stand die Blutung endgültig. Die ganze Aktion muss ziemlich dramatisch verlaufen sein, denn der noch junge Anästhesist kam nicht zurecht, sodass letztendlich ich die Narkose durchführte.

Mutter und Kind waren gerettet, meine Angst war, dass eventuell durch die Minderdurchblutung infolge der Ablösung eines Teiles des Mutterkuchens das Kind eine Behinderung behalten würde. Das Kind war, Gott sei Dank, gesund.

Das geschilderte Ereignis hatte in vieler Hinsicht etwas Außergewöhnliches an sich. Da ist zum einen meine Anwesenheit bei der Blutung. Ich hätte an diesem Tag laut Plan Dienst gehabt. Auf Drängen eines Kollegen hatte ich diesen Dienst getauscht, was ich sonst nie tat, ich wäre also an diesem Tag nicht zu Hause gewesen. Zum anderen ist es dem Umstand, dass ich meine Tasche vergessen hatte, zu danken, dass ich nochmals ins Haus ging und in diesen paar Minuten war die Blutung aufgetreten. Dass dann alle notwendigen Maßnahmen so rasch und effektiv erfolgen konnten, dass niemand zu Schaden kam, grenzt an ein Wunder. Ich habe viel darüber nachgedacht und wurde in meiner Überzeugung bestärkt, dass es eine Vorsehung gibt, die manches, das wir nicht in unserer Hand haben, zum Guten lenkt.

Ein weiteres dramatisches Ereignis war der Motorradunfall eines unserer Söhne. Er war ohne unser Wissen mit einem von einem Freund geliehenen Fahrzeug zu seiner Freundin gefahren. In einer Kurve kam er zu weit nach rechts und blieb mit dem rechten Bein an einem Randstein hängen. Das Motorrad fuhr weiter, ihm wurde das Knie zerrissen. Außer einer Sehne an der Außenseite waren alle Bänder, die Menisci und die Kapsel ausgerissen, teilweise mit Knochenstücken aus dem Schienbein. In einer fünfstündigen Operation habe ich alle Strukturen wiederhergestellt. Das Ereignis liegt 20 Jahre zurück, er ist normal gehfähig, betreibt auch Sport (Fußball, Ski- und Radfahren). Bei der Operation hat mein Sohn Paul, damals Medizinstudent, jetzt Unfallchirurg, assistiert.

Kleinere Unfälle und Pannen gab es noch viele. Doch ansonsten verlief das Familienleben ohne größere Störungen. In der Anfangszeit, als die Kinder noch klein waren, bemühten wir uns wenigstens zweimal am Tag, die Mahlzeiten (Frühstück und Abendessen) gemeinsam einzunehmen. Am Wochenende saßen wir immer alle am gemeinsamen Tisch, das Essen wurde in einer großen Schüssel von der Mutter aufgetragen und der Vater teilte aus. Die Menge konnte jeder selbst bestimmen, sie musste aber aufgegessen werden. In der Anfangszeit ist es einmal passiert, dass Christine ihre Portion nicht aufessen wollte. Ich befahl ihr, fertig zu essen und fütterte sie mit dem Löffel, Christine sträubte sich und würgte. Daneben saß der etwa vierjährige, immer unruhiger werdende Fritz. Als der Teller großteils leer war, nahm Fritz den Rest mit der Hand vom Teller und stopfte ihn sich in den Mund, anschließend gab er mir eine kräftige Ohrfeige. Als ich mich von meiner Überraschung erholt hatte, erklärte ich ihm, dass Christine ein unnötiges Theater aufgeführt hatte und dass es nicht in Ordnung wäre, deswegen die Tischordnung zu ändern. Wie weit er das eingesehen hat, kann ich nicht beurteilen. Erst nach langer Zeit und weiteren Erfahrungen mit den Kindern reifte in mir die Einsicht, dass Kinder in der Beurteilung mancher Situation spontan gerechter sind als wir Erwachsenen. Bei diesen gemeinsamen Essen ergab sich jedenfalls immer wieder die Gelegenheit, anstehende Fragen und die Tagesereignisse zu besprechen. Als die Kinder älter wurden, kam es oft zu angeregten Debatten, wobei die Kinder manche neue Ansichten einbrachten. Als die Freundin und spätere Frau unseres Sohnes Martin Zeugin dieser Auseinandersetzungen wurde, hat sie mir erzählt, sie habe so etwas noch nie erlebt, in ihrer Familie habe es das nicht gegeben. Sie war von diesen Diskussionen sehr angetan, bemängelte allerdings, dass der Meinungsaustausch meist damit endete, dass ich noch ein Argument hatte, wenn die anderen ausgeredet hatten. Sie gab zwar zu, dass ich fair argumentierte, aber durch mein größeres Wissen und die größere Erfahrung schien ich am Ende immer meine Meinung durchzusetzen.

Ein Vorwurf, den mir auch die Kinder des öfteren machten. Ich hielt dem immer entgegen, dass man mir gestatten müsse, eine begründete Meinung auch zu äußern und dass es dem Ganzen nicht dienlich sei, um des lieben Friedens willen zu schweigen. Das stimmt zwar im Grunde, aber es hätte nicht geschadet, wenn ich manchmal nachgegeben hätte. Jedenfalls lernten die Kinder dadurch, in Diskussionen ihren Standpunkt zu verteidigen, in der Schule auch den Lehrern gegenüber.

Zwei Begebenheiten sollen das illustrieren. Fritz spazierte einmal in der Pause mit beiden Händen in der Hosentasche durch den Gang. Der Direktor forderte ihn auf, die

Hände aus der Tasche zu nehmen. Fritz fragte warum und führte an, dass auch der Unterrichtsminister bei seinen Fernsehauftritten häufig die Hände in den Hosentaschen habe, und verlangte eine Begründung. Mit der Begründung des Direktors, „weil ich es angeschafft habe", war er nicht zufrieden, er erklärte vielmehr, „sie bleiben drinnen" und ging weg.

Die zweite Begebenheit ist ein Aufsatz, den unser Martin in der dritten Klasse des Gymnasiums geschrieben hat. Thema: „Unsere Schule"

„Wenn ich jeden Tag, bis auf Sonntag, meinen Leidensweg zu dieser Schule gehe, kommt mir bereits beim Anblick des alten Gebäudes ein sehr nettes Tier in den Sinn. Wenn ich dann das Gebäude betrete, läuft es mir kalt über den Rücken. Denn der Herr Schauer (Schulwart) *blickt aus seiner neu geschaffenen Residenz auf uns herunter. Nun endlich ein kleiner Lichtblick, ich sehe meine Freunde wieder. Wir gehen dann ins ‚Betoneum', das ja der Haupttreffpunkt der Schüler ist. Dort steht nämlich der Cola-Automat. Der Cola-Wart, Herr Langmayer, pflegt da oft zu scherzen. Wenn man in der großen Pause mit einem riesigen Durst sich in die Halle hinunter händelt und das kühle Prickeln zu sich nehmen will, ist der Automat geschlossen. – Dann gibt es noch den Springbrunnen, der ja sehr rentabel ist. Man darf nicht raufklettern und kein Wasser gluckert heraus. Er steht also für nichts und wieder nichts da.*
Das war allerdings nur der Anfang, es kommt noch schlimmer. Das Betreten der Klassen ist immer das „Schönste". Es wirft einem fast um, wenn einem diese kahlen Betonwände entgegenstehen. Viele Schüler hatten dann auch noch die Idee, Posters an die Wand zu kleben. Aber der Herr Direktor wollte es anders wissen. Kahle Wände sind ja viel schöner wie farbenfrohe Posters von Popgruppen oder auch Landschaftsdarstellungen.
Dann gibt es noch die allerneueste Erfindung : ‚Der Neubau!'
Eine derartige Fehlkonstruktion kann nur uns passieren. Das erste ist gleich mal die Schalldichtheit. Wenn die Schüler über uns gehen, könnte man glauben, jemand trabt in der eigenen Klasse umher. Genau so ist es mit den Fenstern.
Zweitens dann die Farbkomposition: lila Vorhänge, gelbe Türen, rote Türrahmen, ein gelber Streifen um die Türrahmen, grüne Klosetttüren, schwarze Kabinettstüren, rote Fensterrahmen und braune Tische. Also eine derartige Übereinstimmung der Farben gibt es nur in unserer Schule.
Dann bleibt mir nur noch des Königs Wohnung über. Sie ist ja ganz neu. Wie ich merke, kann er sich dort voll und ganz ausleben, was er auch tut.
Eines hätte ich bald vergessen, unser Schulwart. Einen derartigen ‚Gschaftler' habe ich noch nie gesehen. Auch er, wie ich bemerkt habe, fühlt sich sehr wohl in seiner Heimat.

Wo er doch jetzt das neue Riesenfenster hat, wo er alles beobachten kann, was er möchte. Über die Professoren gibt es negatives und positives zu sagen. Es gibt ‚Kriecher' und ‚Nicht-Kriecher'.
Nun bin ich fertig mit der Beschreibung dieses Hauses, – ist auch besser so."

Von seiner Deutschlehrerin erhielt er ein „Gut" als Note, und zwar wegen der ehrlichen Kritik. Wie weit ihm seine Aussagen sonst bei den Lehrern geschadet haben, entzieht sich meiner Kenntnis. Einer der Professoren hat geäußert, man könne den Kindern keinen Vorwurf machen, denn der Vater sei den ganzen Tag im Spital und die Mutter sei mit sechs Kindern überfordert. Jedenfalls musste er im Jahr darauf Repetieren und schied mit 15 Jahren aus der Schule aus. Er blieb der Einzige, der das Gymnasium nicht auf Anhieb schaffte. Nachdem er die vierte Klasse wiederholt hatte, erhielt er nochmals in zwei Fächern ein „nicht genügend". Bei so einem Anlass erhält der Vater einen so genannten „blauen Brief" mit der Aufforderung, in die Schule zu kommen. Solche Briefe erhielt ich bei den sechs Kindern insgesamt etwa ein halbes Dutzend Mal, ansonsten bin ich nie Nachfragen gekommen. Ich erhielt also einen Termin beim Klassenvorstand. Der begann damit, darüber zu klagen, dass Martin bei jeder Lausbüberei nicht nur dabei, sondern meist Rädelsführer sei (das wurde mir später von einer Klassenkameradin, die Ärztin geworden war, bestätigt). Ich war darüber sehr verwundert, denn zu Hause hat es mit ihm nie Schwierigkeiten gegeben. Und ich meinte, da müsse auch die Schule versagt haben, denn dumm sei er nicht und eine zweimalige Wiederholung sei, meiner Meinung nach, nicht gerechtfertigt. Am Ende einer längeren Diskussion machte ich den Vorschlag, ihn aus der Schule zu nehmen, wenn er im Gegenzug statt der beiden Fünfer zwei Vierer bekommen würde und so einen positiven Abschluss hätte. Darauf ging der Klassenvorstand ein. Martin war gezwungen, sich Gedanken zu machen, was er nun machen wollte. In eine Schule wollte er auf keinen Fall, ich habe ihm in zahlreichen Gesprächen immer wieder vor Augen gestellt, dass es egal sei, welchen Beruf er einmal ausüben würde, und dass man in jedem Beruf seinen Mann stehen könne, dass er es aber einmal bereuen werde, als Einziger von sechs Geschwistern ohne Matura durchs Leben zu gehen. Es half nichts, nach langem hin und her entschloss er sich, mehr aus Verlegenheit, eine Banklehre anzutreten. Dieses Ereignis hat uns alle sehr betroffen gemacht, aber niemand machte ihm einen Vorwurf daraus, im Gegenteil, der Geist der Gemeinsamkeit wurde deutlich spürbar. Das hat sich noch deutlicher gezeigt als er in seiner neuen Umgebung in eine Gemeinschaft Gleichaltriger geriet, die einen schlechten Einfluss auf ihn ausübte, sodass er sich aus der Familie zurückzog und mehr im Kreis seiner „Freunde" verkehrte. Das blieb nicht unbemerkt und wir haben das mit ihm in der Familie besprochen. Es waren nun die Geschwister, die ihm klar machten, er könne vieles machen, aber ein Ausscheren aus der Familie komme nicht in Frage. Er hat auf seine Geschwister gehört und wir Eltern waren in dieser so wichtigen Frage sozusagen funktionslos, er verließ seinen „Freundeskreis". Dies war die schwierigste Phase in der vorpubertären Zeit. Von der so genannten „Pubertätskrise" spürten wir nicht viel. Ich hatte den Kindern immer wieder klar zu machen versucht, dass sie bis zur Erreichung des Erwachsenenalters (18 Jahre) den elterlichen Anordnungen gehorchen müssten. Das funktionierte im Großen und Ganzen, wenn es auch gelegentlich Übertretungen gab. Die Krise kam erst mit dem Erwachsenwerden. Ich wurde nun mit heftiger Kritik an meiner „restriktiven" Erziehung überschüttet, sodass ich meiner Frau häufig leid tat und sie mich in Schutz nahm. Zur selben Zeit lösten sich die engen Bande auf.

Fritz erklärte, dass er nach der Matura in den Jesuitenorden eintreten werde und er übersiedelte in das Noviziat nach Nürnberg. Für uns war das völlig überraschend, denn er hatte nie darüber gesprochen. Was dieser Schritt bedeutete, hat er in seinem ersten Brief an die Familie, zweieinhalb Wochen nach seinem Abgang, formuliert:

> *„Es ist unmöglich, meine innere Verfassung zu dem Zeitpunkt zu schildern oder zu artikulieren, als mir bewusst geworden war, dass für mich eine ganz neue Epoche meines Lebens beginnt, die alles, was bisher gewesen war, die Familie, die Verwandten, die Freunde und die übrige Umwelt, die für mich bis dahin maßgebend war, zurücklässt. Fast wie ein Faustschlag ins Gesicht wurde mir klar, wenn ich den Weg, für den ich mich entschieden habe, zu Ende gehe, werden sich meine Beziehungen zu dem, was mir bisher lieb war, radikal verändern. Für eine kurze Weile erschien mir das so hart, dass ich glaubte, Jesus verlangt zu viel von mir, wenn er verlangt, dass wer Vater und Mutter und selbst seine eigene Seele nicht hasst* (gemeint ist wohl, wenn er das alles nicht hintanstellt), *nicht mein Jünger sein kann. In einer gewissen Weise war ich total entmutigt, bis Sonntag, als wir uns zum ersten Mal verabschiedeten. Denn, obwohl ich geweint habe, und das ist die zweite Erfahrung, kehrte die Zuversicht wieder zurück und zwar mit einer Süße, wie ich sie noch nie erlebte. Ich wusste plötzlich, dass die Trennung nur eine scheinbare ist, weil sich ja nur die Körper voneinander entfernt haben. Die Liebe kennt keine Entfernungen. Ihr ist es egal ob man 30, 300 oder 3.000 km voneinander getrennt ist. Insofern wurde mir bewusst, was Jesus meint, wenn er sagt, er sei allgegenwärtig."*

Dieser sein Entschluss weckte in mir eine gewisse Bewunderung für ihn und ich hatte keine Schwierigkeiten bei der Trennung, weil ich es von meiner religiösen Einstellung her als das Höchste empfand, wozu sich ein Mensch entschließen kann. Auch die

Geschwister waren beeindruckt, es wurde zwar nicht viel darüber geredet, aber es war zu merken, dass sich alle bemühten ihr Leben entschiedener in die Hand zu nehmen.

Aus dem Briefwechsel zwischen Paul und Fritz geht diese positive Wirkung hervor.

Christine ging nach Wien, um Medizin zu studieren. Als im Jahr darauf Elisabeth maturierte, wollte sie nicht sofort an die Universität, sondern sie entschloss sich, das Leben der einfachen Leute kennen zu lernen. Sie arbeitete acht Monate als Magd bei einem Bauern und leistete dort Schwerarbeit ohne sich jemals zu beklagen, und sie steht noch heute mit der Familie in einer freundschaftlichen Beziehung. Das Zusammenleben mit dieser Familie bewirkte echte positive Effekte (die Bäuerin hatte vor ihrer Heirat als Entwicklungshelferin in Afrika gearbeitet), nicht nur was die Ausformung ihrer Persönlichkeit betrifft, die ja nicht von außen sichtbar ist, sie hat sich sogar körperlich verändert, die Arbeit bewirkte einen Muskelzuwachs, der ihr Gesamtgewicht um acht Kilogramm ansteigen ließ.

Paul trat in einen Briefwechsel mit Fritz, von dem wir durch die Antwortschreiben Kenntnis haben. In einer solchen Antwort heißt es:

> *„Lieber Paul, danke für Deinen Brief. Das, was Du sagst, erleichtert mich sehr und gibt mir neue Kraft. Es erleichtert mich, weil ich sehe, dass ich der Grund dafür bin, dass Du Dich intensiver als früher mit den Dingen, die Dich bewegen, beschäftigst und vielleicht auch aus einem anderen Blickwinkel als früher.*
> *Denn viel mehr werde ich auch als Priester nicht tun können, als dass ich die Leute unterstütze und ihnen manche Hilfestellung gebe, die Probleme, die ihre Existenz betreffen zu „lösen". Ich möchte, dass dies nicht nur verbal geschieht, sondern, dass ich meine Existenz in die Wahrheit Christi einbringe, d. h. mein Lebensvollzug soll echte Nachfolge sein.*
> *Ich glaube schon, dass es Personen gibt, denen Du Dich öffnen kannst. Es sind dies vor allem Papa und Mutti und Deine Geschwister. Ich weiß, dass in diesem Alter eine gewisse Vater-Sohn-Rivalität entsteht, die das Ganze schwer macht. Ich kann Dir nur sagen, dass ich Papa und Mutti sehr schätze, dass Du wirklich alles mit ihnen besprechen kannst. Du darfst Dich nur von der fordernden Art von Papa nicht einschüchtern lassen."*

Zwei Monate nach dem Eintritt in das Noviziat machte Fritz einen „Besinnungstag" mit, im Anschluss daran schrieb er an uns:

> *„Es ist nun soweit, dass der Enthusiasmus, der am Anfang geherrscht hat, verflogen ist und die Ernüchterung ist ihm gefolgt. Das hat bei einem meiner Mitbrüder die Folge gezeitigt, dass er ausgetreten ist. Ich habe bemerkt, dass es mit der radikalen Nachfolge bei mir noch nicht weit her ist.*

Ein Hauptgrund, warum ich von meinem selbstgezimmerten Podest aus Egoismus und Arroganz gefallen bin, liegt bei Dir lieber Papa. Du als konkretes Objekt meines Widerstandes hast mir lange genug Zeit gegeben, mir ein schönes Weltbild zurecht zu zimmern. Da diese Zeiten aber zu Ende sind und ich meine Positionen gegenüber anderen „verteidigen" muss, gerät dieses Weltbild ganz schön ins Wanken. Ein zweiter Hauptgrund ist, dass ich ein schwer umgängliches Wesen bin. Pater Wutz hat mir erzählt, dass es einige Leute gibt, die mit mir nicht zurecht kommen. Noch habe ich mich nicht bewährt, noch habe ich nicht viel dazu getan, um ein Zeichen brüderlicher Liebe zu setzen. Es ist gut, dass ich zumindest erkannt habe, dass es bei der Umsetzung der Wahrheit, die ich als die ewige erkannt habe, an allen Ecken und Enden hapert. Es tut zwar manchmal weh, aber solche Krisen sind dazu da, dass ein neuer Mensch entstehen kann. Ich weiß nicht recht, was ich euch schreiben soll. Vielleicht ist es möglich, meine Krise an dem wesentlichen Satz aus dem Brief von Papa zu verdeutlichen: ‚Nicht bloßes Wissen, sondern Tun ist deine Bestimmung.'"

Dieses Ringen um das Finden der Erkenntnis eines rechten Weges für ein sinnvolles Leben hat mich an meine eigene schwere Lebenskrise bei der Wahl des Berufes erinnert. Ich habe nun erlebt, dass solche Krisen zum Segen beim Umgang mit den Kindern werden können. Fritz hat das Noviziat beendet und vor Ablegung der „kleinen Gelübde" den Orden verlassen. Er hat es anschließend noch zwei Monate bei den Benediktinern versucht, aber dann erkannt, dass das nicht sein Weg ist. Er wusste nicht was er tun sollte und ging dann, so wie Elisabeth, für ein Jahr als Knecht zum Bauern. Hierauf musste er den Militärdienst, von dem er als Priesteranwärter befreit war, nachholen. Er tat dies als Zivildiener. Anschließend studierte er in Freiburg Psychologie und Jus. Als er nach zwei Jahren erkannte, dass ihn das nicht befriedigen konnte, kam er nochmals in eine schwere Krise. Diesmal wandte er sich an mich um Rat. Ich sagte ihm, ähnlich wie Jörg Böhler es bei mir getan hatte, auf den Kopf zu, dass ich überzeugt sei, er würde sich als Arzt hervorragend eignen. Daraufhin inskribierte er Medizin und hat das Studium in sechs Jahren ohne Schwierigkeiten absolviert. Er ist heute ein erfolgreicher und beliebter praktischer Arzt. Die ersten zehn Jahre wohnte Fritz mit seiner Familie (drei Buben) in der Zweitwohnung unseres neu erbauten Hauses (es ist unser drittes Haus) in Gaspoltshofen. Wir hatten dadurch täglichen Kontakt mit unseren drei Enkeln.

Christine hat zunächst Medizin inskribiert, nach fünf Semestern das Medizinstudium aufgegeben und eine Ausbildung zur medizinisch technischen Laborantin angetreten. Nach Abschluss arbeitete sie im verschiedenen Krankenhauslabors, nach ihrer Heirat wechselte sie in die pharmazeutische Forschung, um die Freizeit gemeinsam mit ihrem

Mann, der als Chemiker in der pharmazeutischen Industrie tätig ist, verbringen zu können. Die ersten Jahre in Wien waren für sie wahrscheinlich schwierig. Sie lebte allein in einer Altbauwohnung. Sie kam aus einer lebendigen Familie plötzlich in die Einsamkeit, zu Hause hatte sie nie geklagt. Ob sie sich damit beweisen wollte, dass sie Schwierigkeiten selbst bewältigen kann, weiß ich nicht genau, ich vermute es aber, weil sie in ihrem bisherigen Leben sich immer als ziemlich selbstständig erwiesen hat. Mit Fritz, der damals so eine Art Bezugsperson für die Geschwister war, hat sie ihre Probleme (brieflich) besprochen. Zu meinem 75. Geburtstag hat sie es erstmals übernommen, die „Laudatio" zu halten. Sie hat dabei verzichtet auf meinen Lebenslauf einzugehen, weil sie meinte, dass dies schon oft genug besprochen worden sei. Statt dessen kam sie auf jene Eigenschaft zu reden, die über all die Jahre kritisiert worden war, meine Eigenschaft, Ziele und Prinzipien mit Konsequenz zu verfolgen. Sie sagte:

> *„Diese Konsequenz schafft Bewunderung einerseits, aber auch Neid und Misstrauen andererseits. Du wirst als autoritär und hart bezeichnet, Du wirst zum Angriffspunkt vieler Kritiker, auch in der Familie. Diesen Kritikern bist Du mit einer zweiten Eigenschaft begegnet, die Dich begleitet hat: geführt von einer tiefen Religiosität, von Gottvertrauen und dem Glauben an das Gute im Menschen hast Du immer viele Menschen unterstützt, in vielen Gesprächen und Taten, wenn es notwendig war auch finanziell. Bezugnehmend auf einen Text von Sartre* (den ich am Vormittag vorgelesen hatte) *möchte ich abschließend sagen, Du hast als Mensch für Menschen gelebt."*

Christine war damals 45 Jahre alt, sie lebt in der Nähe von Frankfurt, wohin sie wegen einer beruflichen Aufgabe, die ihr Mann übertragen bekam, umziehen musste. Dieser Umzug war sicher nicht ganz einfach, das schöne gemütliche Haus in Gaspoltshofen musste gegen eine Wohnung in Frankfurt getauscht werden, ebenso musste die sehr gute, geachtete Stellung in Linz aufgegeben werden. Sie hat das alles sehr gut bewältigt. Christine hatte sich durch ihre Arbeit großes Ansehen in ihrer Firma erworben. Das zeigte sich, als die Firma, ein internationaler Konzern, die österreichische Produktionsstätte verkleinerte und ein Teil der Belegschaft entlassen wurde. Christine wollte freiwillig gehen, um einer Kollegin, die dringend ihren Arbeitsplatz brauchte, das Bleiben zu ermöglichen. Die Firma lehnte mit der Begründung ab, dass man auf ihre Mitarbeit nicht verzichten wolle.

Elisabeth, die nicht vom Gymnasium direkt auf die Hochschule wechseln wollte, hat nach ihrem Intermezzo beim Bauern problemlos ihr Medizinstudium absolviert. Sie hat noch während des Studiums geheiratet und kurz nach der Promotion ihr erstes Kind zur Welt gebracht. Es folgten ein zweites und ein drittes. Dadurch ergaben sich Schwierigkeiten und Unterbrechungen bei der Turnusausbildung. Es war dies für sie sicherlich eine schwere Zeit. Mit Hilfe ihrer Schwiegereltern und einer Haushaltshilfe hat sie auch diese überwunden und ist heute eine kompetente und sehr beliebte praktische Ärztin in unserem Heimatdorf. Elisabeth war diejenige, die unter der „strengen" Erziehung in unserer Familie am meisten gelitten hat, sie hat das bei verschiedenen Gelegenheiten zum Ausdruck gebracht. Ich selbst war zu ihr immer besonders liebevoll gewesen, weil sie durch ihre empfindsame Art und ihr ganzes Wesen – sie war klein, rundlich, trug Brillen und vermied jeden Streit – geradezu das Gefühl hervorrief, das sie beschützt werden wollte. Offenbar habe ich es nicht fertig gebracht, ihr diese Gefühle zu vermitteln. Wie unzulänglich die Beurteilung des Wesens eines Kindes sein kann, hat sich in einer Begebenheit gezeigt, die sich ereignete, als sie drei Jahre alt war. Wir wohnten damals in einem gemieteten Haus mit schönem Garten. Bei Antritt der Miete war mit dem Hausherrn vereinbart worden, dass wir ausziehen, wenn er das Haus aus irgend einem Grund selbst braucht. Das ist eingetreten und wir mussten uns, so wie vereinbart, innerhalb eines Jahres um eine neue Wohnmöglichkeit umsehen. Zu der Zeit genoss ich als Arzt bereits ein gewisses Ansehen und bei den Leuten herrschte die Meinung, ein Arzt sei ein Großverdiener. Es wurden deshalb immer höhere Mieten als die ortsüblichen verlangt. Wir besprachen die Situation des öfteren und die Kinder bekamen offenbar unsere Probleme mit. Als wir bei uns Mietverhandlungen mit einem Hausbesitzer führten, waren die Kinder anwesend. Der potenzielle Vermieter, ein Mann mit einem Gewicht von 165 kg, saß in der Mitte des Zimmers auf einem Stuhl, dessen Sitzfläche von dem Gesäß des Mannes auf allen Seiten überragt wurde. Die kleine Elisabeth betrachtete ihn von allen Seiten; wozu sie um ihn herumgehen musste. Plötzlich blieb sie vor seinem Bauch stehen, streckte ihren Arm aus und fuhr mit dem Zeigefinger in seinen tief im Fett versunken Nabel, dazu sprach sie: „Weißt du was? 1.000 Schilling bezahlen wir dir nie!" Der Mann war so verwirrt, dass er aufstand und ging, es kam auch zu keiner weiteren Verhandlung. Das entschlossene Auftreten der Kleinen hat dazu geführt, dass wir die Alternative, ein Haus zu bauen statt neuerlich in Miete zu gehen, in die Tat umsetzten. Binnen Jahresfrist haben wir unser erstes Haus gebaut, ich arbeitete meine ganze freie Zeit auf der Baustelle, im November sind wir eingezogen.

Meine Frau erkrankte kurz nach unserer Pensionierung an einer sehr schmerzhaften Polymyositis und stand schon bei unserer Tochter in Behandlung. Seither hat sie unsere ärztliche Betreuung in den Beschwerden des Alters übernommen.

Bei unserem Sohn Paul verlief die Berufslaufbahn genau in der Art, wie er sich das schon als Elfjähriger vorgestellt hatte. In einem Aufsatz in der ersten Klasse des Gymnasiums mit dem Titel: „Mein Traumberuf" schrieb er:

„Ich beschäftigte mich mit 6 Jahren sehr viel mit den Berufen. Damals hatte ich noch verrückte Ideen. Zuerst wollte ich Pilot, dann wieder Kaufmann sein. Aber am besten ist es, wenn ich König werde, dachte ich. Später sah ich ein, dass es am besten ist, wenn ich studiere und Arzt werde. Mein erster Grund war eigentlich sehr einfach. Wenn ich Unfallchirurg werde, könnte ich das Amt meines Vaters übernehmen. Freilich spielte das Geld auch eine Rolle, aber die Geschichten von der früheren Chirurgie erweiterten meinen Wunsch. Ich träumte auch immer davon als Arzt eine Operation durchzuführen, die niemals zuvor jemand gewagt hat. Ich hoffte auch, dass ich einmal Primar werden könnte. Auch bin ich ein Anhänger des Lateins. Da man als Arzt diese Sprache beherrschen muss, hatte ich schon wieder einen Vorteil. Auch konnte ich so von den Römern, für die ich einen Teil meiner Freizeit verschwende, mehr erfahren. Mein letzter Grund ist, dass ich unterm Studieren in den Ferien gleich bei meinem Vater arbeiten kann und so einen Teil meiner Arbeit von ihm lerne. Außerdem kann ich dort kostenlos essen und schlafen."

Er hat das, was er als Elfjähriger skizziert hatte, konsequent durchgeführt. Das Medizinstudium hat er ohne Verzögerung durchgezogen, in den Ferien hat er bei mir famuliert und nach der Promotion die unfallchirurgische Ausbildung an unserer Abteilung absolviert. Bei seiner Ausbildung war er sehr engagiert, er hat 694 Operationen durchgeführt, regelmäßig an Kursen und Kongressen teilgenommen und auch Vorträge gehalten. 2001 erhielt er die *venia legendi* (Dozentur) an der Innsbrucker Universität. Bei der Habilitation hat er den letzten seiner Vorsätze in die Tat umgesetzt, indem er eine neue Operation zum Muskelersatz bei Schulterverletzungen beschreibt.

Nicht so glatt verlief seine Ehe, seine Frau hat ihn nach 18 Jahren verlassen mit der Begründung, 18 Jahre Sorge um die Familie seien genug. Er hat darunter sehr gelitten und brauchte lange, um den Schmerz zu überwinden. Das war auch für uns ein schwerer Schlag.

Barbara entschloss sich nach der Matura, Lehrerin zu werden. Ihre Hausarbeit für die Lehramtsprüfung trug den Titel:

„Die Suche nach dem Sinn des Lebens. Das Gedankengut Viktor Frankls und seine Bedeutung für das Leben des Menschen".

Ihr Interesse an der Logotherapie erwachte mit 16 Jahren, als sie von uns das Buch von Frankl „Trotzdem ja zum Leben sagen" als Geschenk erhalten hatte.

Sie gibt in der Hausarbeit eine sehr fundierte Darstellung der Logotherapie. Bei der Darstellung der Krankheiten unserer Zeit schreibt sie:

„Eine Krankheit unserer Zeit scheint es auch zu sein, dass viele sich ihrer Aufgaben nicht mehr bewusst sind. Indem sie fordern, andere erfüllen zu können, geht an ihnen Chance um Chance vorüber, die ihren zu bewältigen. Ein herausragendes Beispiel des 20. Jh. ist zweifellos die Emanzipation der Frau, gemeint sind hier jedoch nur die ‚Wucherungen' dieser Bewegung. Ich persönlich bin nicht zuletzt durch meine religiöse Einstellung davon überzeugt, dass es einen Unterschied gibt zwischen Mann und Frau, der mehr betrifft als nur die Geschlechtsmerkmale. Warum sollen wir uns gegen die Natur wehren? Ich fühle mich in keiner Weise unterdrückt und benachteiligt, weil ich Kinder bekommen kann, ganz im Gegenteil, ich bin eigentlich sehr glücklich darüber. Wenn ich dann Slogans an die Wände geschmiert lese wie ‚Wir fordern die Abtreibung auf Kasse' – ‚Wir wollen keine Gebärmaschinen sein', so muss ich mich oft fragen, ob das noch Menschen sind, die so sprechen. Ganz abgesehen vom Problem des Schutzes des Lebens wird hier mit einem Intimbereich des Menschen, mit seiner Sexualität, derart verantwortungslos und menschenunwürdig umgegangen, dass man Angst bekommt vor diesem Denken und diesem lauten Schreien.

Ich habe nichts dagegen, dass Frauen versuchen Berufe zu ergreifen, die bis jetzt vorwiegend der Männerwelt vorbehalten waren, aber wenn dies allein aus dem Denken heraus geschieht, sein Frausein zu verleugnen, dann scheinen mir das die falschen Voraussetzungen zu sein. Traurig wäre es um uns bestellt, hätten die Frauen nicht die Möglichkeit auch in ihrer Funktion als Ehefrau und Mutter Erfüllung zu finden. Ich kann mir keine schönere Aufgabe vorstellen, als mich um das Leben, das aus der Liebe zwischen meinem Mann und mir erwachsen ist, zu kümmern. Manchmal tun mir die Männer leid, dass sie nicht diese Möglichkeit haben, wenigstens nicht in dem Ausmaß. Mein Vater hat hin und wieder bedauert, dass er seinen Kindern nicht so nahe kommen konnte, wie das meiner Mutter möglich war, obwohl er sich neben seinem anstrengenden Beruf viel Zeit für meine Geschwister und mich genommen hat.

Bei allen diesen Ansichten fühle ich mich in keiner Weise konservativ, obwohl ich oftmals dazu abgestempelt werde. Auch Betitelungen wie ‚naives Hausmütterchen' sind mir nicht mehr fremd. Aber im Gegensatz zu früher finde ich es nicht mehr als Beschimpfung, so bezeichnet zu werden, und ich glaube, dass der Grund dafür darin liegt, dass bestimmte Ideen zu Grundeinstellungen werden."

Was Barbara hier geschrieben hat, das hat sie auch gelebt. Sie hat ebenso wie ihre Schwestern früh geheiratet. Nachdem das zweite Kind zur Welt gekommen war, hat sie den Beruf aufgegeben und sich ganz der Familie gewidmet. Später dann nahm sie eine Teilzeitbeschäftigung als Ordinationshilfe bei ihrem Bruder Fritz an, nun ist sie in dieser Funktion bei ihrem Mann, einem Kieferchirurgen, tätig. Ihr Lebensweg verlief so, dass wir uns keine Sorgen machen mussten. Interessanterweise begann sie sich relativ früh mit Philosophie zu beschäftigen und, nachdem am Rande von Wels ein katholisches Bildungshaus besteht, hatte sie reichlich Gelegenheit ihrer Neigung nachzugehen.

Spannungsgeladen und aufregend verliefen die Jahre nach dem Schulabgang von Martin. Als er die Schule verließ, war er 15 Jahre alt. Die Banklehre dauerte drei Jahre und fiel in seine „jugendlichen Protestjahre“. Er weigerte sich, mit Anzug und Krawatte seine Arbeit zu tun. Dadurch kam er nie in den Schalterraum und hatte keinen Kontakt mit den Kunden, er musste reine Schreibtischarbeit verrichten. Schon nach einem Jahr wollte er nicht mehr weitermachen, sondern wieder in die Schule zurück. Ich sagte ihm, dass ich nichts dagegen hätte, aber um die Aufnahme in ein Gymnasium müsse er sich selber kümmern. Seine Bemühungen scheiterten und so machte er doch den Lehrabschluss und wurde Bankkaufmann. Zur gleichen Zeit erklärte er, dass ihn das Bankgeschäft nicht interessiere, und er nun die Matura nachholen wolle. Dazu absolvierte er eine berufsbildende höhere Schule für das Gastgewerbe und den Fremdenverkehr. Dort hat er sich gut eingelebt und avancierte zum Schulsprecher. Er übte diese Funktion bis zur Matura aus. Schulische Probleme gab es keine. Bei der Matura war er 23 Jahre alt und erklärte nun wieder, dass ihn das Gastgewerbe nicht interessiere. Wieder tauchte die Frage auf, was er machen wollte. Er wusste es nicht. Nun schaltete sich der Bruder meiner Frau, der eine gutgehende Firma in der Autobranche leitete, ein und machte den Vorschlag, ihn in die Firma aufzunehmen, denn er hätte eventuell einmal seine Nachfolge antreten können. Martin absolvierte daher die zweieinhalbjährige Lehre als Mechaniker. Anschließend, als er die ersten Autos verkaufen sollte, erklärte er wiederum, das Geschäft interessiere ihn nicht. Es stand wieder einmal die Frage im Raum: was nun?

Im Rahmen der Mechanikerlehre musste Martin auch zweimal für vier Wochen in die Berufsschule nach Mattighofen in das Internat. Dort war er Ratgeber und Helfer der jüngeren Lehrlinge. In die Zeit fiel auch ein Redewettbewerb der OÖ-Energie AG mit dem Thema: „Wie viel Energie braucht der Mensch“. Martin machte den zweiten Preis und wir wurden von der Schule zu einer Veranstaltung eingeladen, in der die ersten drei Preisträger ihre Reden öffentlich hielten. Martin machte eine sehr gute Figur, obwohl er sich ganz für das Einsparen von Energie aussprach. Nach der Veranstaltung hatten wir ein Gespräch mit dem Direktor, der von Martin beeindruckt war und den Vorschlag unterbreitete, Martin sollte Berufsschullehrer werden. Wir fragten unseren Sohn, ob er diesen Beruf ergreifen wolle. Er wusste nicht recht, ob das für ihn das Richtige sei, aber er wollte es versuchen. Zur Ausbildung der Berufsschullehrer gehört auch eine zweijährige Tätigkeit als Buchhalter. Bei einem meiner Freunde erhielt er eine Stelle in einem Steuerbüro. Er hatte nun erstmals eine bezahlte Arbeit. Bald darauf heiratete er seine Freundin, die er in der Gastgewerbeschule kennen gelernt hatte. Schon nach knapp zwei Jahren kam er wieder zur Erkenntnis, dass dies nicht das Richtige für ihn sei und er kündigte, weil er seinem Chef, der ihn so großzügig behandelt hatte, nicht vortäuschen wollte, dass er dabei bleiben würde. Das junge Paar war nun ohne Einkommen. Die Schwiegertochter nahm eine Halbtagsarbeit als Ordinationshilfe bei unserer Tochter Elisabeth an und Martin verrichtete Gelegenheitsarbeiten, meist als Hilfsarbeiter. Er hat noch einmal ein Studium für das Lehramt für Mittelschulen (Geographie und Französisch) versucht, aber schon nach einem Semester aufgegeben. Als er in der Zeitung von einer von der Gewerkschaft und der Regierung geförderten Journalistenausbildung las, bewarb er sich und schaffte die vorgeschriebene Prüfung. Er absolvierte die Ausbildung und wurde anschließend beim „Kurier" angestellt. Damals war er im 27. Lebensjahr. Bei diesem Beruf ist er geblieben, er war Pressesprecher beim Wirtschaftlandesrat Dr. Leitl, als dieser nach Wien übersiedelte, bei der Raiffeisenbank, vorübergehend PR-Berater und nun bei den OÖ-Nachrichten.

Diese Jahre der Suche nach dem geeigneten Beruf waren für ihn und uns nicht leicht und manchmal eine schwere Belastungsprobe. Es hat sich in dieser Zeit wiederum gezeigt, dass meine Krise bei der Berufswahl sehr hilfreich war, um meinem Sohn verständnisvoll zur Seite zu stehen. Er hat das auch sehr positiv erlebt; wie es sich bei ihm ausgewirkt hat, kommt in einem Brief, den er uns schon zu Weihnachten 1983 (er war damals 19 Jahre) geschrieben hat, sehr schön zum Ausdruck.

Brief Martins an die Eltern, Weihnachten 1983:

„Liebe Eltern,
Wir feiern heute zusammen das Fest der Geburt Jesu. In dieser Beziehung stellt sich mir oft die Frage: Inwieweit spielt denn dieser Jesus im Leben der Menschen eigentlich noch eine Rolle? Dient Weihnachten zum Teil auch dazu, dass die Leute erinnert werden, dass es da einmal ‚Einen' gegeben hat, der seine Liebe uns Menschen bis in den Tod schenkte? Hier ist nun der Punkt, wo ich behaupten kann, dass durch die Liebe, die ihr uns schenkt und immer wieder entgegen bringt, mir immer mehr bewusst wird, wie nahe Gott und Christus uns ständig sind. Aber nicht nur durch Eure Liebe zu uns erfahre ich immer wieder eine tiefste Befriedigung und Festigkeit, sondern auch, wenn ich Euch betrachte, wie ihr beide miteinander umgeht, und die Liebe, die ihr Euch in jeder Situation entgegen bringt, das ist für einen jungen Menschen sehr, sehr wertvoll. Es zeigt mir immer wieder, dass es in dieser Welt trotzdem noch möglich ist eine Beziehung mit einem Partner einzu-

gehen, die einem wirklich aufs Tiefste erfüllt und die schönste Form von Glück erfahren lässt. In diesem Sinne möchte ich mich ganz herzlich bei Euch bedanken, dass ihr immer ein solches Vorbild abgebt und gerade uns Jungen damit ein unheimliches Vertrauen für die Zukunft gebt.“

So hat sich durch all die Schwierigkeiten hindurch alles zum Guten gewendet und Martin hat eine mustergültige Familie mit drei bezaubernden Töchtern.

Meine Frau hat in einem Brief an mich zu meinem 65. Geburtstag ihre Gedanken über unsere gemeinsame Zeit und die Familie zusammengefasst:

„Lieber Fritz,

Zu Deinem Geburtstag gehen mir, wie überhaupt in den letzten Jahren, viele Gedanken durch den Kopf. Gedanken über unsere Ehe, Gedanken über unsere Zukunft. Es treten wieder die großen Zusammenhänge in den Vordergrund, das, was mir wichtig und wesentlich ist, beginnt wieder zu leuchten.
In Dankbarkeit denke ich an unser gemeinsames Leben, die Zeit mit unseren Kindern, die von Freuden und auch Sorgen erfüllt war. Auch an die schönen Stunden, die wir mit unseren Enkelkindern, die allesamt so herrlich liebenswert sind, verbringen durften.
Wenn ich so nachdenke, haben wir zwei es uns nicht leicht gemacht. Wir haben beide mit vollem Einsatz gestaltet. Es war nicht immer einfach, aber wir haben immer intensiv gelebt, und das trägt Früchte. Ich möchte so gerne, dass es uns beiden gelinge, unseren Kindern und Enkelkindern davon mitzuteilen, was eine Ehe tragfähig macht. In einer Zeit, in der die Angst vor Bindung viele junge Leute beherrscht, die Verlässlichkeit zu schildern, die ein Leben lang gilt. Die Verlässlichkeit des Liebenden auf einem langen Weg ist das Glück des Menschen. Nicht die Freiheit ist das Erste. Das Erste ist die Liebe und aus der Liebe erwächst die Freiheit. Das ist zu lernen aus einer langen Ehe. Zu lieben und doch nicht zu besitzen, zu führen und doch nicht zu herrschen, sich hinzugeben ohne zu gehorchen, zu bergen und doch nicht zu verschlingen, nah zu sein und doch nicht festzuhalten, sich zu binden, ohne Freiheit zu nehmen.
Du warst immer schon von der Überzeugung getragen, dass da einer ist, der Dich führt. Was Du hast an Kraft und Güte ist ein Geschenk. Alle Wahrheit, die Du verstehst und alle Liebe, der Du begegnest, hat Dir einer zugedacht. Du brauchst nichts zu fürchten, auch nicht das Alterden mit seinem Abnehmen der Kräfte. Es hat alles seinen Sinn in den Gedanken Gottes.
So können wir ein Ja dazu finden, dass das Leben mühsamer wird. So bitten wir auch,

dass wir ein Ja zu dem finden, was in unserem Leben misslungen ist, zu Schuld und Versagen, dass wir es in Gottes Hände legen dürfen und es damit seine Macht über unsere Seele verliert und die Heimkehr zu Gott nicht mehr hindert. In diesem Sinn wünsche ich Dir von Herzen einen Geburtstag, der Dir meine Liebe als ein Zeichen der Liebe Gottes zu Dir sichtbar und spürbar werden lässt. Ich wünsche mir, dass die Gnade Gottes uns begleitet.“

Ich selbst habe meine Gedanken zu Liebe und Ehe anlässlich der Hochzeit unseres jüngsten Sohnes 1990 zum Ausdruck gebracht:

„Jede Liebesbeziehung, auf die man sich voll einlässt ist, ist anstrengend. Da gibt es nicht nur Höhenflüge, sondern auch tiefe Schluchten, lange Durststrecken und die Mühen der Ebene.
So urteilt der österreichische Missionsbischof Erwin Kräutler. Er meint dies ganz allgemein, es gilt aber voll und ganz auch für die Ehe.
Was Ihr gerade öffentlich bekannt und versprochen habt: aus freier Wahl ein gemeinsames Leben aufzubauen, einander zu lieben und nie zu verlassen, das kann mitunter sehr schwer werden und Euren vollen Einsatz erfordern.
Warum das so ist, dafür gibt es verschiedene Gründe. In der ‚freien Partnerwahl‘ steckt viel Unbewusstes. Warum verliebt man sich gerade in diesen Menschen, wo man doch viele andere kennt, die schön und liebenswert sind. Wir tragen alle ein bestimmtes Bild vom idealen Lebenspartner in uns. Etwas von dem muss jeder von Euch für den anderen an sich haben. Dies ist sozusagen der zündende Funke. Daneben hat jeder auch etwas an sich, was der andere nicht so gern hat. Dieser Teil ist zunächst im Hintergrund, er wird aber früher oder später aus dem Hintergrund hervortreten. Mit anderen Worten, man wird ent-täuscht werden. Man wird erleben, dass der Partner ein ganz eigenständiges Wesen, der ganz Andere ist. In dieser Situation bedeutet Ehe leben, diesen Menschen so zu nehmen, wie er ist, und nicht der Versuchung zu unterliegen, ihn so zu formen, wie man ihn haben möchte. Gelingt dies, so ist ein Stück Ehe gelungen und die Ent-Täuschung heilsam.
Ein weiteres Störfeld ist die Spannung zwischen Beruf und Familie. Beide Partner wollen heute berufliches Leben und Erfolg. Kommen Kinder dazu, so sind auch deren Interessen noch zu berücksichtigen. Ihr werdet, sobald es konkret wird, Euch viel miteinander beraten müssen. Eines sollt Ihr dabei nicht vergessen: beruflicher Erfolg ist wichtig, das Wesentliche bleiben aber gelungene menschliche Beziehungen. Aus dem Berufsleben kann man durch irgend einen Unglücksfall ausscheiden, eine gelungene menschliche

Beziehung gibt immer Halt. Um diese Beziehung herzustellen, bedarf es des Gesprächs. Das Miteinander-Reden ist besonders in Krisenzeiten wichtig. Und wenn es passiert, dass einer ‚sprachlos' wird und sich auf sich selbst zurückzieht, ist es eine besondere Liebestat, wenn der anders das Gespräch sucht und ihn aus der Isolation herausführt.
Reden allein genügt noch nicht, es muss sich der Liebende persönlich auf den anderen ganz einlassen. Er muss ihn, nicht nur seine Gesundheit, sein Wohlbefinden, seinen Erfolg, sondern ihn selbst, in dem was er hier und jetzt ist, in seiner Angst, seiner Not, seiner Sehnsucht, seinem Guten und seiner Armseligkeit meinen. Er muss seine Eigenwelt, sein eigenes Herz verlassen und zum anderen hinübergehen. Seine Liebe muss eine interessierte Liebe sein.
Ehe leben bedeutet sich dem anderen anvertrauen, sich ihm zu überantworten. Man missdeutet dies oft als ein sich Ausliefern. Aber erst in der Hingabe kann man beglückendes Angenommensein erfahren.
Dies sind Aspekte der menschlichen Seite einer solchen Beziehung, die gefährdet genug ist. Ihr dürft dabei nie vergessen, dass Ihr einen Begleiter habt, der Euch in Eurem ehrlichen Bemühen nie verlässt: GOTT.
Die heilige Schrift wird nicht müde, immer wieder darauf hinzuweisen, dass GOTT sich dem zuwendet, der ihn mit ehrlichem Herzen sucht.
Dieses Vertrauen soll auch Eure Ehe begleiten."

Die Begebenheiten und Erlebnisse in der Familie wurden in vieler Hinsicht bestimmend für meine geistige und menschliche Entwicklung. Eine Familie mit sechs Kindern ist in unserer Zeit eher ungewöhnlich. Meine religiöse Erziehung und die Tatsache, dass Eltern und Großeltern ebenfalls aus Großfamilien stammten, mag dazu beigetragen haben, dass ich eine größere Familie haben wollte. Ähnlich war es bei meiner Frau. Ich hatte immer das Gefühl, dass man nicht nur für sich lebt, sondern dass man auch einen Beitrag für die Gesellschaft leisten müsse, und wo könnte man das am besten tun, wenn nicht in einer Familie. Die zitierten Briefe und sonstigen Äußerungen der verschiedenen Familienmitglieder geben Zeugnis davon, dass das Leben in der Familie einen positiven Einfluss auf die Einzelnen hatte.

Neben der Familie üben der größere gesellschaftliche Zusammenhang und die dort geltenden Meinungen einen wesentlichen Einfluss auf den Einzelnen aus und fordern eine persönliche Auseinandersetzung mit dem jeweiligen Zeitgeist, den herrschenden Ideologien. Das zeigt schon der immer häufiger erhobene Vorwurf, die Generation unserer Väter habe sich dem Ungeist des Nationalsozialismus nicht entsprechend entgegen gestemmt.

Während der 75 Jahre meines bisherigen Lebens habe ich verschiedene lebensbeherrschende Ideologien miterlebt. Sie sind vergangen und die jetzige, der neo-liberale Kapitalismus, wird in der gegenwärtigen Form ebenfalls vergehen müssen, ansonsten wird er die Menschheit vernichten. In meiner Kindheit war es eine schwere Krise des so hochgelobten Kapitalismus, die zur Verarmung großer Bevölkerungskreise geführt hat, was wir am eigenen Leib zu spüren bekamen. Als Reaktion auf diese Krise entstanden zwei Ideologien, der Kommunismus und der Nationalsozialismus. Die Sowjetunion ist schon 1917 aus dem Mechanismus des liberalen Weltmarktes unter englischer Führung ausgebrochen. Nach dem Höhepunkt der Krise von 1929 versuchten andere Mächte, wie zum Beispiel Deutschland, eine national regulierte Form der Marktwirtschaft zu entwickeln. Beide sind an ihrem menschenverachtenden Umgang und an der brutalen Behandlung Andersdenkender zugrunde gegangen. Wir haben diese beiden Entwicklungen nicht nur erlebt, sondern auch darunter gelitten und, wie es scheint, bahnt sich eine neue Krise an. Es ist daher meiner Meinung nach nicht nur erlaubt, sondern geboten, sich mit dem geistigen Umfeld, das das je persönliche Leben nicht nur beeinflusst, sondern auch in vieler Hinsicht prägt, auseinander zu setzen und auf seine Hintergründe zu untersuchen, um je nach dem Ergebnis darauf im Denken und Tun reagieren zu können. Nach dem Zusammenbruch des real existierenden Sozialismus triumphieren die Gewinner der nun global gewordenen kapitalistischen Weltwirtschaft und wollen uns weismachen, es gäbe keine Alternative zu ihrem System.

So wie im Mittelalter Europa vom Katholizismus, so ist es heute vom so genannten neo-liberalen Kapitalismus oder mit dem deutschen Ausdruck, der neuen freien Marktwirtschaft, geprägt. Diese Ideologie beherrscht heute nicht nur die Wirtschaft, sondern dieses Denken ist in alle Lebensbereiche, auch in die Familie, eingedrungen. Es ist daher angezeigt sich zu fragen, was bedeutet diese Ideologie und wie ist es zu ihr gekommen.

Seit es schriftliche Zeugnisse gibt, ist vom Austausch der Güter und des Wissens die Rede und die archäologischen Funde zeigen, dass es schon in der Frühzeit einen lebhaften Handel über große Entfernungen gab. So führte zur Römerzeit die „Bernsteinstraße" durch das Burgenland zwischen Neusiedlersee und Leithagebirge von Rom zur Ostsee. Die Erweiterung von Wissen und die Verfeinerung der Technik wurde und wird als eine der wichtigen Lebensaufgaben des Menschen betrachtet. Man spricht auch von der Mitarbeit des Menschen an der Schöpfung Gottes.

Diese Aufgabe ergibt sich schon aus den ersten biblischen Charakterisierungen des Menschen als Ebenbild und Mitarbeiter Gottes:

Genesis 1, 28–29

> *„Als Gott den Menschen geschaffen hatte, segnete er sie und sprach: Seid fruchtbar und vermehrt euch, bevölkert die Erde, unterwerft sie euch und herrscht über die Fische des Meeres, über die Vögel des Himmels und über alle Tiere, die sich auf dem Land regen! Dann sprach Gott: Hiermit übergebe ich euch alle Pflanzen auf der ganzen Erde, die Samen tragen und alle Bäume mit samenhaltigen Früchten. Euch sollen sie zur Nahrung dienen."*

Dieser Auftrag wird an verschiedenen Stellen der Bibel, so im Psalm 8, beinahe wörtlich wiederholt. In der Neuzeit wird dieser Auftrag als eine Naturnotwendigkeit gesehen.

W. Petty, (1623–1687) englischer Arzt, Volkswirtschaftler und Mitbegründer der Royal Society, drückt den Sachverhalt kurz so aus:

> *„Die Arbeit ist der Vater und die Natur die Mutter des natürlichen Reichtums des Menschen."*

Karl Marx schreibt in seinem *„Kapital"*:

> *„Die nützliche Arbeit ist Bildnerin von Gebrauchswerten und daher von allen Gesellschaftsformen unabhängige Existenzbedingung des Menschen, ewige Naturnotwendigkeit, um dem Stoffwechsel zwischen Mensch und Natur, also das menschliche Leben zu vermitteln."*

Der Markt ist also grundsätzlich gut und naturgewollt, es kommt aber entscheidend darauf an, was der Mensch aus den gegebenen Möglichkeiten macht.

Parallel mit dem steigenden Warenangebot wurden die Verkehrsmittel und -Wege verbessert, zunächst auf dem Wasser, dann auch auf dem Land, was den Austausch vereinfachte. Zur Erleichterung des Handels wurde sehr früh an Stelle des direkten Warentausches das Geld als nicht verderbliches, leicht handhabbares Tauschmittel erfunden, zunächst das Kupfer, dann das Silber und das Gold, heute größtenteils abgelöst durch das Papiergeld, das erstmals im 9. Jahrhundert in China, in Europa (Schweden) erst 1661 eingeführt wurde.

Historisch tritt das Geld als neue Form von Kapital dem Grundeigentum gegenüber, als unpersönliche Macht des Geldes gegenüber der auf persönlicher Macht beruhenden Herrschaft des Grundeigentums. Dem einfachen Handel mit Waren ist ab nun immer das Geld zwischengeschaltet. Mit dem Warentausch allein entstünde kein Kapital, erst das zwischengelagerte Geld mit dem Zins führt zur Kapitalbildung. Das hat schon Aristoteles erkannt und verurteilt:

> *„Der Wucher ist mit vollem Recht verhasst, weil das Geld selbst hier die Quelle des Erwerbs und nicht dazu gebraucht wird, wozu es erfunden ward. Denn für den Warentausch entstand es, der Zins aber macht aus Geld mehr Geld. Daher auch sein Name (Tokos = Zins = Geborenes). Denn die Geborenen sind den Erzeugern ähnlich. Der Zins aber ist Geld von Geld, sodass von allen Erwerbszweigen dieser der Naturwidrigste"* (zitiert nach Marx).

Auch in der Bibel wird das Zinsnehmen als wider die göttliche Ordnung verurteilt. Die Anbetung des „goldenen Kalbes" (Reichtum und Macht) wird als Abfall von der wahren menschlichen Bestimmung, nämlich der Anbetung Gottes, bezeichnet. Dieses Thema zieht sich durchgehend durch die ganze Bibel.

Durch die Naturwissenschaften und die Entdeckung neuer Erdteile kam es zu einer ungeahnten Zunahme der Güter und Verkehrsmittel. Die auf dem Markt erzielten Gewinne kamen dabei nur wenigen, den Herrschenden und den Kaufleuten, zugute. Der Handel wurde reglementiert, wobei eine Minderheit privilegiert wurde. Diese Ungleichheit der verschiedenen Handelspartner hatte zur Folge, dass im 18. Jahrhundert, zur Zeit der Aufklärung, eine Beseitigung aller künstlichen Schranken und Begünstigungen gefordert wurde. Es entstand die Idee vom freien Markt, an dem jeder nach seinen Fähigkeiten teilnehmen können sollte. Im selben Jahr (1776), in dem in der amerikanischen Verfassung das Recht des Einzelnen auf Verfolgung seines Glücks festgeschrieben wurde, erschien in England das Werk von Adam Smith (1723–1790) *„Untersuchung über die Natur und die Gründe des Reichtums der Nationen"*.

Darin wird die These vertreten, dass in der sinnreichen Teilung der Arbeit und in der ebenso sinnreichen neuen Zusammensetzung künftig die letzten Ursachen des Reichtums der Nationen zu suchen seien und zwar darin und in nichts anderem. Der dadurch entstehende Markt würde sich ohne äußere Eingriffe, wie von wunderbarer Hand gelenkt, selbst regulieren. Und zwar im Sinne eines sozial gerechten Ausgleichs. Um zu diesem sozialen Ausgleich zu kommen, sind nach Smith allerdings drei Grundtugenden notwendig.

1. *Prudence = Klugheit im Sinne eines wohlverstandenen Eigeninteresses.*
2. *Justice = Gerechtigkeit, das heißt, der normative Rahmen innerhalb dessen sich das Eigeninteresse entfalten darf.*
3. *Benevolence = Güte, deren Befolgung das höchste Gut darstellt.*

Der Markt würde aber auch eine neue Freiheit für die Menschen mit sich bringen, weil sie sich nun durch die Arbeit ihrer Hände aus der Dienstbarkeit feudaler Herren loskaufen und zu Besitzern ihrer selbst werden könnten. Der große Loskauf geschieht, indem wir nicht mehr einem Herren dienen, den wir kennen, sondern den Bedürfnissen ebenbürtiger Anderer, die wir zumeist nicht kennen. Smith fühlt aber zugleich, dass es ein unauslotbares Paradoxon ist, wenn wir die Freiheit, die uns teuer ist, unserer Unterwerfung unter die Bedürfnisse von Fremden verdanken. Er möchte aber die Gespenster des Tiefsinns, der die Grenzen des gesunden Menschenverstandes überschreiten will, verscheuchen und es den deutschen Kollegen überlassen, in die düsteren Abgründe des Daseins hinabzusteigen und mit falschem Gold ans Tageslicht zurückzukehren. In einer Rede vor einer vom englischen Lordkanzler geladenen Gesellschaft hat Smith seine Vorstellung vom freien Markt dargelegt:

> *„Blicken wir nüchtern auf den Zusammenhang der Dinge, wie er sich auf den Märkten dieser Welt entwickelt! Wird dieser denn weniger zauberhaft, wenn wir ihn mit den Augen der Wissenschaft betrachten? Gewiss nicht, je trockener wir die Tatsachen ins Auge fassen, desto höher wird unsere Bewunderung steigen, wenn wir sehen, dass Zehntausende unterschiedlichster Produkte mit der erstaunlichsten Pünktlichkeit ihre Bahn ziehen, als ob sie von einer unsichtbaren Hand zum Ort ihrer Bestimmung geführt würden. Sie werden mir nachzusehen haben, dass ich noch weiter gehe, indem ich sage, dass diese unsichtbare Hand nicht allein die einzelnen Warensorten ihres Weges führt, nein mehr noch, dass sie den Gesamtzusammenhang der nur dem Tausch zuliebe erzeugten Dinge, den wir den Weltmarkt nennen, auf die seltsamste und sicherste Weise garantiert.*
> *Meine Herren, ich rate ihnen dringend für alle Zukunft an dem Glauben festzuhalten, der Markt werde stets mehr von dem Gewebe im ganzen wissen, als wir mit unserer auf die einzelnen Fäden beschränkten Sicht zu fassen vermögen.“*

Soweit Adam Smith. Dass diese Beurteilung falsch ist, hat sich mittlerweile herausgestellt. Es ist nicht eine unsichtbare wunderbare Hand, die den vernünftigen Ausgleich garantiert, sondern es herrschen Gewalt und Profitgier. Aber auch in der Realität ist nicht eingetreten, was die Vertreter des freien Marktes erwartet haben. In den USA, dem Paradeland der „freien Marktwirtschaft“, gibt es mehr aussichtslos Verarmte, als der Irak Einwohner hat, es gibt die meisten Konsumenten von Psycho-Pharmaka, die meisten schwer Übergewichtigen, die meisten politisch nicht vertretenen Gruppen und die meisten Nichtwähler und, bezogen auf die Bevölkerungszahl, zehnmal mehr Strafgefangene als in Europa. Die Zahl der negativen Seiten des Kapitalismus ließe sich noch lange fortsetzen. Es sei noch erwähnt, dass das System in regelmäßigen Abständen von schweren Krisen erschüttert wird, in denen hauptsächlich die ärmsten Teilnehmer zu Schaden kommen.

Um die Marktmechanismen zu verstehen, ist eine eigene Wissenschaft entstanden, die Nationalökonomie. Nach der Meinung von Smith ging der geistige Weg der Menschheit über die Sprache zur Schrift und von da zur Nationalökonomie, diese sei der Höhepunkt der geistigen Entwicklung. Nachdem ständige Arbeit (Forschung) und Austausch der Ergebnisse zum Wesen des Menschen gehören, sei es nicht verwunderlich, dass die Masse und Qualität der Güter ständig zunähme. Der Markt hätte die Aufgabe, diese Güter möglichst gerecht unter den Menschen zu verteilen.

Doch die von der Nationalökonomie entwickelten Steuerungsmechanismen gipfeln derzeit im so genannten neo-liberalen Kapitalismus.

Die Steuerung des Marktes durch den Neoliberalismus funktioniert aber wie dargelegt nicht. Fragt man sich warum, so kann man feststellen, dass zwei wichtige Grundvoraussetzungen von Smith, nämlich die Gerechtigkeit und Güte, nicht gegeben sind. Außerdem muss man daran erinnern, dass Smith selbst an der klaglosen Funktion des Marktes zweifelte, wenn er meinte, es sei ein unauslotbares Paradoxon, wenn wir die Freiheit, die uns teurer ist, unserer Unterwerfung unter die Bedürfnisse von Fremden verdanken. Von einem allgemeinen Wohlstand kann jedenfalls keine Rede sein, die Welt zerfällt global immer mehr in Arme und Reiche und auch in den reichen Regionen bildet sich eine kleine Schicht von Superreichen, während die Mittelschicht immer mehr verarmt.

Die Zunahme der Arbeitslosen in Deutschland in den letzten 20 Jahren auf sechs Millionen ist dafür ein trauriges Beispiel. Trotz dieses offensichtlichen Versagens des Neoliberalismus wird gebetsmühlenartig ständig wiederholt, diese Form des Marktes sei die beste aller Möglichkeiten und es gäbe keine Alternative. Abgesehen von der offensichtlichen Ungleichheit der Marktteilnehmer und der Ungerechtigkeit, welche die Welt immer mehr in zwei Lager spaltet, führt die ständige Produktionssteigerung zur Überproduktion, sodass die Produkte teilweise wieder vernichtet werden müssen, weil sie nicht mehr absetzbar sind. Daneben werden ständig neue Produkte auf den Markt gebracht, für die kein natürlicher Bedarf besteht, es müssen so durch die Reklame ständig neue Bedürfnisse geweckt werden, ein ungesunder Zustand. Der Neoliberalismus orientiert sich nicht mehr am Menschen, sondern hat eine Eigendynamik entwickelt, in der der Markt und der Profit alles beherrschen, der Mensch ist nur insoweit von Interesse, als er zur Aufrechterhaltung des Marktes notwendig ist. Wenn Güter durch Maschinen rascher, besser und billiger hergestellt werden können als durch den Menschen, scheidet der Mensch aus dem Produktionsprozess aus oder er muss seine Arbeitskraft billiger anbieten, egal, ob er dadurch in Armut und Elend gerät. Der Mensch verliert die Würde und die Rechte seiner Person, seine nur ihm eigene Arbeitskraft wird zur Ware degradiert. Wir erleben das heute ständig im Kampf der großen Konzerne um die beste Positionierung ihrer Produktionsstätten auf dem weltweiten Markt, wo es darum geht, den Kostenfaktor Arbeit immer mehr herunterzudrücken.

Die Auswirkungen des Systems treffen die Menschen, je nach Region, technischem Entwicklungsstand, Bildungsgrad, Rang und persönlichen finanziellen Ressourcen unterschiedlich. Es gibt aber auch allgemeine Auswirkungen auf die Gesellschaft, denen sich kein Mensch entziehen kann. Zwei dieser Gesellschaftsbereiche, die für mich von besonderer Bedeutung sind, möchte ich herausgreifen.

Wie wirkt sich der neo-liberale Kapitalismus auf die Familie aus?

Die Familie galt durch die Jahrhunderte als die Keimzelle der Gesellschaft. In der Familie empfängt der Mensch nach seiner Geburt Liebe, Wärme, Geborgenheit und alles, was zu seinem physischen Überleben notwendig ist. Dort lernt er aber auch den Umgang mit seinesgleichen, das Sich-Einordnen, Rücksichtnahme, Helfen und Sich-Helfen-Lassen. Sein erwachender Geist findet hier die idealen „Entwicklungshelfer". Kurzum er findet hier die Voraussetzungen für die Bildung einer „gesamtmenschlichen" Persönlichkeit. Dieser Intimkontakt ist in gewissem Sinn lebensnotwendig. Das Experiment von Kaiser Friedrich II. im 13. Jahrhundert, wo Kinder ohne menschlichen Sprechkontakt aufgezogen wurden, um herauszufinden, welche Sprache ein Mensch spricht, der nie eine Sprache gehört hat, hat das drastisch gezeigt, weil alle Kinder, denen der Sprechkontakt verweigert wurde, gestorben sind. Um glücklich zu sein, braucht der Mensch die gelungene Einbettung in sein soziales Umfeld und wo sollte das am ehesten gelingen, wenn nicht in der Obhut einer intakten Familie.

Wie stellt sich demgegenüber der Mensch in der Ideologie des neo-liberalen Kapitalismus dar? In diesem System zählt er vor allem als Produzent und Konsument.

Das beginnt beim kleinen Kind und dauert ein Leben lang. Es interessiert die Gesellschaft nicht, ob das Kind optimale Bedingungen vorfindet, wichtiger ist, dass die Mutter möglichst schnell in den Arbeitsprozess zurückkehrt. Es wird daher eine flächendeckende Versorgung mit Krabbelstuben, Kinderkrippen und Kindergärten gefordert. Die Arbeit der Mutter wird einmal im Jahr, am Muttertag, als wichtig hervorgehoben, den Rest des Jahres gilt eine Mutter, die sich selbst ihrer Kinder annimmt, abwertend als „Nur-Hausfrau". Diese Gedankenwelt hat sich, wie erwähnt, dahingehend verirrt, dass Frauen als „Tagesmütter" bezahlt werden, nur damit die eigene Mutter einem Erwerb nachgehen kann. Hier wird also der Wert der Hausarbeit durch eine finanzielle Abgeltung anerkannt, während das für die „Nur-Hausfrau“ jahrzehntelang nur ein Wunsch blieb. Erst in den letzten Jahren erfolgt ein gewisses Umdenken, das im so genannten „Karenzgeld“ seinen Ausdruck findet. Offenbar beginnt man doch zu erkennen, dass die neo-liberale Denkweise nicht immer förderlich ist. Die Kinder selber haben ein sehr feines Gefühl für den Mangel an Zuwendung und spüren deutlich, wenn sie als Mensch nicht voll angenommen, sondern eventuell sogar als Hindernis für die Karriere oder als lästiger Kostenfaktor betrachtet werden. Kinder fordern für diese Mängel einen Ausgleich, der, typisch für das System, in materiellen Dingen erfolgt. Es sind dies die neuesten technischen Errungenschaften wie Handy und Computer oder die neueste Kleidung. Damit hoffen sie unter ihresgleichen jene Anerkennung zu erhalten, an der es sonst weithin mangelt. Dieser Mangel an Anerkennung führt auch zur Leistungsverweigerung und damit zu den immer mehr beklagten Schulschwierigkeiten bis zur Gewaltbereitschaft. Eine Jugendbande in OÖ, die sich darauf spezialisiert hatte, Erwachsene – meist Ältere, wo es weniger gefährlich ist – zu verprügeln, hat auf Befragen, warum sie das tun, angegeben, dass sich nie jemand um sie gekümmert habe und dass sie sich nun, da sie dazu in der Lage sind, dafür rächen wollten. Dies ist eine traurige Tatsache.

Trotzdem bemühen sich immer wieder Eltern, ihren natürlichen Pflichten, so gut es geht, nachzukommen, sei es, indem sie vorübergehend aus dem Berufsleben ausscheiden, sei es, dass sie Familie und Arbeit, eventuell mit Hilfe der Großeltern, zu meistern versuchen. In diesen Bemühungen werden sie allerdings von der Gesellschaft weitgehend sich selbst überlassen.

Der Einzelne kann dem gesellschaftlichen Druck nur schwer widerstehen, ein allgemeines Umdenken ist erforderlich. Dazu gehört ein intensiveres Nachdenken über die wahren Bedürfnisse des Menschen, die über die materiellen Bedürfnisse hinausgehen und daher auch „materiell“ nicht befriedigt werden können. Die demographische Entwicklung in den Industriestaaten ist heute so besorgniserregend, dass die Politik einen Handlungsbedarf sieht, vor allem, weil in absehbarer Zeit durch den Kindermangel der Sozialstaat nicht mehr finanziert werden kann. Das lässt sich heute schon vorausberechnen. Diese Entwicklung wurde durch die psychologische Betonung und die literarische Darstellung der negativen Seiten des Familienlebens eingeleitet und wird durch das neo-liberale Denken verstärkt. Was schlagen nun die Politiker vor? Es werden mehr außerfamiliäre Betreuungseinrichtungen gefordert mit dem Ziel einer rascheren Rückkehr der Mütter in das Erwerbsleben. Das Widersinnigste daran ist die Forderung nach bezahlten „Tagesmüttern“, die die Kinder betreuen, damit die leibliche Mutter arbeiten gehen kann. Es wird erforderlich sein, die Arbeit der Mutter als eine sehr wichtige Erwerbsarbeit voll anzuerkennen und auch entsprechend zu bezahlen. Zusätzlich muss das abwertende Bild der Mutter als „Nur-Hausfrau“ aus unserem Denken verschwinden und jenem Bild weichen, das meine Tochter in ihrer Hausarbeit für die Lehramtsprüfung gezeichnet hat, wo sie schreibt:

> *„Es kann doch nichts Schöneres geben als den Menschen, welcher der Liebe zwischen mir und meinem Mann entsprossen ist, auch in das Leben einzuführen.“*

Da gibt es Stimmen, welche einwenden, wer denn das bezahlen solle. Dieses Problem ist eigentlich gar keines. Es gibt heute viele erwerbstätige Frauen, die keine Arbeit finden. Bei entsprechend langer Karenz von Müttern könnten diese Frauen eine Arbeit bekommen. Das ergäbe eine Einsparung an Arbeitslosenunterstützung, außerdem würden viele der nicht gerade billigen staatlichen Betreuungseinrichtungen überflüssig, womit nochmals Geld eingespart würde. Entscheidend für ein Umdenken ist es, das Bewusstsein des unersetzbaren Wertes der Mutter in der ganzen Gesellschaft zu wecken. Sind diese beiden Voraussetzungen erfüllt, werden sich auch wieder mehr Frauen ihrer Aufgabe als Mutter widmen.

Die Ausführungen Barbaras in ihrer Hausarbeit an der pädagogischen Akademie zeigen, dass unsere Familie ein Beitrag zu dieser Bewusstseinsbildung ist. Ganz allgemein gilt, real existierende Familien sind Beispiele gelebter solidarischer Gesinnung und es sind immerhin noch etwas mehr als 50% der Menschen, die danach streben.

Wie wirkt sich das System auf die Medizin aus?

Die Medizin, wenn sie in Ordnung ist, darf sich nicht am Profit, sondern muss sich am Menschen orientieren. Es besteht hier ein fundamentaler Unterschied zum Markt. Andererseits aber ist der Gesundheitsbereich ein gewaltiger Wirtschaftsfaktor.

In Österreich erkrankten 1982 2,5 Millionen Menschen, die 42.346.771 Tage in Behandlung waren. 1984 waren 1.546.117 Österreicher 25 Millionen Verpflegetage in Spitalsbehandlung. Dieses Heer von Kranken wurde von 21.523 Ärzten und von 45.888 Angehörigen des Pflegedienstes betreut (Statistisches Handbuch für die Republik Österreich 1985). Um den Medikamentenbedarf und den Bedarf an hochspezialisierten Apparaten, Instrumenten und Implantaten zu decken, hat sich eine eigene, hochspezialisierte Industrie entwickelt. Dieser gewaltige Markt unterliegt, so wie andere Wirtschaftsbereiche, den allgemeinen Marktgesetzen und dies, obwohl das Ziel der Bemühungen, der Mensch, sich nicht in rein marktwirtschaftliche Gesetze einordnen lässt. Das zeigt sich schon daran, dass die Erfindung und Produktion neuer Medikamente und verbesserter diagnostischer und therapeutischer Apparate nicht nur den positiven Effekt hat, die Gesundheit zu verbessern, sondern auch dazu führt, dass die Menschen älter werden. Es dauert nicht mehr lange und die über Sechzigjährigen bilden den größten Anteil an der Bevölkerung. Es stellt sich hier das Paradox ein: Je erfolgreicher die Medizin, desto größer der Anteil der Kranken an der Bevölkerung. Das hat zur Folge, dass diese Menschen nicht nur vom aktiven Teil ernährt werden müssen, die Älteren sind auch dreimal so viel krank wie die Jüngeren, die anfallenden Kosten müssen wieder vom arbeitenden Teil aufgebracht werden. Dazu kommt, dass aus ethischen Grundsätzen die Segnungen der Medizin einem jeden, unabhängig von seinem Einkommen, zugute kommen sollten – eine auf lange Sicht gesehen für die Politik schier unlösbare Aufgabe. Die Politik entzieht sich dieser Aufgabe, indem sie überall Komitees und Gesellschaften von „Gesundheitsökonomen " einrichtet, auf die sich die Politiker dann berufen. Die medizinische Kompetenz dieser „Experten" ist kaum oder gar nicht vorhanden. Ihre derzeitigen Bemühungen verlaufen einspurig unter der Devise: „Kostensenkung". In OÖ wurde ein Jahr lang an einem Gesundheits- beziehungsweise Spitalsreformplan gearbeitet. Das Ergebnis wurde vom Rechnungshof und dem Kostenträger, der Gebietskrankenkasse, kritisiert. Die Oppositionspolitiker sprechen davon, dass nicht nachvollziehbar ist, was die „Gesundheitsökonomen" ausgerechnet haben (S. Stöger, Gesundheitslandesrätin von OÖ): „Ich greife hier ‚Gesundheitsökonomen' massiv an, die ihre Beratung sehr teuer anbieten und denen die Grundlagen ihrer Empfehlungen fehlen."

Es kommt hier ein Grundbedürfnis des Menschen zum Tragen. Es kann nicht wie das Bedürfnis nach Gütern, die das Leben erleichtern und erweitern, durch fortwährende Produktion und Verteilung über den Markt erreicht werden. Hier geht es um die Hilfsbedürftigkeit des Menschen, der durch Krankheit, Unfall oder Alter auf die helfende Zuwendung seiner Mitmenschen angewiesen ist.

Das erste Bedürfnis kann anonym befriedigt werden. Wer sich ein neues Auto kauft, kennt die Menschen nicht, die es erzeugt haben, und es interessiert ihn auch gar nicht. Im Falle der Krankheit ist das völlig anders. Es braucht der Kranke eine persönliche Zuwendung und auch der Arzt muss seinen Patienten und seine Bedürfnisse kennen, weil er ihm sonst nicht helfen kann. Ein Beispiel dafür ist die erwähnte Bäuerin, deren Unterschenkelbruch nach derzeit geltenden theoretischen Richtlinien mit einer Platte versorgt wurde. Der Bruch ist damit zwar korrekt eingerichtet, für die baldige Wiederaufnahme der Funktion, in diesem Fall ihrer Arbeit als Bäuerin und Familienmutter, wäre jedoch eine zusätzliche Ruhigstellung mit einem entsprechenden Verband unbedingt notwendig. Das wird aber zur Zeit von eingefleischten Vertretern der operativen Behandlung abgelehnt und es wird so ein Prinzip zum Schaden des Patienten über dessen Bedürfnisse gestellt. Ist es in der ersten Beziehung das Geld, das sie regelt, so bedarf es in der zweiten eines Menschen, einer Person. Man kann die im Vordergrund stehenden menschlichen Beziehungen aber nicht allein nach wissenschaftlichen, sondern man muss sie nach menschlichen Kriterien regeln.

Was die Gebrauchsgüter anbelangt, so kann man von einem Menschen fordern, auf nicht lebensnotwendige Luxusgüter zu verzichten, doch wo beginnt der Luxus bei lebensnotwendigen Medikamenten beziehungsweise bei medizinischen Hilfsmitteln? Das ist ein Dilemma, aber dieses Dilemma hat auch sein Gutes. Es ist vielleicht der Ansatzpunkt, um darüber nachzudenken, was eigentlich im Leben wichtig und wertvoll ist. Beispiele dafür wurden im Abschnitt über das Leid aufgeführt.

Die „Gesundheitsökonomen" versuchen unter anderem, die Kosten durch Streichung „teurer" Facharztdienste zu senken. Das Gegenteil wird damit erreicht, Behandlungen werden verzögert durchgeführt, was zu einer Verlängerung der Krankheitsdauer mit entsprechender Kostensteigerung führt. Der zweite Weg, um Kosten zu sparen, die Verlängerung der Arbeitszeit der Ärzte weit über das gesetzlich vorgeschriebene Maß hinaus und aus Einsparungsgründen ohne Bezahlung, ist zwar heute in weiten Bereichen üblich, er bedeutet aber eine Missachtung der Gesetze und der im Gesundheitsdienst stehenden Ärzte und ist eine Schande für unsere so hoch gepriesene Kultur und Demokratie. Wir Unfallchirurgen haben hier andere Wege gezeigt, deren Nutzen heute so selbstverständlich ist, dass die Wege und die Personen, die diese Wege eröffnet haben, vielfach unbekannt sind oder in Vergessenheit geraten. Nachdem diese Wege zum Nutzen der Gesellschaft und der Betroffenen weiter gegangen werden sollen, sollen einige dieser Bemühungen in Erinnerung gerufen werden.

Lorenz Böhler hat durch seine Verbesserung der Fachausbildung und seine neue Organisation der Unfallchirurgie vor 80 Jahren jene gewaltige Kostenreduktion herbeigeführt, die bis heute die Arbeitsunfallversicherung trotz Übernahme zusätzlicher Leistungen von einem defizitären zu einem gewinnbringenden Unternehmen gemacht hat, von dessen Einsparungen andere Zweige der Sozialversicherung bis heute profitieren.

Wie weiter oben dargestellt, wurde es an der Welser Unfallabteilung 1975 durch die Neuorganisation der Behandlung möglich, alle notwendigen Operationen sofort durchzuführen, was dazu führte, dass die Abteilung innerhalb von einem Jahr von 165 auf 115 Betten verkleinert werden konnte, zusätzlich konnten zu dieser Einsparung durch Verkürzung der Aufenthaltsdauer jährlich weitere 28 Millionen Schillinge eingespart werden. Um dies auf Dauer sicherzustellen, war die Einstellung von drei zusätzlichen Fachärzten notwendig. Die Kosten für die drei Fachärzte betrugen 1 Million Schilling pro Jahr und Arzt, wobei ein Teil über die Steuern wieder an den Staat zurückfließt.

Ähnliche Änderungen der Organisation und Struktur könnten wahrscheinlich auch in anderen Sparten zu beachtlichen Einsparungen führen. Derartige Änderungen werden aber derzeit nicht von entsprechend ausgebildeten Ärzten, sondern von vorwiegend fachfremden „Expertenkomitees" durchgeführt. Früher wusste man einmal, dass dies Aufgabe der ärztlichen Leiter von Abteilungen ist. Nicht umsonst heißt es im OÖ Krankenanstaltengesetz, dass die Organisation, die sachgerechte Behandlung der Patienten und die Diensteinteilung ausschließlich Aufgabe des Abteilungsleiters ist. Er ist zwar in seiner Tätigkeit der Spitalsleitung verantwortlich, aber solange er seiner Aufgabe nachkommt, darf keine Verwaltung oder ein ärztlicher Direktor in seine Agenden eingreifen. Diese gesetzliche Regelung beruht auf einer langen Erfahrung. Heute herrscht eine Kompetenzenteilung, in der keiner weiß, was am Ende herauskommt, und in der sich daher auch niemand letztendlich verantwortlich fühlt.

Wie am Beispiel Schenkelhalsbruch weiter oben angeführt, ist es auch heute noch möglich, durch entsprechende Verbesserung der Behandlung einzelner Frakturen ein millionenfaches Euro-Einsparungspotenzial zu erzielen.

Dies sind nur zwei Beispiele, in denen ärztliche Maßnahmen zu einer deutlichen Kostenreduktion führen. Im Falle der Osteosynthese des Schenkelhalsbruches hat es 40 Jahre kontinuierlicher Arbeit und Forschung bedurft, um diese Erkenntnisse zu gewinnen, ähnlich wie beim Marknagel von Küntscher. Es wird nicht möglich sein, durch eine einmalige große Reform die Kosten in den Griff zu bekommen, sondern es sind dazu viel Zeit und die Mitarbeit unterschiedlichster „Köpfe" notwendig, ein Vorgehen, wie es uns von der Evolution ständig vor Augen geführt wird.

Es wäre die Aufgabe der Ärzte, solche Untersuchungen in den verschiedensten Bereichen durchzuführen, und es genügt heute nicht mehr, die Ergebnisse in Fachzeitschriften zu publizieren, sondern sie müssen in der heutigen Situation auch den politisch Verantwortlichen und der Öffentlichkeit zugänglich gemacht werden und hier spielt neben dem medizinischen Erfolg der Kostenfaktor eine wesentliche Rolle. Lorenz Böhler hat dies in seiner Zusammenarbeit mit der Arbeitsunfallversicherung exemplarisch vorgeführt.

In der Unfallchirurgie sind wir in Österreich in der glücklichen Lage, dass wir auf Grund der grundsätzlichen Neustrukturierung unseres Fachgebietes durch Lorenz Böhler und der laufenden Arbeit unserer Vorgänger im Spitzenfeld liegen, wie es 1982 der Präsident der American Orthopedic Association D. D. Trunkey in seiner *Presidential Address* ausdrückte:

„German trauma care system clearly is number one in the world today."

Der Ausgangspunkt für diese Entwicklung der Unfallchirurgie liegt in Österreich, in Lorenz Böhler und seiner Schule. Die anderen Länder, auch die USA, haben hier einen Nachholbedarf. Die meisten Länder haben keinen Facharzt für Unfallchirurgie. Es geht dort in der Struktur um eine Abgrenzung der Aufgaben des Allgemeinchirurgen und des Orthopäden als Knochenchirurgen in der Versorgung der Unfallverletzten, die ja nicht nur Knochenbrüche, sondern auch Verletzungen aller anderen Organe aufweisen können. Es wird nie möglich sein, flächendeckend Unfallabteilungen einzurichten, in denen alle chirurgischen Fachdisziplinen jederzeit zur Verfügung stehen. Das bleibt einigen Zentren vorbehalten, die dann nicht nur der Akutversorgung, sondern auch der Forschung dienen. Die Unfallchirurgen an den Abteilungen der Standardversorgung müssen in der Lage sein, neben der traditionellen Weichteil- und Knochenchirurgie akut bedrohliche Verletzungen wie Schädelhirntraumen, abdominelle Blutungen, Pneumothorax lebensrettend zu versorgen. Mit den heutigen Rettungssystemen können besondere Verletzungen in die entsprechenden Zentren gebracht werden. Es bedurfte jahrelanger Bemühungen von Lorenz Böhler, um den Facharzt für Unfallchirurgie durchzusetzen.

Die Bestrebungen, auch in Österreich an Stelle des Facharztes für Unfallchirurgie einen „Orthopaedic Surgeon“ zu installieren, sollten aus zwei Gründen eingestellt werden. Zum einen ist das Behandlungsspektrum des Orthopäden anders als das des Unfallchirurgen, zum anderen widerspricht die ständige Tages- und Nacht-Einsatzbereitschaft des Unfallchirurgen für die dringliche Chirurgie der Mentalität des Orthopäden, der ein elektives Operationsprogramm in Ruhe abwickeln möchte. Der Titel Unfallchirurg bedeutet nicht, dass er imstande ist, jede Verletzung nach dem neuesten Stand zu versorgen, sondern dass er jederzeit, Tag und Nacht, Sonntag und Feiertag bereit ist, für den Verletzten zur Verfügung zu stehen, das ist das eigentliche Spezifikum des Unfallchirurgen. Es hat an die 60 Jahre gedauert, bis in Österreich flächendeckend Unfallabteilungen nach den Vorstellungen von Lorenz Böhler installiert wurden, im Rahmen der laufenden „Gesundheitsreform“ will man dieses von der ganzen Welt anerkannte und bewährte System wieder zerschlagen.

Im neo-liberalen Marktsystem ist eine weitere bedeutende Veränderung dadurch eingetreten, dass sich immer mehr Apparate zwischen Arzt und Patienten schieben, das Verhältnis wird zunehmend entpersönlicht. Die scheinbare Objektivität des Apparates steht in mancher Hinsicht gegen die Subjektivität des Arztes. Manche Patienten vertrauen bei der Diagnosestellung eher auf den Computer, zumindest ist es ihnen recht, wenn eine vom Arzt erstellte Diagnose vom Computer überprüft wird.

Es besteht kein Zweifel, dass mit modernen Geräten Diagnosen präziser und schneller erstellt werden können, als durch klinische Untersuchung, aber es darf nicht vergessen werden, dass man dazu Zeit braucht, die unter Umständen für die Rettung eines Lebens verloren geht. Ein praktisches Beispiel ist der geschilderte doppelte Lungenriss bei dem zwölfjährigem Mädchen; hier war sofortiges Handeln notwendig, eine Verzögerung durch Anfertigen von Röntgenaufnahmen hätte wahrscheinlich ihren Tod bedeutet. Apparate können auch „irren", beziehungsweise es ist nicht immer einfach, die erhobenen Befunde richtig zu deuten. Aus eigener Erfahrung weiß ich, dass die hochgepriesene Sonographie in der Diagnose einer Blutung im Bauch gelegentlich versagt. Wir hatten bei verdächtigem klinischen Befund dreimal eine negative Antwort von der Sonographie bekommen. Die daraufhin durchgeführte abdominelle Paracenthese war positiv und bei der anschließenden Operation fanden wir jeweils eine entsprechende Verletzung.

Jeder erfahrene Praktiker weiß, dass die Klinik gelegentlich verlässlicher ist als der Apparat.

Die Apparate müssen auch bedient werden, der Arzt verbringt einen nicht unbeträchtlichen Teil seiner Zeit mit ihrer Bedienung, die dann beim Kontakt mit dem Patienten fehlt. Dabei ist zu bedenken, dass Böhler, der sein Lehrbuch „Die Technik der Knochenbruchbehandlung" nannte, im zweiten Band besonders darauf hinweist, dass die Technik nur 30 Prozent der ärztlichen Tätigkeit ausmache, der Rest sei Psychologie und Menschenführung.

Es sei in diesem Zusammenhang nochmals an die oben zitierten Worte des Arztes, Psychiaters und Philosophen Karl Jaspers erinnert:

„Die Kliniken sind durch die technischen Möglichkeiten ihrer Leistung zum Mittelpunkt des Arztwesens geworden. In ihrer sachlichen Struktur, im technischen Können ist ihr Standard ein allgemeiner, in der ganzen Welt gleicher. Aber der Geist, der das Ganze beseelen soll, ist nicht etwas identisch Wiederholbares. Dieser Geist ist das im Chef persönlich gewordene, in der freien Gemeinschaft aller sich verwirklichende ärztliche Leben in das die Jüngeren über alles Lehrbare hinaus hineinwachsen durch die Art und Weise des täglichen Umgang miteinander und mit den Kranken. Den technischen Mechanismus beseelt dieser ärztliche Geist des Hauses als das Ethos, über das nicht geredet, das getan wird."

Bei allen Bemühungen sollte man die Forderungen von A. Smith nach Gerechtigkeit und Güte immer vor Augen haben, ebenso die Erkenntnis der evolutionären Erkenntnistheorie, nämlich, dass der menschliche Geist nicht dazu geschaffen und auch nicht in der Lage ist, ein so kompliziertes System, wie ein modernes staatliches Gesundheitssystem vollständig zu verstehen und zu überblicken. Bei der ersten Bekanntschaft mit dieser Erkenntnis war ich sehr erschrocken und dachte, wie soll denn unter diesen Voraussetzungen die Entwicklung weitergehen? Sie wird so wie bisher weitergehen und, wenn der Einzelne seine Aufgabe nach bestem Wissen und Gewissen erfüllt, wird sie auch zu einem guten Ende kommen. Für den Christen ist das gute Ende durch den Glauben, dass diese Welt eine Schöpfung Gottes ist, garantiert. Das bedeutet auch, Änderungen sollen nur nach reiflicher Überlegung, unter Beachtung des Bestehenden und in kleinen Schritten vorgenommen werden. Es steht dem Menschen nicht zu, das Ende zu kennen. Nach dem Theologen, Philosophen und Anthropologen Theilhard de Chardin wird es noch etwa eine Million Jahre dauern, bis sich der Mensch zum vollen Menschen, als der er gedacht ist, entwickelt haben wird. Es genügt also, wenn wir hier zu unserer Zeit das Geforderte tun.

Inhaltsverzeichnis

Inhaltsverzeichnis